길을 배우다

길을 배우다

ⓒ 이상호, 2022

초판 1쇄 발행 2022년 8월 15일
　　 2쇄 발행 2022년 11월 25일

지은이　　이상호
펴낸이　　이기봉
편집　　　좋은땅 편집팀
펴낸곳　　도서출판 좋은땅
주소　　　서울특별시 마포구 양화로12길 26 지월드빌딩 (서교동 395-7)
전화　　　02)374-8616~7
팩스　　　02)374-8614
이메일　　gworldbook@naver.com
홈페이지　www.g-world.co.kr

ISBN　979-11-388-1189-7 (03190)

역사적 인물과의 만남
그들의 삶과 사상을 사숙하며

L E A R N   T H E   W A Y

그들은 어떻게
시대를 견인하는
인물이 되었을까?

길을 배우다

이상호 지음

목회자가 쓴 역사적 인물들의 평전

좋은땅

생각과 뜻을 정리해서 글로 펼침은 산모가 아기를 잉태하는 과정과 비슷합니다. 내가 살고 있는 시대에 필요한 진단과 고백은 언제나 아픔과 기쁨의 세월을 거쳐야 하듯이 글 펼침은 생명운동의 하나라는 생각입니다.

언덕 위의 나무처럼 홀로 서서 청정한 언어를 선택해야 하는 치열한 갈등과 고독의 시간은 피할 수 없습니다. 그래서 이상호 목사의 호를 목현(木峴)이라 했습니다. 그동안 목회자로 상담자로 마주한 수많은 질문들을 《길을 배우다》라는 저서로 준비했습니다. 먼저 그의 올곧은 배움의 정진과 태도를 기억합니다. 영혼 사랑의 절절한 가슴과 시대를 해석하려는 고뇌를 엿볼때마다 숙연한 마음을 함께합니다.

하나님의 역사는 곧 인물과 사건입니다. 성경적 시각에서 그 해답과 길을 찾는 고독한 여정에는 성령께서 함께하시고 깨달음과 방향을 계시하십니다. 《길을 배우다》이 책을 읽는 이들마다 새로운 생각이 열리고 삶의 길목에서 이정표를 발견한 축복이 함께하시길 바랍니다. 글 펼침은 역사의식의 열매입니다.

이승종 목사(어깨동무 사역원, 예수 학당)

길을 배우다

"우리 시대의 어른은 누구입니까?" 공부는 이 질문에서 시작되었다. 그때는 40대 중반이었고 개척교회를 시작했을 때다. 오랫동안 신학교육을 받았지만 그런 질문은 그때까지 생각해 본 적이 없었다. 오직 부흥과 성공적인 사역에 몰두했던 평범한 목회자에게 어른이 누구냐는 질문은 잊을 수 없는 울림이었다. 그간 신학교를 통해 배운 것은 강한 교리적 신앙으로 세상 속으로 들어가 믿음을 전하는 것이었다. 물론 본질에 대한 강한 열망이 있었지만 본질은 잘 아는 것과 열정에 있다고 믿었다. 그러나 청년 두 명과 함께 거처 없이 시작한 개척교회에서 필요한 건 사랑이 전부였다.

사실 하나님을 사랑하고 사람을 사랑하는 것 외에 교회에 필요한 것은 없어 보였다. 그러나 안타깝게도 나에게는 그 사랑이 부족했다. 나는 믿음의 시간을 지나 성화의 시간으로 초대되었다는 걸 알았다. 개척한 건 교회인데 하나님은 내 인생을 새롭게 개척하고 계셨다. 많은 시간 동안 마치 길을 잃은 사람처럼 하나님께 기도했다. 이제 어떻게 해야 될지를 두고 기도하던 중에 멘토를 만나게 되었고 그때 듣게 된 단어가 '어른'이다. 여기에서 어른이란 인격적으로 성화된 사람을 말한다. 뭘 많이 알고 기능적으로 잘한다고 해서 되는 게 아니다. 사전적 의미로 어른은 자신의 인생을 책임지는 사람이라는데 어떻게 하면 인격적으로 인생과 목회를 책임질 줄 아는 사람이 될 수 있을지 궁금했다. 그리고 어떻게 하면 목사라는 직분이 아닌, 어른으로서 사람을 사랑할 수 있을지 고민하며 배움의 시간을 가졌다. 그렇게 해서 깨닫게 된 세 가지가 있다. 그리고 그 세 가지는 지금도 나를 계속해서 개척하는 배움이 되고 있다.

그중 첫 번째 깨달음은 역사의식을 가지는 것이다. 역사는 인물과 사건을 말한다. 우리가 역사를 공부하고 역사의식을 가져야 하는 이유가 있다. 끊임없이 반복되는 역사를 통해 지금의 세상을 이해하고 각 시대를 견인했던 인물들을 통해 나무와 숲을 보는 시각을 갖게 해 주기 때문이다. 역사는 오래된 미래라는 말처럼 과거와 현재는 서로 유기적으로 연결되어 있어서 역사의 인물과 사건은 지금의 나를 직면하게 해 준다. 여기에서 나오는 역사의식은 인생길에 대한 배움이 되고 있다. 사람에 대한 이해와 내가 어떤 부분을 어떻게 성장해야 하는지를 알려 주기 때문이다.

교회가 역사의식이 부족하다는 말을 많이 듣는다. 단순히 역사적 사실에 대한 지식이 없어서가 아니다. 역사를 견인했던 사람들에 대한 지혜가 보이지 않기 때문이다. 교회가 다양한 사회 이슈들과 이념으로 갈라진 이 땅을 복음으로 치유할 사명이 있는데도 제 역할을 하지 못하고 있는 게 현실이다. 역사는 우리에게 세상과 사람에 대한 현미경 같은 시각(Insight)과 망원경적 시각(Foresight)을 보게 하는 지혜를 준다. 우리에게 역사의식이 필요한 이유다.

둘째는 역사를 견인했던 인물들의 정신을 배우는 데 있다. 정신은 뜻을 견고하게 해 주고 생각의 근육을 강하게 단련시켜 줄 뿐 아니라 사고를 확장시켜 준다. 도산 안창호는 애기애타(愛己愛他)정신으로 열방을 다니며 독립운동을 했고 월남 이상재는 내 양을 먹이라는 말씀을 정신

삼아 YMCA에서 빼앗긴 나라의 청년들을 섬겼다. 외솔 최현배는 우리의 글이 우리를 독립시킨다는 정신으로 해방 후 우리글을 지켰고 선비정신을 가진 올곧은 선비들에 의해 조선은 500년 역사를 가질 수 있었다. 유목민정신 하나로 가장 많은 영토를 차지했던 칭기즈 칸을 보면 얼마나 정신이 힘이 되는지를 알게 해 준다. 어느 책 제목처럼 불꽃처럼 사랑하고 사랑하며 죽어 가기 위한 정신의 배움인 것이다.

세 번째 세상 속으로 들어가서 민중을 견인했던 인물들의 성육신화 된 삶을 배우고 익히는 것이다. 교육이 민족을 살린다는 말에 모든 재산을 투자해 학교를 세우고 독립운동에 앞장섰던 보부상 출신 남강 이승훈, 민족이 잃어버린 민족혼과 얼을 전하겠다고 방방 곡곡 돌아다니며 사람들에게 의식을 전했던 호암 문일평과 위당 정인보, 그리고 흥남 질소 비료공장에 들어가 노동자들을 계몽하며 보살피다 세상을 떠난 김교신같이 성육신화 된 삶을 배우는 것이다.

예수님의 구원은 하늘 영광 버리고 우리 속으로 들어오신 성육신에 있었다. 나 역시 사람들 속으로 들어가 성육신 하려면 장자가 말한 대로 내속에 먼저 파격이 일어나야 했다. 내가 맞다고 생각한 생각과 기준들이 무너지지 않는 한, 예수님이 우리를 찾아오신 성육신의 길을 걸을 수 없기 때문이다. 인물들은 하나같이 스스로에게 파격이었고 민중속으로 들어가 그들과 함께했다.

이같이 역사의식을 가지고 인물들의 정신을 배우며 그들의 성육신화 된 삶을 익히는 것은 나로 하여금 이전과는 전혀 다른 삶으로 인도했다. 코로나가 와서 아무것도 움직이지 못할 때 그동안 공부했던 인물들의 삶을 정리하기 시작했다. 먼저는 나를 위해 시작한 공부였는데 정리하면서 문득 이 시대를 살아가는 사람들과도 함께 나누고 싶었다.

그동안 배웠던 100명 가까운 역사적 인물들 중에 가장 나에게 깨달음이 되었던 27명의 인물을 골랐다. 간략히 정리된 인물의 평전을 읽고 더 공부하기를 원하는 사람은 책 뒤편에 실린 인물별 추천 도서를 참고하면 되겠다.

개인적으로 역사적 인물들을 만나 길을 배울 수 있었던 것은 오랫동안 기꺼이 시간을 들여 가르쳐 주신 멘토 이승종 목사님의 섬김이 컸다. 또한 목회의 길을 열어주시고 늘 조언해주시는 정용성 목사님과 마음의 안식처인 아내 박현주, 그리고 빈들에 풍성한 교회 식구들의 사랑이 있기에 가능했다. 텍스트 너머 콘텍스트에서 기다리고 있을 역사적 사건과 인물과의 만남을 누리는 것은 분명, 큰 기쁨이다. 역사적 인물들과의 만남을 통해 '뜻을 가진 어른들'이 일어나기를 바라며 이 책이 그 역할을 해주기를 기도한다. 끝으로 이 책을 편집하는데 수고해준 사랑하는 아내, 그리고 박장미, 신혜선 자매와 좋은땅 출판사에 감사의 마음을 전한다.

길을 배우다

도산 안창호 : 인격이 힘입니다!

"갓난아기는 방그레, 늙은이는 벙그레, 젊은이는 빙그레, 우리
다 웃고 살아요."

도산 안창호의 말이다. 근심이 쌓일수록 번민도 깊어진다고 아무 걱정
없이 웃음 짓는 얼굴로 사는 게 쉽지 않다. 그러나 나라는 물론 민족이 일
본에 의해 주권을 잃었을 때 민족의 스승이던 도산은 언제나 밝게 웃으
며 사람을 대했다. 아니 오히려 왜 이렇게 다들 차갑고 훈훈하지 않냐며
'웃는 인생을 살지 못하는 건 다 미움 때문'이니 우리 모두 용서하며 빙그
레 웃자고 했다. 마음의 생각이 어떠하면 그의 사람됨도 그러하다고 도
산이 이런 말을 할 수 있었던 건 마음에 품은 인간 존재에 대한 철학 때문
이었다. 인간의 존재가 하나님에게서 나왔으니 나와 너의 존재가 얼마나
존귀한가. 내 안에 미움과 증오심을 품지 않고 자신을 존귀히 대함같이
이웃에 대해서도 선한 마음 품고 사랑하며 존중하자는 게 도산의 철학이
었다. 즉, 나를 아끼고 사랑할 줄 아는 사람은 곧 다른 사람을 사랑하며
존중할 수 있다는 애기애타(愛己愛他)의 정신인 것이다.

도산이 품은 애기애타(愛己愛他) 정신이 빛을 발하던 때가 있었다. 도산이 미국으로 유학 갔을 때였다. 하루는 미국의 어떤 부자가 조선 사람을 붙들고는 이렇게 물었다고 한다. "혹시 당신들에게 지도자가 왔습니까?" 그가 그렇게 물은 것은 당시 조선 사람들이 있던 곳은 언제나 디럽고 쓰레기가 널려 있어서 냄새나던 곳이었는데 언제부턴가 깨끗해졌기 때문이다. 냄새도 더 이상 나지 않는, 달라진 동네를 보면서 미국인 부자가 질문을 던지자 동포들은 자연스레 한 사람을 떠올리게 되었는데 그가 바로 도산 안창호 선생이었다.

당시 도산은 공부를 위해 미국에 유학하러 갔지만 학위가 목적이 아니었다. 도산이 유학길을 떠난 것은 밀러 선교사 밑에 공부하면서 미국 교육 현장을 둘러보고 싶었기 때문이다. 그런데 놀랍게도 도산이 선택한 유학길은 미국의 초등학교였다. 누가 초등학교에 유학하러 갈까. 그런데 도산은 20대에 미국 초등학교에 입학해서 미국 아이들과 함께 수업을 들었다. 힘을 가진 민족이 어떤 교육을 받았기에 강대국이 될 수 있었는지 현장에 참여하고 싶었다. 언젠가 사진에 담긴 미국 아이들 틈바구니에 선 키 큰 아저씨 도산을 보면서 마음이 숙연해졌다. 배움이 무엇인지, 겸손이 무엇인지 보여 주는 한 장의 사진이었기 때문이다. 지금도 그렇지만 으레 유학하러 가면 학위를 받아 와야 성공이라고 생각한다. 그러나 도산은 지식을 쌓기보다 지혜를 배우고 싶었다.

그렇게 아이들과 함께 미국 교육 현장을 배우던 어느 날, 샌프란시스코에 살던 동포들이 서로 상투를 잡고 싸우는 걸 보게 되었다. 얼마 되지 않는 이득을 두고 동포끼리 싸우는 모습을 보던 도산은 한 가지 결심을 하게 된다. 바로 동족에 대한 계몽운동이었다. 공부도 공부지만, 무엇보다

시급한 건 동족 계몽운동이라고 생각했다. 도산이 이렇게 결심한 것은 계몽운동이야말로 지금 우리 민족이 힘을 가질 수 있는 비결이라고 믿었기 때문이다. 하지만 미국에서 누가 도산의 이런 마음을 알아 줄 것이며, 생존을 위해 살아가는 동포들에게 어떻게 계몽운동 의식을 펼칠 수 있을까. 고민하던 도산은 늘 자신이 하던 일부터 하기 시작했다. 바로 빗자루를 들고 길거리에 나서 청결운동을 시작한 것이다.

도산은 자기 주변을 깨끗하게 가꿔 갈 때, 자기 자신을 사랑하는 사람이 된다고 믿었다. 그래서 아무리 누추한 곳에 머물러도 집과 방을 잘 단장하고 깨끗이 정리하며 그림도 걸어 놓고 화분도 놓고 모든 걸 가지런히 정리했다. 청결이 인격과 삶으로 이어진다고 믿었기 때문이다. 후에 그의 삶을 따랐던 남강 이승훈은 오산학교를 세우면서 세 가지를 강조했다고 한다. "몸을 깨끗이", "집을 깨끗이", "마음을 깨끗이" 스스로를 깨끗이 청결하게 하는 게 자기 자신을 사랑하는 길이요 스스로의 인격을 가꾸는 일이라고 여긴 것이다. 도산의 삶에서 나온 계몽운동이었다.

그렇게 도산은 동포들이 사는 길거리와 집들을 돌아다니며 빗자루로 청소하기 시작했다. 난데없이 찾아온 한 청년이 어느 날 빗자루 들고 길거리를 청소하는 모습을 보자 동포들도 하나둘씩 빗자루 들고 나서기 시작했다. 계몽이라고 하면 우리는 뭔가 가르쳐야 한다고 생각하지만 도산은 청결운동으로 계몽운동을 시작한 것이다. 어느덧 길거리는 깨끗해졌고 동포들이 사는 동네는 더 이상 냄새나지 않는 청결한 동네가 되었다. 도산의 바람대로 계몽이 된 것이다.

이 사정을 알 리 없던 미국의 한 부자는 그들의 변화를 보며 놀라워했고 이것이 도산이라는 한 젊은이에게서 비롯되었다는 사실에 감동했다.

문득 이 젊은 사람을 도와주고 싶은 마음이 든 부자는 도산을 불러 놀라운 제안을 하게 된다. 자신이 건물을 하나 내줄 테니 마음껏 사용해 보라고 한 것이다. 청결 계몽운동으로 시작된 작은 일이 큰일이 되어 돌아온 것이다.

도산은 계몽운동의 결과물로 얻게 된 건물에서 한인회를 세웠다. 그리고는 동포들을 돕는 일을 시작했는데 나라를 잃은 후에는 망명정부로 비자를 발급해서 미국으로 들어오는 수많은 동포들을 도왔다. 그중에는 청년 이승만도 있었으니 도산의 애기애타(愛己愛他)정신의 계몽운동은 결실을 얻은 셈이다.

이처럼 도산은 무력을 통한 독립운동보다 인격을 통한 운동에 관심이 많았다. 힘은 무력이 아니라 인격에서 나온다고 믿었기 때문이다. 예전 청나라와 일본군이 우리 땅 평양에서 싸우는 어이없는 상황을 보면서 이것은 나라에 힘이 없기 때문이라고 생각했다. 그러면서 힘을 기를 방법은 인격이라고 믿은 것이다. 밀러 선교사 밑에서 3년간 머무르며 깨닫게 된 이 인격운동은, 후에 흥사단운동으로 더욱 구체화되었다.

도산이 세운 것으로 알려진 흥사단은 사실 1907년 유길준이 시작했다. 모든 사람으로 선비정신을 갖게 하자던 계몽운동을 도산이 가져와 사용한 것이다. 도산은 흥사단운동을 펼치면서 반드시 두 가지 조건을 내걸었는데 첫째는 거짓말을 하지 않는 것이었고 둘째는 서로 조화를 이룰 수 있어야 한다고 했다. 서로 거짓 없이 조화를 이룰 수만 있다면 무슨 일을 못 하겠냐라는 게 도산의 생각이었다.

"농담으로라도 거짓말을 하지 마라. 꿈속에서라도 성실을 잃었거든 뼈저리게 뉘우쳐라. 죽더라도 거짓이 있어서는 안 된다.

모든 일은 참되고 실속이 있도록 애써 행하라. 우리는 서로 사랑
하면 살 것이요. 서로 싸우면 죽을 것이다."

　홍사단운동을 펼치던 도산은 무엇보다 사람을 사랑하는 공부를 해야
한다고 강조했다. 사랑을 알고 배워야 사랑하는 민족이 될 수 있기 때문
이다. 사랑하기를 힘쓰면 그게 습(習)이 되고 성(性), 본바탕이 되어서 결
국 격(格)을 이루는 덕(德)이 된다고 했다. 도산은 과연 자기 말대로 스스
로를 사랑하며 다른 사람을 사랑하고 존중했다. 사랑이야말로 인격을 이
루는 힘이라고 믿었기 때문이다.
　언젠가 도산과 함께 미국을 여행했던 장리욱 박사는 말하기를 선생은
거대한 사람이라기보다 더할 나위없이 친근한 사람이라고 했다. 언제나
사람들의 생각을 들어 주고 존중했으며 편하게 대해 주는 사람이라고 회
상했다. 누구든 그를 만나면 자신이 사랑받고 있다는 따뜻함을 느꼈다고
하니 나를 존중히 대해 주고 내 말을 끝까지 들어 주되 절대로 남의 험담
이나 비밀 이야기는 들으려고도 하지 않던 도산의 인격을 존경했다. 어
느 누구도 도산과는 갈등을 갖는 게 어려웠다. 누가 도산이 화를 냈다는
말을 들은 적이 없을 정도로 그는 언제나 빙그레 웃음 짓던 따뜻한 사람
이었다.
　그래서 나는 도산을 볼 때면 나도 모르게 웃음이 나온다. 사실 도산을
소개하는 책 속 사진들은 하나같이 신념에 찬 굳은 표정이지만 도산을
만난 사람들은 그가 항상 웃는 얼굴이라고 했다. 항상 빙그레 벙그레 웃
음 지으며 사람들에게 웃음을 전해 주던 도산 안창호. 그의 삶이 곧 배움
이었기에 사람들은 도산을 만나면 늘 배울 게 있었다. 언제나 상대가 자

신의 인생을 세워 가도록 들어 주며 존중하는 마음으로 도와주었기에 임시정부를 조직할 때도 "나는 여러분의 머리가 되지 않고 섬기러 왔습니다."라고 말했다. 민족(民族)을 깨우려면 민(民)을 주체로 받들어 섬기는 게 우선이었기 때문이다.

언젠가 "지금 이 시대에 어른은 누구입니까?"라는 질문을 들었을 때 그 어른이란 뭘 잘하는 사람이 아닌, 인격적인 존재라는 생각이 들었다. 그리고 애기애타(愛己愛他)정신으로 삶을 살았던 도산 선생이 바로 그 어른이라는 걸 깨달았다. 삶을 배우며 사숙할 수 있는 어른이 생겼다는건 기쁜 일이다. 선생을 통해 배우게 된 이 기독적인격(基督的人格)이야말로 길에 대한 배움이기 때문이다.

사실 복음을 기독적 인격의 삶으로 살아 낸 사람이 몇이나 될까. 우리는 모두 뭔가를 잘하는 사람이 되도록 교육받지 않았는가 말이다. 그러나 민족의 어른이었던 도산은 어느 곳을 가든 교회를 먼저 세우고 사람을 모아 예배드리며 인격자의 삶으로 계몽운동을 일으켰다. 그렇게 절망의 나라에 웃음과 사랑의 향기를 남겨 준 도산이었다.

"우리는 무엇을 하려고 할 적에 서로 꽉 믿고 일하는 게 아니라
무엇보다도 시기와 질투와 당과 가림을 먼저 하게 됩니다. 이것
이 망종지민의 인격이란 말씀이에요. 이런 인격을 가진 인간들이
무엇을 해요. 인격혁명을 한 이가 한 해에 열 사람이면 열 사람,
스무 사람이면 스무 사람, 이같이 늘어날수록 우리 사회는 점점
좋아질 것이 분명합니다. 인격입니다!"

– 도산의《인격혁명》중에서

인격의 중요성은 모든 인물들에게 중요한 주제다. 꼭 한 번은 읽어야 할 《월든》의 헨리 데이비드 소로우의 정신적 사상가, 오레스테스 브라운슨 목사가 했던 말이 있다.

"교육은 진정한 평등으로 가는 열쇠이고, 평등은 모든 사회악을 치료하는 열쇠다. 진정한 교육은 읽기, 쓰기, 계산하기가 아니라 '인격 형성'이 우리 사회 전체의 도덕적 종교적 지적 신체적 훈련이자 수양이다."

우리는 신앙을 믿음으로만 생각하기 쉽기 때문에 인격을 가진 신앙인이 되어야 한다는 말이 낯설다. 그러나 신앙이 성숙으로 이어지지 않으면 믿음은 그 색깔을 잃어버리고 만다. 신앙은 하나님의 선물이지만 성화는 인격의 과정을 거쳐야만 하기 때문이다. 기독교(基督敎)가 무엇인가? 한자 음역어로 기독은 그리스도로서 기독교는 그리스도교요, 예수교인 것이다. 그러니 예수를 빼놓고 교회라고 말할 수 없고 기독교는 오직 예수가 전부인데 그분의 인격을 모른다면 어떻게 성화됨으로 예수님의 제자가 될 수 있을까. 예수님을 알면서 정작 예수님을 따르는 사람들이 보기 드문 시대다. 그런 의미에서 도산은 예수님의 제자였다.

도산에 대해 알려면 우선 춘원 이광수의 글을 읽을 읽어야 한다. 해방될 줄 몰랐다던 춘원이 나라가 해방되자 제일 먼저 써낸 책이 바로 옛 스승에 대한 글이기 때문이다. 춘원은 《도산평전》을 쓰면서 그동안 친일로 살았던 마음의 빚을 덜고자 했을 것이고 해방된 나라에서 목숨 붙어 살고자 하는 비루한 마음도 있었을 것이다. 하지만 선생으로부터 인격을 배우지 못한 춘원이었다. 그러니 그의 책에서 우리는 어떻게 도산이 기독적 인격을 이뤘는지 알 수 없다.

도산은 청일전쟁 후 힘을 가지기 위해서는 일단 배워야겠다고 생각했다. 열여덟 나이에 이를 고민하던 도산은 서울에 올라와 구세 학당에서 교육자 밀러 선교사를 만나 기독교인이 됐다. 나중에 일제에 심문당할 때도 자신의 이력을 기독교 장로파 신자라고 소개한 걸 보면 그는 자신도 인정한 기독교인이었다. 다만 일반 신앙과 차이가 있다면 그는 내세만을 주장하는 신앙보다 철저히 현실적인 신앙관을 가지고 있었다는 점이다. 신앙의 기반 위에 도산 선생이 주장한 네 가지 인격이 있었다. 바로 무실(務實), 역행(力行), 충의(忠義), 용감(勇敢)이다.

┃도산의 인격

(1) 무실(務實)

첫째, 무실(務實: 참되기를 힘쓰고 진실을 사랑하며 거짓을 버리는 정신)이다. 도산 선생이 말했다.

> "진리는 반드시 따르는 자가 있고 정의는 반드시 이루어지는
> 날이 있으니 죽더라도 거짓이 없으라."

선생은 우리가 진정한 힘을 가지기 위해서는 진리를 따르는 데 진실해야 한다고 했다. 무슨 일을 하더라도 대충대충 하는 것이 아니라 진실되게 일하며 사람을 대할때도 진실해야 한다는 것이다. 거짓을 싫어했던 도산 선생은 사람 앞에 두 마음을 품지 않았다. 하나님과 민족 앞에 의리를 지키며 살자는 게 그의 뜻이었다. 신앙도 뜬구름 잡듯 외치지만 말고 내가 처한 현실을 바로 볼 줄 알고 대하는 것이 무실이요, 그래서 세상을 견인하는 진리가 우리 삶도 이끌어 갈 수 있음을 믿는 것이 무실이라 했다. 나라가 망한 것도 겉으로는 나라 걱정하지만 사실 진리를 믿고 따르는 진실됨 없이 자기 잇속 챙기느라 바빴기 때문이라고 했다. 그러니 거짓됨이야말로 나라를 망하게 한 원수라는 것이다.

'나는 절대로 거짓된 삶을 살지 않겠다.' 이것이 도산 선생이 뜻으로 품고 정한 인격이었다. 진리를 따르고자 하는 마음으로 발버둥 치며 하나님과 사람 앞에 거짓 없이 사는 삶, 도산 선생은 바로 그 인생에서 힘이 나온다고 믿었다. 진실됨이 힘이라는 것이다.

(2) 역행(力行)

도산 선생은 또한 역행(力行: 마땅히 할 일을 힘써 실천하는 정신)을 주장했다. 성경에 야고보 선생은 말하기를 누군가에게 평안히 가라, 몸을 따뜻하게 하라, 먹고 배를 채우라고 하면서 정작 쓸 것을 주지 않으면 그 말이 무슨 유익이 있냐고 했다. 행함 없는 믿음은 영혼 없는 몸이 죽은 것 같이 그런 믿음은 죽은 것이기 때문이다. 그처럼 깨달음은 반드시 실천으로 이어져야 인격이 되고 힘이 된다고 했다.

"우리 중에 인물이 없는 것은 인물이 되려고 마음먹고 힘쓰는 사람이 없는 까닭이다. 인물이 없다고 한탄하지 말고 그대가 그 인물이 되라. 왜 그대는 인물이 되려고 하지 않는가?"

누군가를 비판하는 것은 죄성 가진 우리 모두에게 쉬운 일이다. 그러나 도산은 누군가를 판단하기 전에 나 스스로 먼저 인격자의 삶을 사는 것이 힘이라고 믿었다. 내가 먼저 진리를 깨달은 대로 실천하자는 것이다. 그렇게 묵묵히 빗자루 들고 청소하는 도산을 따라 미국과 세계에 흩어진 민족들이 그의 뒤를 따랐고 이것이 민족의 힘이 되었다. 실천에서 나온 인격의 힘인 것이다.

(3) 충의(忠義)

세 번째로는 충의(忠義: 신용을 가지고 충성하는 정신)를 말했다. 모든 일에 정성을 다하며 신의와 의리를 지키자는 정신이다. 선비들 사이에 아무리 뛰어난 지식인이라도 의리를 저버리면 선비라고 할 수 없다. 어떤 이가 문과로 급제 후 규장각 대교에 임명되고 개화파 일원이 되었으며, 영어 교육을 받고 미국을 다녀오고 왕자들 스승이 되었을 뿐 아니라 정부 모든 직책을 두루 경험했다고 하면 분명 그는 성공한 사람이라 할 것이다. 그의 글솜씨도 어찌나 뛰어났던지 글을 사려면 제법 큰돈을 지불해야 할 정도였다. 지금도 누구나 그의 글씨를 독립문 현판에서 볼 수 있다. 그는 누구일까? 나라를 팔아넘긴 민족의 역적 이완용이다. 이처럼 사람이 의리를 잃으면 그가 가진 것으로 모두를 패망으로 견인할 수 있다. 그러니 도산은 의리가 없으면 연합할 수 없고 어떤 공통된 목적과 방법을 세우기도 어렵다고 했다. 서로서로 꽉 믿어 보자는 게 충의정신이다.

(4) 용감(勇敢)

또 하나의 정신은 용감(勇敢: 옳은 일을 위해 일관성 있게 참고 견디는 정신)이다. 나라가 망하고 바벨론 포로로 끌려간 다니엘이 신앙을 완전히 잃어버릴 상황에 부닥치자 한 가지 결심을 하게 된다. 하나님 앞에 '나를 더럽히지 말아야지' 하고는 뜻을 정한 것이다. 그는 그 뜻으로 큰 위기를 겪게 되지만 한번 정한 뜻을 끝까지 지킴으로써 바벨론과 페르시아 제국의 총리로 이스라엘의 방패막이 될 수 있었다. 어느 시대나 뜻을 정하지 않은 인물은 없다. 그러나 그 뜻은 끝까지 참고 견디며 지켜내는 용감이 있어야 열매를 맺을 수 있다. 도산은 얼렁얼렁이 우리나라를 망하게 한다며 뜻을 정했으면 최선을 다해야 한다고 했다. 뜻이 잘못되었으면 실패하겠지만 뜻이 옳다면 반드시 이루어지며 그 이루는 날은 분명히 온다고 믿었다. 그래서 늘 했던 말이 있다. 나는 밥을 먹어도 대한의 독립을 위해, 잠을 자도 대한의 독립을 위해 한다는 것이다. 도산은 죽을 때까지 이 용기를 잃지 않았다. 언젠가 심하게 고문당하던 날, 망가진 몸으로 함께 식사하던 장리욱 박사에게 그랬다고 한다.

"(나를 고문하던) 저 사람을 보세요. 이 먼 곳까지 와서 자기 나라를 위해 얼마나 열심히 일하는지 모릅니다. 난 저 사람을 보며 나라 사랑하는 마음을 배웁니다."

장리욱 박사는 할 말을 잃었다. 용감의 인격자가 눈앞에 앉아 있었기 때문이다.

한번은 도산을 고문하던 일본 경찰이 비아냥거리며 물었다. "이제껏 20년 넘게 조선은 망해서 일어나지 못하고 있는데 네 생각에는 조선이 독립될 것 같냐?"고 한 것이다. 이에 도산은 "2천만 국민이 독립을 원하니 독립이 될 것이고 하나님이 독립을 명! 하셨으니 독립은 될 것이다. 그러니 독립될 나라에 나중에 원망 살 일 하지 말고 서로 잘 지내야 하지 않겠냐."며 일본 경찰을 타일렀다고 한다. 믿음을 가진 용기가 무엇인지 보여주는 대목이다.

이처럼 참되고 진실하며 마땅한 일을 실천하고, 충성되게 의리를 끝까지 지키며 믿음을 가진 용감의 정신을 품고 사는 것, 이것이야말로 도산은 힘이요 인격이라고 믿었다.

"힘을 기르소서. 힘을 기르소서.
정신의 힘은 우리를 자유케 합니다."

도산은 이 정신의 힘을 가졌기에 권력과 명예와 이념에서 자유했다. 인격에서 나오는 이 힘을 가지고 발길이 닿는 대로 온 세계를 다니며 민족을 깨웠다. 미주 지역과 일본, 중국과 러시아 등 가는 길마다 교회와 학교를 세우며 민족을 하나 되게 하는 일에 온 힘을 다했다. 그리고 상해 임시정부를 세울 때에도 마찬가지였다. 대통령으로는 이승만, 국무총리는 이동휘, 내무 총장에는 이동녕을 세우고는 자신은 노동국 총판이 되어

좁은 출입구에 앉아 사람들을 섬겼다.

이런 그의 인격이었기에 그 누구도 전혀 예상하지 못했던 인물, 백범이 임시정부에 들어올 수 있었다. 어떤 사람들은 도산이 이승만이라는 인물을 세운 것에 불만이 많았다. 그러나 도산은 이승만이 지역과 출신을 뛰어넘을 수 있는 사람이라는 데 주목했다. 이승만은 왕족인 전주 이씨이면서 양녕대군의 16대손이자 독립협회 등 계몽운동을 일으킨 사람이었고 조지 워싱턴, 하버드, 프린스턴대학교에서 연이어 학위를 받은 인재였기에 자격이 있다고 여겼다. 욕심으로 인해 잡음 많던 이승만이었지만 도산 선생은 그를 차라리 대통령으로 세워 주는 게 모두를 평안히 연합하게 하는 길이라고 여겼다.

이처럼 욕심 없이 사람을 세우던 선생이었기에 독립운동가들이 이념으로 갈등의 골이 깊을 때, 모두를 품어 주던 어른이 될 수 있었다. 오히려 밤이면 양쪽 진영이 차례로 도산 선생을 찾아와 마음을 나눴다고 하니 그와 같은 기독적 인격을 가진 어른이 있었다는 게 얼마나 큰 축복이었을지. 지금 우리에게도 이런 어른이 있을까? 어쩌면 한탄하며 걱정하는 우리에게 선생은 그럴지 모르겠다. "인물이 없다고 하지 말고 그대가 그 인물이 되십시오!" 우리가 선생의 삶을 오랫동안 사숙하며 배워야 할 이유다.

남강 이승훈 : 아름다운 결의 사람

마음에 향기를 머금은 것처럼 아름다운 결이 느껴지는 사람이 있다. 이런 건 외모를 가꾸고 멋진 옷을 걸쳤다고 되는 게 아니다. 언젠가 '인격의 격'과 '삶의 결'에 대해 배우면서 생각했다. 마음의 결은 그 안에 숨겨진 격에서 드러나기에 아무리 좋은 결을 가져도 격이 거칠고 비뚤어져 있으면 무심결에 얼떨결에라도 어긋난 결은 드러나기 마련이다. 그러니 격을 갖춘 삶이 중요하다. 격은 천성이라기보다 만남을 통해 형성된다. 어렸을 때부터 좋은 환경에서 격을 가꾸면 좋겠지만 나이 들어도 좋은 만남을 가지면 아름다운 결을 내는 격을 갖추게 한다. 인생에 만남이 중요한 이유다.

3·1운동의 주역이면서 교육자의 삶을 살다 간 인격자 남강 이승훈은 태어난 지 얼마 안 돼 엄마를 잃고 할머니 밑에서 자라났다. 그러나 열 살이 되던 해 할머니와 할아버지도 잃으면서 고아가 됐다. 삶의 기반을 통째로 잃어버린 상실은 누군가의 도움 없이 살기 어렵다. 그런 그에게 귀한 만남이 찾아오는데 임일권이라는 사람이었다. 임일권은 당시 유기 제조 공장과 판매점들을 가지고 있던 큰 부자였다. 그가 어린 이승훈의 불

쌍한 처지를 듣고는 심부름꾼으로 부른 것이다. 그런데 데려온 아이가 글을 좋아하는 걸 보던 임일권은 이 아이에게 글을 가르쳐 줘야겠다고 생각을 하게 됐다. 인물을 키워 낸 인물이었던 셈이다.

사실 남강 선생은 자신을 키워 준 할머니의 도움으로 어린 시절 글방에 다닌 적이 있었다. 그런데 끊겼던 공부를 임일권이 다시 시켜 주니 반가운 마음에 열심히 공부했다. 그렇게 운명같이 만난 임일권 밑에서 공부도 하고 장사도 배우고 그의 도움으로 장가도 가고 새살림도 차리고 나중에는 그에게 돈을 빌려 유기 행상까지 했으니 그와는 보통 인연이 아닌 셈이다.

하지만 이런 행운 같은 일은 임일권의 선한 마음씨보다 늘 배움을 즐거워했던 남강의 성품 때문에 가능했다. 또한 남강은 돈에 대해 깨끗해서 그에게 돈을 빌려주거나 장사를 맡겨도 될 만큼 정직하고 잔머리 굴리는 법이 없었다. 그리고 무엇보다 신용을 목숨처럼 여겼다. 그러니 사람들마다 남강을 좋아했고 임일권은 그가 잘 성장하도록 언제나 옆에서 지지해 주었다.

임일권을 통해 삶의 기반을 닦으면서 본격적인 유기 사업을 벌이기 시작한 선생은 거부 오삭주에게 돈을 빌려 사업을 확장해 갔다. 그리고 성실함과 정직한 성품으로 인해 보부상으로서 큰 성공을 거두게 된다. 그러나 안타깝게도 그가 머물던 조선은 더 이상 회복될 수 없을 만큼 기울어져 있었다. 게다가 우리나라 안에서 청나라와 일본이 싸우면서 남강 선생의 사업장은 모두 쑥대밭이 돼 버렸다. 당시 사업하다 빚진 사람들은 이때다 싶어 모두 도망가고 숨기에 바빴지만 신용과 정직을 중요하게 여긴 선생은 그럴 수 없었다. 오히려 돈을 빌려준 오삭주를 찾아가 이렇게 말했다.

"여기 제가 빌렸던 돈과 이자가 적힌 장부입니다. 지금은 갚을 수 없지만, 열심히 일해서 꼭 이 돈을 갚겠습니다." 오삭주는 모두 다 도망가는 마당에 홀로 와서 빚을 꼭 갚겠다는 남강의 말에 감동을 받았다. 오삭주는 그 자리에서 장부에 적힌 모든 금액을 붓으로 지워 버리고는 전액을 탕감해 주었다. 그리고는 오히려 돈을 더 빌려주면서 "너는 앞으로 큰 인물이 되어 보라."고 격려까지 했다. 남강의 겸손에 처음에는 임일권이 움직였고 나중에는 오삭주가 움직인 것이다. 이제 전국적인 사업가로 변신하게 된 남강 이승훈. 그러나 넘어지는 나라는 더 이상 그에게 기회를 주지 않았다.

러일전쟁 이후 나라는 더 이상 회복될 수 없는 운명에 있었고 그런 현실을 바라보던 남강 선생의 마음은 절망이었다. 그런데 길을 잃은 것 같은 그에게 운명 같은 소리가 들려왔다. 안창호라는 젊은이의 연설이었다.

"망해 가는 조선에 필요한 건 정부 세력이나 제도가 아닙니다. 백성 한 사람 한 사람이 덕스럽고 밝고 힘 있는 사람이 되도록 새로운 교육을 일으켜야 합니다. 덕과 지식과 기술을 가진 건전한 인격을 가진 새로운 사람이 모이면 민족의 영광은 회복될 것입니다."

남강 선생은 젊은 도산의 말에 마음이 뜨거워졌다. 망해 가는 나라에서 내가 무엇을 하겠냐며 절망하던 그에게 희망이 들어왔기 때문이다. 할 수 있는 일을 발견한 남강은 바로 도산에게 달려가 서로 통성명을 하고 가슴 뜨거운 만남을 가지기 시작했다. 이런 남강의 마음에 감동받은 도산은 신민회를 소개했다. 남강은 당장 뭐라도 하고 싶어서 우선 머리를 깎고 술과 담배를 끊었다. 그리고 도산을 만난 뒤부터 두 가지 키워드를 붙들게 되는데 바로 청결과 교육이었다.

도산이 말한 '몸을 깨끗이 하고 집을 깨끗이 하고 마음을 깨끗이 하는 것이 나라를 바로 세우는 길'이라는 가르침을 그대로 실천한 것이다. 과연 남강은 105인 사건으로 제주도로 유배됐을 때, 아침이면 빗자루를 들고 안 뜰과 길 거리를 깨끗이 쓸고 동네 우물도 깨끗이 청소하기 시작했다. 그로 인해 마을은 깨끗해졌고 동네의 다툼 소리는 줄어들었다. 무관학교를 세우려던 안중근 의사 사촌 안명근의 명함을 가진 죄로 검거됐을 땐, 옥중에서 상한 몸을 이끌고 방 청소를 도맡아 하기도 했다. 누군가 왜 그렇게 하냐고 묻자 남강 선생은 "나는 지금 걸레질하는 마음으로 나라를 위해 일하는 거요."라고 답했다고 한다.

남강은 우리 독립은 다른 나라 힘을 빌릴게 아니라 우리 힘이 있어야 한다는 도산에게 감명을 받았다. 그리고 이를 위해 교육기관을 세워야 한다는 말에 바로 학교 세우는 일을 착수했다. 그렇게 도산을 만난 그해 12월 24일, 역사적인 오산학교는 시작됐다. 사업가였던 남강의 추진력 때문에 오산학교는 도산이 세운 대성학교보다 1년 앞서 세워진 것이다.

남강은 유기공장에서 만들어진 그릇처럼 사람도 좋은 틀에 맞춰 교육받으면 좋은 사람이 될 수 있다고 믿었다. 그래서 학교를 위해서라면 자기 재산을 다 파는 것도 아까워하지 않았다. 그렇다고 그가 무슨 교장을 하거나 선생을 한 것은 아니다. 다만 교육이 나라를 살린다는 신념 때문에 학교를 세우는 데 온 힘을 다한 것이다. 선생과 학생을 모으고 시설을 고치면서 경비가 부족하면 집에 있는 쌀을 가져다 먹이고, 학교 기와가 벗겨지면 자기 집 기와를 벗겨다가 옮겨 놓을 만큼 애착이 컸다. 민족을 세운다는 마음 가짐으로 학교를 세워 가던 남강은 학교를 곧 자신의 집과 같이 여겼다. 그리고 학생들이 학교를 졸업하면 밤마다 불러서 삶의 좋은 멘토가 되어 주었다. 늘 도산 안창호를 스승으로 여기며 사숙했던 남강은 학생들에게 또 다른 도산이 되어 주었던 것이다.

언젠가 도산이 오산학교에 들른 적이 있었다. 도산은 자신이 품었던 꿈이 실현되는 현장을 보고는 자신은 정말이지 남강 선생의 인격과 사업을 존경한다고 했다. 나중에는 다석 유영모가 남강을 톨스토이와 비교할 정도였으니 그의 인격적 삶이 어떠했는지 알 수 있다. 남강이 옥중 생활을 해서 학교를 돌보지 못할 때면, 춘원 이광수가 잠시 왔다 가고 이후에는 고당 조만식이 와서 학생들과 함께 더불어 학교를 이어 갔다.

대학 수준을 갖췄던 오산학교 졸업생들은 교육, 산업, 종교, 청년 운동, 언론, 문학, 체육, 사회 사업 등으로 퍼져나가 나라를 세우는 일꾼이 되어 갔다. 그중에는 도산과 함께 흥사단을 시작했던 김여제, 또 백병원을 세운 외과의사 백인제, 고려대를 시작한 박동진, 영원한 순교자 주기철 목사. 그리고 한경직 목사, 민족의 사상가 함석헌 등이 있었다. 물론 이곳에 몸담았던 다석 유영모와 함석헌을 사랑했던 김교신 선생의 흔적도 빼놓을 수 없다. 그만큼 이 학교는 또 다른 일본이 되어 가던 시대에 그래도 민족의 숨통을 붙들던 곳이었다.

한번은 평양 산정현교회에서 한석진 목사님의 설교를 듣고 예수를 영접한 남강은 이런 생각을 하게 된다. '나라는 망하고 민족은 분열되어 가는데 우리에게는 다른 방법이 없다. 우선 정신을 수양해야 한다. 이를 위

해 도산 선생이 외쳤던 인격자가 되어야 한다. 기독적 인격이다! 그러려면 먼저 예수를 믿자!'

그렇게 신앙인이 되어 평양에 돌아온 남강은 오산학교 학생들을 모아 자신의 뜻을 전한 뒤 하나님께 예배드리며 교회를 세웠다. 남강의 세 번 옥중 생활 동안 마음을 붙들어 준 것은 다름 아닌 신앙이었다. 선생은 안중근의 사촌동생 명함이 발견된 이유로 2년간 제주 유배형을, 105인 사건에 연루되서는 5년 동안 옥살이를 했다. 다시 1919년 3·1운동 때 민족 대표 중의 한 사람이 되어 또다시 4년의 옥중 생활을 이어 간 남강은 감옥 생활을 마치 성전에 있는 것처럼 살았다. 새벽이면 일어나 기도하고 성경을 읽고 감방 청소는 물론 똥을 치우는 것도 모두 스스로 담당했다.

고문당하고 돌아오면 울면서 나라와 동지들을 위해 기도했고, 옥중에서 끊임없이 성경을 읽는데 구약성경을 20독, 신약성경은 1백 독을 했다고 하니 그는 감옥을 교회처럼 여긴 것이다. 언젠가 길거리에서 한 청년이 "지금 우리에게 필요한 건 빵입니다."라고 외치자 남강이 이렇게 말했다고 한다. "우리는 지금 빵에 주려 있지만 그보다 하나님 말씀에 굶주려 있습니다." 하나님의 진리야말로 일본에 갇힌 우리가 자유할 수 있는 유일한 길이라 믿었기 때문이다.

이제 감옥에서 나오게 된 남강은 망해 버린 나라를 그냥 두고 볼 수 없었다. 여러 민족의 지도자들과 함께 19일 동안 24차례 모임을 가지면서 3·1운동의 만세 횃불을 밝힌 것이다. 이를 위해 남강은 함태영과는 기독교 대표로, 천도교는 최린, 불교는 만해 한용운과 백용성과 함께 독립 선언문에 서명하게 된다. 나중에 체포되어 일본 재판정에 선 남강 선생은 이렇게 말했다.

"나는 하나님을 믿는 사람입니다. 하나님이 인류를 내실 때 각각 자유를 주셨는데 우리는 이 자유를 빼앗겼습니다. 3·1운동은 자유를 지키고 존중하라는 하나님의 뜻을 받드는 일이었습니다."

하나님의 뜻을 따라 3·1운동을 벌였다는 그의 말에 일본 경찰은 할 말이 없었다. 3·1운동 대표로는 마지막까지 감옥에 갇혔던 남강은 사람들이 감옥에서 절망할 때마다 거의 매일 변기 위에 올라가 이렇게 큰 소리로 외쳤다고 한다. "우리가 죽을 각오 없이 감옥에 들어온 겁니까? 그러니 낙심하지 맙시다." 선생의 낙심하지 말자는 외침은 서대문 형무소 희망의 노래였다.

사업가에서 교육가로, 또한 핍박으로 떠나간 국내 신민회를 책임지며 3·1운동의 불을 지폈던 독립운동가요 철저한 신앙인으로서, 그는 모든 이들에게 기독적 인격의 삶을 보여 주며 살았다. 한국 기독교의 산 증인이었던 남강 선생은 죽기 얼마 전, 이런 말을 남겼다.

"내가 오늘까지 한 모든 것은 모두 하나님이 시켜서 한 것입니다. 내가 한 것은 하나도 없습니다. 나는 불학무식하여 아는 게 없지만 하나님이 나를 이 자리까지 오게 하였습니다."

오직 하나님의 뜻을 따라 살았던 남강의 흔적이 너무 강렬했던지 그가 죽은 후, 조선총독부는 추도회를 열지 못하게 했다. 나중에는 묘비를 부수고 땅에 묻어 버리기까지 했다고 한다. 그가 남긴 기독적 인격의 힘에서 나온 아름다운 결 때문이었다.

부모를 잃었을 때 학당에 보내 주며 지지해 준 할머니, 가족을 모두 잃은 자신을 거둬 준 임일권, 끝까지 자신을 신뢰해 준 오삭주, 그리고 새로운 인생을 살게 해 준 도산 안창호까지. 남강 선생의 시작은 분명 불우했지만 만남을 통해 아름다운 결을 그리다 간 그는, 그리스도의 향기였다.

구당 유길준 : 미래를 남기고 간 선각자

인생의 멘토를 만날 때, 우리는 떠돌던 생각들이 정리되고 확장되어 간다. 자기 과잉의 시대를 사는 사람들, 모든 지식을 스마트폰에서 찾는 포노 사피엔스(Phono Sapiens)들에게는 멘토를 통한 배움은 낯선 이야기다. 가르침을 주는 사사(師事)와의 만남이든, 함께 인격적인 교감을 나누는 사숙(私淑)의 관계든, 멘토 없는 인생은 쉽사리 맨땅이 된다고 했다. 도산에게 있어 신교육을 가르쳐 주고 결혼과 미국 유학을 안내해 준 밀러 선교사는 그의 인생에 잊을 수 없는 멘토였음이 틀림없다. 그러나 그가 민족의 지도자로 서는 데 지경을 넓혀 준 사람이 있다. 구당 유길준 선생이다.

도산이 늘 말했던 점진적인 개혁과 그가 다시 일으킨 흥사단은 모두 구당 유길준의 아이디어였다. 유길준은 분열된 국론을 하나로 모으는 비전을 가진 사람이었다. 만약 도산이 그의 책《서유견문록》을 읽지 않았다면 미국과 일본, 중국과 러시아에서 우리는 도산의 흔적을 찾아볼 수 없었을 것이다. 유길준은 우리나라 최초로 일본과 미국 유학을 동시에 다녀온 영광을 누린 사람이다. 이후《서유견문록》을 쓰기도 했던 그는 실패한 개혁가로 불리고 있다. 지금도 유길준에 대한 평가는 긍정과 부정이 공존한다. 그러나 민족의 지도자 도산이 왜 그를 주목했느냐 하는 건 중요하다.

유길준은 박지원의 손자였던 박규수와의 만남에서 생각이 깨어나 사상적 사유를 가지게 됐다. 박규수가 건네준 《해국도지》 때문이다. 《해국도지》에는 세계 각국의 역사 지리가 담겨 있었다. 중국을 세계의 전부인 줄 알았던 시대였다. 그러나 그 너머 또 다른 세상이 펼쳐져 있다는 사실을 알게 된 어린 유길준은 충격이었다. 조선과 중국 너머 수많은 세상이 있다면 이미 타락해 버린 조선만 바라볼 게 아니었다.

갑자기 넓은 시야를 가지게 된 유길준은 더 이상 과거시험을 준비할 이유가 없어졌다. 아니, 과거는 보지 않겠다고 작정한 것이다. 이후 박규수를 통해 개화파 인사들과 교제를 갖기 시작한 유길준은 사랑방 만남을 통해 일본으로 떠나는 조선 사찰단에 몸을 싣는 기회를 얻게 된다. 이 기회는 그로 하여금 당시 일본을 대표했던 개화사상가의 아버지, 후쿠자와 유키치를 만나는 행운을 얻게 했다. 후쿠자와 유키치를 통해 구당은 갇혀 있던 조선을 넘어 문명개화운동과 계몽사상을 배우게 된다. 일본 지도자들의 산 교육 장소였던 경응의숙에서 조선의 선비가 세상 보는 눈을 뜨게 된 것이다. 그런데 그에게 찾아온 기회는 그걸로 끝나지 않았다. 1882년, 조미 수호 통상 조약 체결의 답례로 보빙사(報聘使)를 보내게 되었을 때 수행원으로 미국에 따라간 것이다. 그뿐만 아니라 민영익의 배려로 미국에 남아 한국 최초의 국비 유학생이 되는 영광까지 누리게 됐다.

미국에 남은 구당은 과감히 한복을 벗어던지고 양복을 입고는 상투를 잘라 단발신사로 변신했다. 개화사상에 무장한 조선 사람이 된 것이다. 메사추세츠주에서 스승으로 만난 진화론자 모스 교수 밑에서 점진적으로 진화할 조선을 꿈꾸던 구당은 낮에는 공부를, 밤에는 모든 자료를 모아 정리하는 데 시간을 보냈다. 그러나 안타깝게도 얼마 후 선생은 다시 귀국해야만 했다. 고국에서 갑신정변이 실패하면서 그 주모자였던 김옥균, 박영효와 친분이 있다는 이유로 개화파 일당으로 간주돼 귀국 명령이 떨어진 것이다. 그러나 구당은 이대로 귀국할 수 없었다. 그는 미국을 떠나 영국, 프랑스, 독일, 포르투갈, 지중해, 수에즈 운하, 싱가포르, 홍콩, 일본을 거쳐 세상을 가슴에 담고는 돌아갔다.

그렇게 세계를 돌아보며 보고 모은 자료를 바탕으로 책 한 권을 세상에 내놓게 되는데 그 책이 그 유명한 《서유견문록》이었다. 그의 생각을 깨우친 《해국도지》를 자신만의 기록으로 책을 써낸 것이다. 그가 이 책을 써야겠다고 생각한 것은 이전에 야만족이라고 놀리던 일본의 개화된 문명을 보고 난 이후였다. 구당은 그들이 서양 사람들을 본받아 이런 문명을 일으켰다면 우리도 충분히 우리만의 문명을 일으킬 수 있다고 믿었다. 후쿠자와 유기치가 쓴 《서양사정》을 참고했던 선생은 서구문명을 통해 자신은 물론 조선도 문명국이 되길 원했다. 그렇게 여러 나라를 돌다 온 구당은 미개(未開)에서 반개(半開)로 그리고 개화(開花), 진화하지 않으면 조선은 소망이 없다고 보았다. 하지만 개화에 급진적인 방법보다는 점진적인 개혁을 원했다.

추사 뒤에 추사라는 여초 김응현(如初 金膺顯) 서예가가 즐겼던 말이 있다. 법고창신(法古創新)이라고 옛것을 본받아 새것을 창조한다는 말이다. 선생은 전통은 보전하면서 서구문명을 받아들이는 길을 찾았다.

삼권분립을 원칙으로 하는 영국의 입헌군주제가 조선이 걸어야 할 미래라고 본 것이다. 그렇게 개혁의 그림을 그리며 여러 개혁을 일으켜 보지만, 조선은 이미 힘을 잃은 뒤였다. 이제 조선이 살길은 스위스같이 중립국이 되는 길밖에 없다고 생각한 구당은 조선에 대한 야욕을 대놓고 드러내는 일본에 대해 너무 적대시만 하지 말고 하나씩 타협하며 우리 힘을 기르자고 했다.

일본이 을미사변을 일으켰을 때 구당은 내부대신이 되어 일본과 접촉하며 단발령을 일으키는 등 강력한 개혁정책을 펼쳐 갔다. 하지만 고종이 러시아 공사관에 몸을 피하면서 김홍집과 더불어 을미사변 범인으로 포살 명령이 내려지자 간신히 일본으로 망명하게 된다. 이후 의친왕을 옹립하는 일이 들통나면서 일본에 의해 오가사와라섬에 유폐된 구당은 고종이 폐위되자 신문에 기고하는 등 백방으로 노력해 봤지만, 이제 더 이상 할 수 있는 일은 없어 보였다. 그러다 순종이 불러 다시 귀국하게 된 구당은 마지막으로 자신이 할 수 있는 카드 하나를 내미는데 바로 계몽운동이었다. 계몽운동이야말로 그나마 민족이 힘을 가질 수 있는 마지막 길이라고 생각한 것이다. 특히 구당은 상업과 교육을 통한 계몽운동을 일으켰다.

먼저는 상업을 장려하는 계몽운동을 펼치면서 사유재산보호와 자유경쟁을 통한 영업 활동을 권장했는데 이는 상업이 발달해야 농업도 발달하고 나라가 힘을 가질 수 있기 때문이었다. 1908년 〈경성일보사〉에 간행된 "노동야학 독본"에서 선생은 말했다. "사람은 하늘과 땅 사이에 가장 신령한 존재로 사람 되는 도리에는 직업이 있으니 무엇이든 거룩한 직업에는 귀천이 없습니다." 직업 있는 자가 많으면 나라가 창성하고

적으면 쇠잔하니 나라를 위해서 백성들은 게을러서는 안 된다고 말한 것이다.

또 먼저 '나' 사는 노릇을 하기 위한 교육 계몽운동을 일으켰다. "사람이 배우지 아니하면 지각이 나지 못하니 배우기는 자리서 행하기 위함입니다." 구당은 지금같이 무슨 지식을 많이 알고 학위를 얻는 걸 교육이라고 생각하지 않았다. 그가 생각한 교육은 모든 백성 안에 선비정신을 갖추는 데 그 목적이 있었다. 1907년, 이를 위해 선생은 흥사단(興士團)이라는 계몽단체를 설립했다. 흥사단(興士團)을 통해 모든 백성이 선비정신을 가져 글을 읽을 수 있도록 국한문 혼용체로 된 《대한문전》 국어책을 펴내고 위생운동, 시민윤리운동을 같이 펼쳐 나갔다. 여기에서 나온 국어책으로 주시경, 최현배 선생으로 이어지는 조선어연구회의 틀이 마련되었으니 흥사단(興士團)의 역할이 얼마나 컸는지 알 수 있다. 그러나 결국 나라의 주권은 일본에 넘어가고 일본은 그간 협조적으로 비친 유길준에게 대우를 약속하지만, 그는 모든 제의를 거절했다. 조선을 위해 일본과 대화했던 것이지 나라가 망한 다음에야 일본과 무슨 대화를 하겠냐는 게 그의 생각이었다.

이런 구당을 당시 사람들은 이해하기 쉽지 않았다. 그를 일본에 빌붙은 욕심 많은 지식인 정도로 생각하는 사람들이 적지 않았기 때문이다. 개화된 일본의 문명과 미국, 유럽을 다니며 그가 꿈꾸던 조선을 이해하는 사람은 별로 없어 보였다. 선생은 자신이 많은 것을 보고 듣고 다니며 전했지만 아무것도 이뤄진 게 없음을 보고 절망했다고 한다. 인생 마지막쯤엔 스스로를 실패한 개혁가로 여기고 모든 외부 활동을 멈춘 채 집에 은거하면서 생을 마감할 때까지 성경만 읽으며 살았다.

그는 그의 말처럼 실패한 개혁가였을까? 하지만 그가 어떻게 알았겠는가? 그가 기록한 《서유견문록》을 보면서 도산은 세상을 이해했고 그가 세웠던 흥사단을 도산이 부활시켰으며 교육을 통해 힘을 길러야 한다는 외침은 도산의 독립운동의 기본이 된 것을 말이다. 그리고 유길준이 주장했던 점진적 개혁은 도산의 개혁이기도 했으니 유길준은 분명, 실패하지 않은 선구자였다. 도산은 "진리는 따르는 자가 있고 정의는 이루어지는 날이 있다."고 말했다. 그러니 지금 내 눈에 보기에 아무런 열매가 없어 보여도 끝까지 진리를 붙들고 가면 언젠가는 그 일이 이루어지는 날을 보게 된다는 것이다.

언젠가 경기도 하남 검단산에 올라 구당 선생의 묘를 찾아간 적이 있다. 자신이 나라에 한 것이 없어 실패만 했다며 무덤 비석에 아무것도 적지 말라던 구당이었다. 그러나 구당으로 인해 도산이 길을 걸었고 도산에 이어 수많은 민족의 지도자들이 뒤를 이었으니 그는 우리에게 미래를 남겨 주고 떠난 민족의 선각자가 되었다.

"우리는 꼭 지도자로 삼고 후원하여야만 할 처지었거늘 선인들은 시기하고 모함하여 꺾고야 말았고, 근래에도 유길준 같은 어른은 우리의 지도자 되기에 합당하였건마는 우리의 선인들은 그를 지도자로 삼지 아니하고 압박과 무시를 더 하다가 마침내 그의 불우의 일생이 끝날 때야 성대한 화장을 한 것을 보고 나는 슬퍼하였습니다."

　　　　　　　　　　－《유길준 전서》, 도산 안창호 선생이 바라본 구당 선생

4

태허 유상규 : 도산의 아들이 된 제자

역사의 인물을 한자리에서 만나 볼 수 있는 곳이 있다. 서울 중랑구 망우리 묘지다. 소파 방정환, 화가 이중섭, 한용운과 호암 문일평, 죽산 조봉암과 시인 박인환까지. 그곳에 가 보면 묘지 이름만으로도 역사 공부가 될 정도다. 현재 묘지석만 남아있는 도산 선생의 묘도 원래는 망우리 묘지에 있었다. 현재 도산공원에 있는 묘지가 원래는 망우리에 있던 이유는 도산이 아들처럼 사랑하던 제자 태허 유상규 때문이었다.

> "도산의 우정을 그대로 배운 사람이 있었으니 그것은 유상규였다. 유상규는 도산을 위해 도산의 아들 모양으로 헌신적으로 힘을 썼다. 그는 귀국해 경성의학전문학교 강사로 외과에 있는 동안 사퇴 후의 모든 시간을 남을 돕기에 바쳤다."

춘원 이광수가 도산 안창호 전기에 쓴 글이자 태허 유상규의 무덤 비에 실린 글이다. 도산 안창호와 태허 유상규 사이에는 어떤 이야기가 있길래 한곳에 묻히게 되었을까. 유상규는 도산의 인격에 감동해 그를 아버지처럼 사랑하며 섬겼고 도산도 그를 아들처럼 여겼다. 두 사람은 닮은 데가 많았다. 평안도 출신인 도산 안창호와 같이 유상규도 평안북도 강계 출신이었다. 학교도 둘 다 시기는 다르지만 같은 나이에 같은 학교에 다녔다. 태허 유상규는 17살에 서울로 넘어와 경신학교에서 공부했고 도산 역시 17살에 이곳에서 공부하며 의식을 깨웠다.

경신학교는 언더우드 선교사가 세운 학교로 원래는 고아 학교였다가 후에 학당이 되고 이름도 경신학교가 되었다. 시기만 다를 뿐, 그들은 10대에 같은 곳에서 인생의 꿈을 꾼 셈이다. 이후 유상규는 서울대 의대 전신인 경성의학전문학교로 들어가게 되는데 이는 한방의사였던 할아버지의 영향 때문이었다. 그러다 3·1운동이 일어나 학생들이 잡혀 들어가자 경성의학전문학교 대표 김형기를 도와 시위를 준비하던 유상규는 학업을 포기하고 상해로 망명을 떠났다.

상해에 도착한 유상규는 임시정부로 들어가 도산을 만나 그의 비서가 된다. 그때 상해는 도산이 임시정부 내무 총장을 맡고 있었는데 당시를 회고하던 유상규가 남긴 글이 있다.

> "자신을 낳은 어머니를 만나기라도 할 듯이 그곳 상해에 갔었
> 는데 도산 안창호를 만났으며 그를 일생 동안 섬기는 것이 나의
> 포부였다."

도산을 향한 그의 마음이 어땠는지를 알 수 있는 대목이다. 당시 상해 임시정부는 모두 제각각 힘을 가지려고 해서 갈등의 골이 깊었다. 이를 해결하기 위해 도산은 미국에서 조직했던 흥사단(興士團)을 세워 인격

계몽운동을 시작했다. 먼저 상해에 원동 위원회를 설치하고 독립운동가들을 모아 교육에 들어갔는데 처음에 이광수가 입단했고 다음은 주요한, 그리고 대한의 수많은 인물이 이곳에 들어왔다. 태허 유상규도 후에 이곳에 입단하면서 도산에 관계된 모든 일을 도맡아 하게 됐다. 이때 그의 공식 명칭은 임시정부 교통부 소속 교통국 조사원이었다. 교통국은 상해에서 국내로 임시정부 명령을 전달하고 재정 모금일을 위해 조사원을 파견하는데 유상규가 그 일을 맡은 것이다.

유상규는 또한 노동국 총판에 있던 도산을 곁에서 보좌하면서 도산의 임시정부 모든 일과 독립운동가들을 위한 일들을 해내며 독립운동가의 길을 걸어갔다. 상해 임시정부에서 도산의 인격에 깊은 영향을 받은 유상규는 자신도 도산처럼 살고 싶었다. 그래서 이전 3·1운동 때와 같이, 사람들을 만나면 흥사단으로 인도했고 중국에 건너온 친구들을 볼 때면 도산의 가르침대로 따뜻이 대했다. 도산과 함께 집에 머물면서 도산을 아버지처럼 모셨던 유상규는 이제 단순한 도산의 비서가 아니었다.

도산은 그에게 인생의 스승이었고 자신은 도산의 분신처럼 살았다. 바라봄의 원칙이라는 게 있다. 무엇을 바라보느냐에 따라 시선이 대상과 닮아 가는 데 도산을 바라보던 유상규가 그랬다. 그렇게 점점 도산의 인격과 닮아 가던 유상규는 상해에서 5년간 선생을 돌보면서 도산의 뜻이 이루어지도록 밤낮 가리지 않고 열심히 일했다. 당시 도산은 전 세계에 흩어진 독립운동 세력들을 상해에 결집해 국민대표회의를 개최하려던 참이었다. 하지만 안타깝게도 서로의 생각과 갈등의 골이 너무 깊어 뜻대로 되지 않았다. 상황이 이쯤되자 이제는 더 이상 상해에서 길이 보이지 않는다고 판단한 도산은 관직을 사임하고 유상규를 불러 이렇게 말했다고 한다.

> "우리는 인재가 필요한 민족이니 너는 다시 고국으로 돌아가 소정의 학업을 마쳐라. 독립국가가 되려면 좋은 인물들과 좋은 인재들이 많이 있어야 하니, 너는 다시 조국으로 돌아가 좋은 의사가 돼라."

도산은 여러 분야에서 실력을 닦은 전문가들이야말로 독립운동과 국가 건설에 중요한 인재가 될 수 있다고 믿었다. 당시 사람들은 저마다 일본과 싸우기 위한 인재를 모을 때였다. 뭔가 쓸모 있는 사람을 만나기만 하면 다들 붙잡던 그때, 도산은 사람을 붙잡기보다 사람 세우는 걸 택했다. 교육을 통해 유상규가 좋은 인재가 되기를 진심으로 바라던 도산은 그렇게 그를 조국으로 떠나보낸 것이다.

유상규는 아버지 같은 도산의 말을 듣고 고국으로 돌아가기로 결정했다. 그러나 그전에 다시 도산과 함께할 날을 기대하며 잠시 일본으로 건너가 노동자가 되었다. 이는 일본의 노동 현장을 알고 싶었기 때문이기도 했고 역시 도산의 영향이 컸다. 당시 일본은 밀려드는 사회주의 물결에 따라 곳곳에서 노동자들이 자기 목소리를 내던 시기였다. 상해에서도 사회주의에 관련한 강연회를 펼치기도 했던 그는 당시 일본 사회에서 노동을 경험하며 노동자의 삶을 살아 보고 싶었다. 그렇게 유상규는 나가사키항에 도착해 다시 오사카로 장소를 옮겨 최하층인 조선인 노동자의 삶을 살기 시작한다. 농촌 막노동과 비누공장 직공 일을 하면서 끊임없이 조선에서 밀려드는 동포들과 함께 가장 밑바닥에서 삶을 산 것이다.

유상규는 너무도 고된 노동과 참혹한 작업 환경을 경험하면서 아무런 생각을 할 수 없었다. 하지만 그 속에서도 농촌 사회화에 대한 초록을 작성하며 노동자들의 현실을 매일매일 정리했다. 유상규가 굳이 이런 삶을 선택한 것은 노동을 즐거워하며 항상 노동자들과 함께했던 도산 때문이었다. 스승의 인격을 닮고자 했던 그 마음이 고통스러운 현장속으로 기꺼이 들어가게 한 것이다.

그렇게 쉽지 않은 7개월을 보내며 이제 고국으로 돌아가려던 어느 날, 일본 고등계 형사가 들이닥치더니 그를 잡아가게 된다. 일본 사회에서 일어난 파업이나 노동 문제에 대한 기사를 수집했다는 이유였다. 다행히 임시정부에 관련된 일은 발각되지 않아 강제 추방당해 무사히 조선으로 돌아오게 된 유상규는 경성의학전문학교에 조건부 허락으로 복학하게 된다.

이렇게 상해를 떠나 일본으로, 이제 다시 고국으로 들어가게 된 유상규. 그는 늘 자신이 도산의 신민회 사람이라는 자부심을 가지고 어디를 가든지 마치 도산이 곁에 있는 것처럼 살았다. 일주일에 삼 일은 독서에 할애한다는 홍사단 의무에 충실하면서 당시 도산의 제자였던 춘원 이광수와 함께 동우회를 만들어 사실상 홍사단 활동을 이어 갔다. 잡지 〈동광〉 역시 도산의 지시로 이광수와 함께 발간하면서 주요한이 편집, 발행했으며 민족주의사상을 사람들에게 알리는 데 힘썼다. 잡지에는 홍사단 이념을 실천하는 10가지 강령을 제시했는데 이 열 가지는 다음과 같다. (유상규는 이 가르침을 삶에서 구체화시켰다.)

첫째, 시국에 대한 정확한 이해와 타당한 비판을 가질 것. 둘째, 민족적 본성을 규명할 것. 셋째, 민족적 이상을 확립하고 그를 달성하는 진로를 찾을 것. 넷째, 민족의 사(士:공민)적 훈련을 조조할 것. 다섯째, 민족애와 단결의 정신을 고취할 것. 여섯째, 과학과 기술의 학득(學得)을 장려할 것. 일곱째, 혁신, 진취의 정신으로 실생활을 개조할 것. 여덟째, 순결하고 정재한 조선어와 조선문을 보급할 것. 아홉째, 건전하고 고상한 도덕적, 예술적 정조를 함양하는 기관이 될 것. 열째, 문명인으로서의 주도(周到)한 상식을 공급하는 기관이 될 것이었다. (1931년 1월, [동광] 잡지 속간호)

태허 유상규와 함께 늘 교제했던 이들 중에는 아직 변절하기 전 순수했던 청년 이광수와 최남선이 있었고 백인제 박사와 상록수의 심훈이 있었다. 그들 모두의 친구가 바로 청년 태허 유상규였던 것이다. 태허 유상규는 도산이 주장한 점진적 독립을 위해 자신이 할 수 있는 최선을 다하고 싶었다. 모든 시간을 남을 돕는 데 사용했고 치료비는 받지 않았으며 왕진을 열심히 했고 아픈 친구 일이면 쉬는 날 없이 달려가 돌보기를 주저하지 않았다. 도산을 만나 배우게 된 인격적 삶 때문이었다.

1927년, 드디어 경성의학전문학교를 졸업한 유상규는 조선총독부 의사면허증을 취득한다. 이후 외과 조수로 일하면서 강의와 경성의전 부속병원 외과 의사를 병행하며 박사학위를 준비하게 되는데 이 모두가 민족에 준비된 인재가 되기 위해서였다. 유상규는 병든 나라 조선을 치유하기 위한 삶을 살고 싶었다. 〈동광〉에 그가 남긴 글이 있다.

"병원조차 오지 못하는 사람, 툭하면 무당 판수의 집으로 가는 사람이 오히려 더 많은 형편이오. 염병이 돌면 관 짜는 것이 선정이라고 한 시대도 있었지만, 빈곤, 무지, 그리고 기괴한 위생 제도, 이 세 가지는 조선이 병마의 낙원이 되게 했다."

의학적 계몽 활동에 앞장서 조선의사협회 창설을 주도하기도 했던 유상규는 위인은 정치가만 하는 것이 아니라며 자신에게 주어진 은사와 역할을 가지고 내가 있는 곳에서 최선을 다해 사는 것이 곧 독립운동이라고 했다. 그는 무엇보다 도산의 가르침대로 의사들이 갖춰야 할 인격을 소중히 여겼다. 사람을 존중하지 않는 의사들에 대해서는 글로 강하게 비판했다. 그렇게 또 다른 도산으로 살아가던 유상규가 10년 만에 드디어 박사학위 공부를 마치고 병원 개업을 앞둘 때였다.

그러던 어느 날, 태허에게 운명 같은 날이 찾아오는데 단독 환자 치료 중 발에 난 무좀 상처로 균이 들어갔는지, 유상규는 발병한 지 3일 만에 연쇄상구균 감염증으로 갑자기 목숨을 잃고 말았다. 죽기 전 그가 남긴 유언은 "자기의 신체를 연구 자료로써 해부해 달라."는 게 전부였다. 그의 학교 스승이던 우에무라는 그의 죽음 앞에 "우리는 모두 너의 재간과 침착, 너의 고매한 인격으로 이 분야에 크게 공헌하리라고 기대하였는데 이게 왠일인가! 하늘이 무정하다."고 슬퍼했고 백인제는 자신의 일생에 이보다 더 큰 슬픔이 없다며 크게 통곡했다고 한다. 하지만 태허 유상규의 죽음 앞에 초췌한 얼굴로 나타나 비탄함으로 자리한 사람이 있었으니 바로 그의 아버지 같은 스승 도산이었다. 아들 같은 제자 유상규의 죽음은 도산에게 큰 아픔이었다. 유상규에 대한 그리움이 컸던지 도산은 삶의 마지막 순간, 이런 유언을 남겼다고 한다.

"내가 죽은 후 내 몸은 내가 평소에 아들같이 여기던 유상규 군

곁에 묻어 주오."

　그래서 망우리 묘지공원을 한참 올라가다 보면 한쪽은 태허 유상규의 무덤이, 그리고 약간 윗쪽에는 도산 안창호의 가묘(假墓)가 있음을 보게 된다. 도산의 무덤이 가묘인 것은 1973년, 현재 도산공원으로 이장했기 때문이다. 안타깝게도 현재 도산이 가슴으로 남긴 유언은 지켜지지 않은 채 태허 유상규의 무덤만 망우리에 남겨져 있다.

　훗날 유상규의 아들도 이를 몰라서 국립묘지에 아버지 묘를 이장하려던 걸 누군가 알려줘 그만뒀다고 한다. 자신마저 아버지를 그 자리에서 옮길 수 없었기 때문이다. 비록 도산의 묘지는 옮겼어도 가묘로나마 도산과 한자리에 두어야만 했다. 평생 사람을 섬기며 의학 분야의 인재이자 인격자로서 삶을 살았던 태허 유상규였다. 망우리 묘지에서 그를 겨우 찾아냈을 땐 알 수 없는 향기가 올라왔다. 그를 만난 기쁨 때문이다.

　도산 같은 멘토를 만난 태허나 그런 제자를 둔 도산의 아름다운 사제 간 정이 못내 부러웠다. 도산을 향한 유상규의 마음처럼 우리는 누구에게 그토록 삶의 격을 배운 적이 있을까. 아니 그럴 만한 어른이 누가 있을까? 멘토가 있어야 한다지만 쉽사리 멘토가 보이지 않는 세상이다. 가묘로나마 도산과 그 곁에 묻힌 아름다웠던 청년, 태허 유상규를 바라보며 그들의 길과 만남을 사숙해 본다.

규암 김약연과 정재면 : 삶이 유언인 사람들

"자손의 후대가 끊어지는 걸 걱정하지 말고 정신의 맥이 끊겨 지는 걸 걱정하세요."

다석 유영모의 말이다. 도산은 고향에서 벌어진 청나라와 일본 전쟁을 보면서 힘이 없음을 탄식하고 붙든 게 '인격'이었다. 나라는 망하고 백성이 길을 잃을 때 그는 우리가 이곳에서 벗어날 힘이 오직 '인격'에 있다고 여긴 것이다. 겉으로 보기엔 너무도 무기력한 '인격 혁명'이지만 이는 민족을 깨우는 힘이 되었다. 특히 신민회와 흥사단을 통한 '인격 혁명'은 많은 사람을 세우기에 충분했다. 그중에 남강 이승훈이 있었고 제자 태허 유상규가 있었으며 그 영향은 북간도 지역 정재면과 김약연으로 이어졌다.

정재면은 당시에는 보기 드문 모태신앙이었다. 신앙의 열정이 가득했던 어머니 따라 신앙으로 살았던 정재면은 독립운동하는 것도 신앙으로 여겼다. 그는 19살에 당시 민족운동을 일으키는 데 앞장섰던 전덕기 목사를 만나 하나님 사랑과 나라 사랑을 하나로 여기며 상동청년학원에 입학하게 된다. 당시 상동청년학원은 신교육에 전문가들을 교사로 초빙해 기독교와 민족의식 그리고 역사와 근대문학을 가르쳤다.

22살에 학교를 졸업한 정재면은 전덕기 목사와 함께 나라를 위한 신앙적 민족운동에 참여하며 도산이 세운 신민회에 가입하게 된다. 그뿐만 아니라 도산을 도우며 평양 대성학교 개교를 위한 준비위원으로 활동하고 원산 보광학교 교사로도 근무한 그는 이후 신민회 지시를 받아북간도로 떠났다. 이상설이 세웠던 서전 서숙을 다시 일으키라는 지시를 받았기 때문이다. 하지만 이상설이 헤이그 특사로 떠나는 재정 마련을 위해 학교 재산을 전부 매각하면서 학교를 일으키는 일은 어렵게 됐다. 따라서 간도에 도착한 정재면은 일단 간도에 복음 전하는 일을 열심히 하기로 한다. 그러던 중 박무림 숙장의 추천으로 운명 같은 만남을가지게 되는데 후에 북간도의 대통령으로 불리게 된 규암 김약연과의만남이었다.

함경북도가 고향인 규암 김약연은 나라가 기울어진 것을 보고 가족과 마을을 설득해 김약연의 가족 31명, 스승 남도천의 가족 7명, 김하규의 가족 63명, 문병규의 가족 40명. 이렇게 141명 대가족을 데리고는 두만강을 건너갔다. 규암은 맹자를 완독했다고 해서 맹판(孟判), 예절을 잘지킨다고 해서 예판(禮判), 사리 판단이 정확하다고 해서 정판(正判)이란별명을 가지고 있었다. 노자의 《도덕경》까지 통달한 김약연에 대한 마을의 신뢰는 대단했다. 그러니 31살 난 젊은 규암의 말을 듣고 온 마을이본토 친척 아비 집을 떠나 간도 지역으로 이주한 것이다.

사실 간도라는 말은 아침에는 강을 건너 만주에서 농사를 경작하고,저녁에는 돌아오던 철새처럼 오가던 사람들에 의해 불린 이름이었다. 가을에는 수확물을 가져오는 사람들이 이를 숨기려고 만주와 함경도 사이

두만강에 있는 섬 간도로 간다고 해서 생겨난 말이었다. 후에 이 말은 만주에 조선족들이 정착하면서 지역 이름이 되었고 지금 그곳은 만주의 연길, 화룡, 왕청, 훈춘 4현에 백두산 쪽 안도와 돈화 2현을 더해 연변 조선족 자치주로 형성되어 있다. 나중에 사람들이 북간도에서 서쪽으로 옮겨 가면서 다시 서간도와 동간도가 나뉘지만, 당시 조선 사람들이 살던 곳은 모두 간도라고 불렀다.

규암의 설득으로 온 마을이 간도 이주를 결정하자 규암은 먼저 간도로 사람을 보내게 된다. 소 한 마리가 천 일을 갈 수 있을 만큼의 큰 땅을 사들이기 위해서였다. 그리고 1899년 2월, 드디어 규암을 중심으로 온 마을 사람들이 얼어붙은 두만강을 건너게 되는데 이 모든 것은 규암이 품었던 세 가지의 뜻 때문이었다.

첫째, 이 땅은 일본에게 빼앗기고 있으니 우리가 옛 조상 땅으로 들어가 그 땅을 되찾자는 것이다. 둘째, 그 땅에서 이상촌을 건설하자는 것이고 셋째, 그곳에서 인재를 교육하자고 했다. 그렇게 고향을 떠나 새롭게 정착한 곳이 간도 땅이었고 규암은 정착한 마을 이름을 명동(明東)이라고 지었다. 명동은 동쪽을 밝히는 곳, 조선을 밝게 하는 마을이라는 뜻이다. 규암은 이런 뜻을 잘 실천하기 위해, 구입한 가장 좋은 땅 중앙에 학전(學田)이라는 걸 두었는데 그 땅에서 나오는 수익을 교육에 투자하기 위해서였다. 한마디로 제일 좋은 땅을 교육 보험으로 삼고는 마을을 형성한 것이다. 그리고 그의 뜻대로 간도는 단순히 이주민들의 땅이 아닌, 민족정신을 붙드는 숨통과도 같은 역할을 하게 되었다.

규암은 마을이 정착되도록 땅을 개간하고 집을 짓고는 자신의 호를 딴 규암제라는 서당을 열었다. '자조자립', '협동정신'을 가진 인재를 키우자는 게 규암제의 목표였다. 그렇게 서당이 열리자 이곳저곳에 퍼져 있던 조선 사람들이 몰려오기 시작했다. 이상설이 세운 서전 서숙은 고종의 헤이그 특사로 떠나면서 재정적 어려움에 빠졌지만, 규암제는 달랐다. 안목이 탁월했던 규암이 마을을 세울 때 공동재산으로 학전을 두면서 교육비는 충분했기 때문이다.

결국 서전 서숙이 문을 닫자 규암은 서당 형식인 규암제를 학교로 변경해 명동 서숙을 세웠다. 그리고 나중에는 이를 명동 학교라고 불렀다. 규암은 서전 서숙이 보여 준 뛰어난 교육의 현장이 명동 학교에서도 이어지길 바랐다. 그러려면 무엇보다 좋은 교사가 있어야 했는데 그렇게 인물을 찾던 중에 만나게 된 사람이 바로 정재면이었던 것이다.

당시 간도에서 복음을 전하던 정재면은 자신을 교사로 부르는 규암에게 두 가지를 요청했다고 한다. 독립정신을 키우는 민족 교육을 위해 필요한 두 가지로 첫째는 학교 과목 중에 성경을 가르치게 해 줄 것. 둘째는 예배를 드리도록 해 줄 것이었다. 이것은 사실 규암이나 함께 이주해 온 사람들에게 어려운 부탁이었다. 더구나 규암은 맹판으로 옆구리만 찔러도 맹자가 나온다는 유학자였다. 하지만 훌륭한 사람 모시는 일에 우리 것을 고집하지 말자고 결의한 규암은 청년 정재면의 제안을 결국 받아들이게 된다. 그런데 얼마 지나지 않아 정재면이 다시 요구하기를 "학생들만으로는 안 되겠고 어른들도 다 나와서 같이 예배를 드립시다. 그렇게 안 하겠다면 나는 여길 떠나겠소."라고 말한 것이다. 이미 정재면이라는 사람의 인격에 매료된 규암과 마을 사람들은 그 어느 누구도 그의 의견을 받아들이는 데 이의가 없었다. 이로써 도산이 세운 신민회는 평양에 대성학교, 정주에 오산학교, 서간도에 신흥 학교, 이동휘의 보창 학교에 이어 간도에는 명동 학교로 이어지게 되었다.

정재면이 학교에 들어오자 학교는 활기를 띠었다. 먼저 정재면을 통해 뛰어난 선생들이 학교로 들어오게 됐다. 그가 상동청년학원에서 인연을 맺은 주시경 선생의 제자 장지영, 한글학자 박태환, 민족사는 황의돈 등이 초대되었고 단연 중요한 과목은 국사였다. 특히 여성 교육을 강조하면서 명동 여학교도 개교하게 되는데 여학교에 대한 소문은 널리 퍼져나가 조선은 물론, 러시아 연해주에서도 학생들이 건너와 입학했다. 기록에 의하면 중학부 160명, 소학부 121명, 고등과에 159명, 여학부는 65명이 등록해 다닐 정도였다고 하니 학교가 얼마나 활발했는지 알 수 있다.

정재면은 교육뿐 아니라 규암과 함께 벌인 모범 농촌운동으로 명동마을이 크게 발전하는 데 도움을 주었다. 마치 도산이 바라던 이상촌을 이곳 간도에서 실현해 가듯 정재면은 규암과 함께 새로운 마을을 세우는 데 열심을 다한 것이다. 규암은 이런 정재면을 보며 많은 감동을 받았다고 한다. 규암에게는 이미 자신에게 기독교 영향을 준 여러 친구들이 있었다. 이동휘 장군이 그랬고 대한국민회 회장이었던 친구 구춘선 그리고 이동휘를 도와준 캐나다 선교사 구례선이 있었다. 규암은 이들을 통해 또한 정재면이 보여 준 교육자로서의 인격과 나라 사랑하는 마음을 보면서 자신도 기독교인이 되기로 결심한다. 먼저 믿는 자의 삶이 중요한 이유다.

이제 함께 마을을 세워 가던 명동은 민족의 숨통이 되어 정신의 힘을 가진 땅이 되어 갔다. 급기야 이주하는 사람들이 급격히 늘기 시작하는데, 을사늑약이 체결되면서 이주민들이 더욱 늘어나 1919년에는 인구가

25만 명을 넘어섰으니 이제 더 이상 마을이 아니었다. 규암은 일본에 의해 간민자치회에서 간민 교육회가 된 것을 다시 간민회로 바꿔 중국에 승인받게 된다. 이후 공식 자치기관으로서 활동하게 된 간민회는 규암을 중심으로 중국 지방관청과 협력해 간민들의 문제를 중재하기도 하고 이주민들의 입적이나 토지소유권에 도움을 주게 됐다. 중국 관리들은 이런 김약연을 간도의 한인 대통령이라고 불렀다. 정재면도 규암을 도와 이 일에 앞장서 사람들을 섬겼다.

그러나 중국의 원세개에 의해 지방 자치기관이 폐지되면서 간민회도 해산되고 만다. 하지만 규암은 여전히 간도 지역 동포들의 정신적 지주로서 지도자 역할을 멈추지 않았다. 여러 독립운동단체를 만들고 지원하면서 3·1운동 이후 무오독립선언서에 이름을 남기기도 한 규암은 돈을 모아 홍범도의 대한 독립군과 안무의 국민회군에 전달했다.

당시 일본 사람이 규암에게 왜 독립운동을 하냐고 물었을 때 그는 세 가지로 답했다고 한다. 첫째는 일본이 시모노세키 조약과 포츠머드 조약에서 조선을 독립국이라고 해 놓고 국제적 조약을 배신한 점. 둘째, 정치와 교육에서 조선을 배제한 점. 셋째, 조선 사람들의 재산을 탈취한 점이라고 했다. 결국 규암은 감옥에 투옥되고 명동학교는 일대 혼란에 빠지게 된다. 하지만 아무도 주목하지 않았던 간도에 규암이 심어 놓은 민족정신의 결과는 놀라웠다. 규암이 감옥에 있는 동안 홍범도가 봉오동 전투에서 승리했고 김좌진 장군은 청산리에서 일본에 크게 승리했다는 소식을 전해 왔다. 하지만 이 소식은 동시에 명동에 타격을 주는 계기도 되었다.

1923년 규암이 다시 명동학교로 돌아오지만, 학교는 사회주의와 공산주의가 들어와 있었고 이들 사상에 물들은 학생들은 기독교정신을 거부했다. 급기야 학생들은 규암의 교장직 퇴진을 요구하게 되는데 이미 기독교정신을 되살리기엔 어려웠다. 상황의 심각성을 깨달은 규암은 학교를 폐교하기로 결심한다. 그리고 자신을 따르는 학생들을 모두 은진 학교로 전학시킨 뒤 학교 문을 닫았다. 이처럼 규암이 얼마나 기독교정신을 중요하게 여겼는지 그가 참여한 3·1운동 이후 한 독립선언서를 보면알 수 있다.

"현재 조선에서의 기독교는 거의 국민적 종교로서의 의의를 갖기에 이르렀다. 자유를 갈망하는 조선 국민을 위하여서는 기독교의 가치야말로 위대하다."

물론 이 자리에는 정재면이 함께했다. 명동 학교를 폐쇄하고 나이 60세에 평양 신학교에 입학한 규암은 신학교의 배려로 1년 안에 목사 안수를 받게 된다. 그리고 이제 목사의 신분으로 명동에 돌아오게 된 규암 김약연. 처음에는 민족정기를 세워 보고자 길을 떠났던 그가 이제는 민족을 살리고 신앙을 책임지는 사람이 되어 돌아온 것이다. 이후 마지막 삶까지 기독적 인격의 삶을 살아가며 예수의 복음을 전하던 규암은 죽음 앞에 둘째 아들이 무슨 유언이 없냐고 묻자 이렇게 답했다.

"나의 행동이 곧 유언이다."

어떤 사람이 인생의 마지막에 자신이 이제껏 살았던 삶을 유언이라고 말할 수 있을까. 내가 이제껏 살았던 나의 삶이 유언이라는 말은 영원히 우리 민족에 남긴 정신적 유산이 되었다. 그리고 이 땅에 기독교 복음을 가진 사람이 어떻게 살아야 하는지 알려 주는 이정표가 되었다. 그가 비록 명동을 세우고 간민회 회장과 독립운동에 관련한 수많은 일들을 벌였다 해도 언제나 그 삶의 이면에는 정재면이 있었다. 정재면은 김약연과 캐나다 장로교 선교부에 청원서를 제출해 독립군 피난처가 되는 제창병원을 설립하는가 하면 규암과 함께 간도 대표로 대한 독립선언에 참여했고 1919년에는 규암과 상해에서 임정 조직에 참여했으며 사일사라는 포목 점포를 열어 독립군 연락소를, 국민회가 세운 군관학교에서 행정을 맡기도 했다. 1925년에는 규암처럼 평양신학교에서 1년간 수업받아 목사 안수를 받은 정재면은 규암이 세운 북간도 조선인 자치기구 간민회에서 중국 북경에 유학 보내는 일도 맡게 됐다. 이때 윤하현의 아들 윤영석이 그를 통해 공부하고 돌아와 규암의 여동생과 결혼하고는 우리 민족의 시인 윤동주를 낳았다. 역사에 위대한 발걸음을 남긴 규암과 정재면을 아는 사람들이 얼마나 될까. 역사에 대한 사실은 알지 몰라도 그 정신의 발걸음은 찾기 쉽지 않은 게 현실이다. 서산대사가 남기고 백범이 즐겨 쓰던 글이 있다. 삶을 유언처럼 살았던 두 사람의 발걸음이 우리에게 배움이 되는 이유다.

"답설야중거(踏雪野中去) 불수호란행(不須胡亂行)
눈 덮인 들판을 걸을 때 함부로 발걸음을 어지러이 걷지 마라.

금일아행적(今日我行跡) 수작후인정(遂作後人程)

오늘 내가 남긴 이 발자국은 훗날 뒷사람의 이정표가 되리니"

윤동주 : 쉽게 살 수 없던 시인

　여기 인생을 쉽게 살 수 없었던 시인이 있다. 평생 가슴속에 담긴 동심(童心)과 북간도라는 지역이 주는 정신의 힘이 당시의 괴로운 시대적 파고에 맞서 일생을 괴롭게 살았다. 그냥 살 수 없는 삶을 살아가며 끊임없이 스스로 저항하며 괴로워하던 시인은 이 세상이 온통 환자들로 가득 차 보였다. 그래서 우리에게 남겨 준 단 한 권의 시집이 바로 《병원》이다. 후에 이 시집은 《하늘과 바람과 별과 시》로 바뀌게 된다. 시집 서문에는 〈서시〉가 실려 있다.

　　　"잎새에 이는 바람에도

　　　나는 괴로워했다

　　　별을 노래하는 마음으로

　　　모든 죽어가는 것을 사랑해야지"

　　　　　　　　　　　　　　　- 1941. 11. 20. 〈서시〉 중에서

　잎새에 이는 바람조차도 괴로워했던 시인 윤동주는 어두움에 갇힌 세상 한가운데 서서 자기 자신에게 저항했다. 그가 할 수 있는 일이란, 영원을 노래하는 마음으로 하늘을 바라보며 모든 죽어 가는 생명을 사랑하는 것이었다. 윤동주는 이것이 그에게 주어진 길이라 여겼고 이를 운명으로 여기고는 자신의 시집《병원》서문에 실었다.

"별 하나에 추억과
별 하나에 사랑과
별 하나에 쓸쓸함과
별 하나에 동경과
별 하나에 시와
별 하나에 어머니, 어머니"

– 1941. 11. 5.〈별 헤는 밤〉중에서

시인은 그토록 그리던 추억과 사랑과 쓸쓸함과 동경과 시와 어머니, 어머니를 뒤로하고 일본 후쿠시마 감옥에서 외마디 외침을 남기며 외로이 죽어 갔다. 시인은 당시 어두웠던 시대와 달리 비교적 부유한 집에서 자라난 행운아였다. 1917년, 북간도 이민 조선인 4세대로 태어난 시인은 그의 외삼촌 규암 김약연이 가족과 마을 사람들을 데리고 정착한 간도 명동에서 성장했다. 윤동주가 있었을 때 명동은 20만 명 가까운 큰 도시가 되어 있었고 마치 스위스 같은 중립국의 혜택을 누리고 있었다.

윤동주 인생에 가장 큰 선물이라고 한다면 북간도에서 성장한 배경과 스승이 규암 김약연이었다는 점이다. 규암 김약연은 윤동주 어머니의 오빠였다. 그러니 윤동주는 그의 조카였던 셈이다. 윤동주는 규암에게 어릴 때부터 한학을 배웠다. 또한 명동 소학교를 나와 용정 은진 중학교에 들어가서는 목사안수를 받고 돌아온 규암으로부터 사촌형 송몽규와 함께 성경과 맹자를 배웠다. 이는 윤동주라는 인물을 형성하는 데 큰 디딤돌이 됐다.

간도의 심장 같던 규암 김약연의 영향 탓에 윤동주의 영혼은 당시 어두운 시대를 그냥 지켜볼 수 없었다. 그렇다고 상해까지 갔다 올 정도로 무장투쟁에 열을 올린 송몽규와는 결이 달랐다. 그의 저항은 다른 방식에서 이루어지고 있었기 때문이다. 흔히들 윤동주가 저항시인이라지만 그의 시를 읽다 보면 민족적 저항이라기보다 자신 스스로를 향해 저항하고 있는 그를 만나게 된다. 그가 단순히 1930, 1940년대의 윤동주로만 머물 수 없는 이유다. 그래서 윤동주 시에서 나타난 저항은 데미안의 아브락삭스와 같다고 볼 수 있다.

"새는 알에서 나오려고 버둥거린다. 그 알은 새의 세계다. 알에서 빠져나오려면 하나의 세계를 파괴하지 않으면 안 된다. 새는 신의 곁으로 날아간다. 그 신의 이름은 아브락삭스라 한다."

– 헤르만 헤세의《데미안》중에서

윤동주의 시상을 드러내도록 도와준 사람이 있다. 시인 정지용과 사촌 송몽규다. 윤동주가 남긴 정지용의 시집에는 온통 낙서로 가득 찼다고 한다. 그가 얼마나 정지용의 시를 사랑했는지 알 수 있다. 또한 정지용의 시와 함께 윤동주의 마음에 시상을 불러일으킨 사건이 일어나게 되는데 사촌 송몽규가 〈동아일보〉 신춘문예에 냈던 〈술가락〉이 당선된 것이다.

이 소식에 시인의 가슴을 가진 윤동주는 펜을 들어 시를 써 내려가기 시작한다. 윤동주는 지금 비록 자신이 느끼기에 방 안에서 아무것도 할 수 없는 사람 같지만 그래도 성경에서 레위기 제물이 불살라짐과 같이 그렇게 불태워지는 인생 살기를 바랐다.

"광명의 제단이 무너지기 전
나는 깨끗한 제물을 보았다

염소의 갈비뼈 같은 그의 몸
그리고도 그의 생명인 심지까지

백옥 같은 눈물과 피를 흘려
불살라버린다"

　　　　　　　　　　　- 1934. 12. 24.〈초한대〉중에서

드디어 그런 시 같은 순간이 찾아왔다. 윤동주가 은진중학교를 마치고 숭실중학교에 편입학할 때였다. 숭실 학교는 1807년 베어드 선교사가 집에서 시작한 학교였고 이후 1906년에는 합성숭실학교(장로교와 감리교 선교부가 대학 운영에 연합 참가한다고 해서)가 되어 있었다. 당시 4년제 학교를 나오면 상급학교에 가기 어려워서 5년제를 졸업해야 했는데 간도에 있던 5년제 광명학교는 친일 학교가 되어 있어 평양 숭실중학교에 입학한 것이다. 그런데 3학년으로 편입한 지 얼마 안 돼 숭실중학교에 신사참배 문제가 일어났다. 신사참배를 거절했다는 이유로 교장 윤산온 선교사가 파면당한 것이다. 이 일로 학생들의 항의 시위가 일어났고 그렇지 않아도 빚진 심정이던 윤동주는 학생들과 함께 어렵사리 선택한 학교를 자퇴하게 된다. 작은 사건이지만 스스로를 불태워 본 것이다. 그는 자기의 마음을 이같이 시에 남겼다.

> "잃어버린 외아들 생각나선지
> 꼬부라진 잔등을 어루만지며
> 쭈룩 쭈룩 구슬피 울음 웁니다…"
>
>   - 1936.〈기왓장 내외〉

> "소리 없는 북 답답하면
> 주먹으로 뚜드려 보오…"
>
>   - 1936.〈가슴 1〉

> "불 꺼진 화독을 안고 도는 겨울밤은 깊었다.
> 재만 남은 가슴이 문풍지 소리에 떤다."
>
>   - 1936.〈가슴 3〉

용정으로 돌아온 윤동주는 1936년, 다시 북간도 광명학교 4학년에 편입하지만, 광명학교라고 상황은 좋지 않았다. 아니, 그 이상이었다. 그는 스스로 어쩔 수 없는 자신을 이렇게 노래했다.

> "나무가 춤을 추면 바람이 불고

나무가 잠잠하면 바람도 자오”

- 1937. 3.〈나무〉

윤동주는 밤하늘에 떠 있는 달을 보며 그믐밤에 뜨는 초승달처럼 할 수만 있다면 자신 안에 담긴 모든 마음을 떼어내고 깨뜨려 빛을 밝히고 싶었다.

“그믐밤 반딧불은 부서진 달조각

가자 가자 가자 숲으로 가자

달조각을 주으러 숲으로 가자”

- 1937.〈반딧불〉중에서

윤동주에게 가장 행복한 시절이 언제인가 물으면 분명 연희전문학교 문과 시절이라고 답할 것이다. 실제 그의 시상이 가장 꽃을 피우던 시절이었기 때문이다. 윤동주는 일본인에 의해 운영되던 광명학교를 떠나 이제야 제대로 된 공부를 할 수 있다는 희망을 가졌다. 당시 사립 연희전문학교는 우리말과 글과 얼을 지키려는 학생들이 자연스레 몰리던 학교였다. 그러니 그는 자신이 앞으로 걸어갈 인생길이 행복했고 기대가 컸다.

“나의 길은 언제나 새로운 길

오늘도 내일도

내를 건너서 숲으로

고개를 넘어서 마을로”

그러나 연희전문학교를 마칠 때쯤 윤동주는 절망해 있었다.

"잃어버렸습니다
무얼 어디다 잃었는지 몰라
두 손이 주머니를 더듬어
길에 나아갑니다

돌과 돌과 돌이 끝없이 연달아
길은 돌담을 끼고 갑니다

담은 쇠문을 굳게 닫아
길 위에 긴 그림자를 드리우고

길은 아침에서 저녁으로
저녁에서 아침으로 통했습니다

돌담을 더듬어 눈물짓다
쳐다보면 하늘은 부끄럽게 푸릅니다

풀 한 포기 없는 이 길을 걷는 것은
담 저쪽에 내가 남아 있는 까닭이고.

내가 사는 것은 다만,

잃은 것을 찾는 까닭입니다"

- 1941. 9. 31. 〈길〉

졸업 전 1년 반 동안 윤동주는 절망 가운데 시 쓰는 일을 멈추게 된다. 이는 당시 상황과 무관하지 않았다. 중일전쟁에 이어 미국 통상 조약 폐기 건으로 인해 학교와 조선총독부 관계가 좋지 않았고 그 때문에 수업은 일본어로만 들어야 했기 때문이다. 영어 교육은 중지됐으며 학문은 극히 제약받았고 한글학자 주시경 선생의 제자였던 외솔 최현배 선생이 학교에서 쫓겨났다. 그는 이런 상황을 지켜보다 깊은 절망에 빠지게 된다.

"산 모퉁이를 돌아 논가 외딴 우물을 홀로 찾아가선
가만히 들여다봅니다.

우물 속에는 달이 밝고 구름이 흐르고 하늘이 펼치고
파아란 바람이 불고 가을이 있습니다.

그리고 한 사나이가 있습니다.
어쩐지 그 사나이가 미워져 돌아갑니다.

돌아가다 생각하니 그 사나이가 가엾어집니다.
도로 가 들여다보니 사나이는 그대로 있습니다.

다시 그 사나이가 미워져 돌아갑니다.

돌아가다 생각하니 그 사나이가 그리워집니다.

우물 속에는 달이 밝고 구름이 흐르고 하늘이 펼치고
파아란 바람이 불고 가을이 있고 추억처럼 사나이가 있습니다."

- 1939. 9. 〈자화상〉

그나마 그의 곁에는 언제나 위로가 되고 힘이 되어 주던 친구, 정병욱이 있었다. 어두운 시절 함께 영어로 성경 공부하며 깊은 마음을 나누던 그는, 그늘진 윤동주 마음에 작은 불씨가 되어 주었다. 나중에 자신의 글을 맡길 정도로 친구 정병욱은 평생 벗이 되어 있었다. 윤동주가 맡긴 글은 자신이 모은 시를 엮어 만든 시집 《병원》이었다. 윤동주는 그 시집에서 병으로 가득찬 세상을 향해 자신이 가야 할 길을 이렇게 표현했다.

"쫓아오던 햇빛인데
지금 교회당 꼭대기
십자가에 걸리었습니다.

철탑이 저렇게도 높은데
어떻게 올라갈 수 있을까요.

종소리도 들려오지 않는데
휘파람이나 불며 서성거리다가,

괴로웠던 사나이,

행복한 예수 그리스도에게

처럼

십자가가 허락된다면

모가지를 드리우고

꽃처럼 피어나는 피를

어두워가는 하늘 밑에

조용히 흘리겠습니다."

– 1941. 5. 31. 〈십자가〉

윤동주에 대한 책을 써낸 김응교 교수는 그의 책 《처럼》에서 이 시를 윤동주의 외삼촌이자 스승이었던 김약연과 연관 지어 말하고 있다. 김약연은 찌르면 맹자가 나온다고 해서 맹판이라 불렸는데 맹자의 호연지기 정신이 김약연을 통해 윤동주에게 흘러갔을 것이라고 본 것이다. 모든 죽어가는 것을 사랑하겠다는 그의 고백, 십자가가 허락된다면 모가지를 드리우고 조용히 흘리겠다는 다짐은 결국 그의 인생 '길'이 되었다.

윤동주는 그동안 써 내려간 19편의 시를 묶어 자신만의 시집 세 부를 만들었다. 한 부는 자신이 가졌고 또 한 부는 스승 이양하 교수에게 그리고 마지막 한 부는 친구이자 후배였던 정병욱에게 맡겼다. 이렇게 세 부를 나눈 건 당장 시집을 낼 만한 여건이 되지 않았기 때문이다. 학교를 졸업한 윤동주는 일단 사촌 송몽규와 일본 유학을 떠나기로 한다. 하지만 이때 두고두고 그를 괴롭히는 일을 만나게 되는데 바로 창씨개명이었다.

당시 모든 행정기관에서는 창씨개명을 하지 않는 한 민원 업무 자체를 취급해 주지 않았다. 어쩔 수 없이 두 사람은 이름을 바꾸기로 하는데 윤동주는 "히라누마 도오쥬우", 사촌 송몽규는 "소무라 무게이"였다. 이처럼 창씨개명은 어쩔 수 없는 일이었지만 늘 자기에게 저항하던 윤동주에게 이것은 두고두고 품은 고통이 되었다.

> "파란 녹이 낀 구리 거울 속에
> 내 얼굴이 남아 있는 것은
> 어느 왕조의 유물이기에
> 이다지도 욕될까.
>
> 나는 나의 참회의 글을 한 줄에 줄이자.
> -- 만 이십사 년 일 개월을
> 무슨 기쁨을 바라 살아왔던가.
>
> 내일이나 모레나 그 어느 즐거운 날에
> 나는 또 한 줄의 참회록을 써야 한다.
> -- 그때 그 젊은 나이에
> 왜 그런 부끄런 고백을 했던가.
>
> 밤이면 밤마다 나의 거울을
> 손바닥으로 발바닥으로 닦아보자.

그러면 어느 운석 밑으로 홀로 걸어가는

슬픈 사랑의 뒷모양이

거울 속에 나타나 온다."

– 1942. 1. 24. 〈참회록〉

부끄러운 마음을 가슴에 품고 자신에게 지은 죄를 닦고 닦는 심정으로 일본에 유학 떠난 윤동주. 그는 1942년 4월 기독교 대학인 릿교 대학 문학부 영문과에 들어갔다가 그해 10월 1일, 도시샤 대학에 입학한다. 경도 도시샤 대학교로 간 것은 무엇보다 그가 사랑했던 정지용 시인이 다니던 학교였기 때문이다. 그러나 끝없이 자신에게 저항하던 윤동주의 걸음은 그만 그곳에서 멈추고 만다. 1943년 7월 14일. 갑자기 사상 범죄 전문인 일본 경찰 특수조직 형사에게 체포된 것이다. 그리고 그에게 내려진 형벌은 징역 2년. 경도에 있는 조선인 학생 민족주의 그룹 사건에 중심인물이 송몽규와 윤동주라고 결론 내렸기 때문이다.

그에 대한 재판문에서 "윤동주는 유년 시절부터 민족적 학교에서 교육받아… 일찍이 치열한 민족의식을 가슴에 품고 있었으며… 조선인의 능력과 민족성을 향상시키며 독립운동의 소질을 배양하고 일반 대중의 문화 앙양 및 민족의식의 유발에 힘써야 한다고 결의했다. 이를 위해 송몽규와 함께 만나 논의했으며 일본으로부터 군사 지식을 배워 일본이 전쟁에 패배할 때 민족적 무장봉기를 결행해 독립 실현을 하자는 뜻을 가졌다."고 한 것이다. 그리고 다른 이들과 달리 윤동주는 "문학을 통해 민족의식을 유발하려고 애태우고 고심했다."라고 적혀 있었다. 그렇게 치안 유지법 위반 혐의로 구속된 청년 윤동주는 형무소 안에서 알 수 없는 실험 대상이 되어 옥살이를 하던 중 1945년 2월 16일. 만 27세 2개월의 시간을 끝내고 외마디 부르짖음과 함께 세상을 떠나고 말았다. 정지용이 말한 "동 섣달의 꽃, 얼음 아래 다시 한 마리 잉어"의 삶이 끝난 것이다.

매년 일본에서는 그가 죽은 날이 되면 그가 떠나간 감옥 앞에서 그의 시를 읽는 추모행사가 열린다. 스스로에게 저항하며 알에서 깨어나려 했던 시인 윤동주. 세상 시류를 따라 사는 것이 지혜로운 것처럼 사는 우리에게 윤동주의 죽음은 많은 생각을 하게 한다. 나이가 들수록 사람들은 세상과 적당히 타협하는 법을 배우며 어둠과 섞여 더러워져 가기 마련인데 윤동주는 그럴 수 없었다. 그는 자신이 간직한 동심을 잃지 않기 위해 죽을 때까지 자신을 괴롭히며 저항하던 시인이었다. 언젠가 너무 쉽게 시가 쓰여지는 자신을 바라보던 시인은 이렇게 심정을 자백했다.

"인생은 살기 어렵다는데
시가 이렇게 쉽게 씌어지는 것은
부끄러운 일이다"

– 1942. 6. 3. 〈쉽게 씌어진 시〉 중에서

결코 쉽게 살 수 없었던 영원한 소년 시인 윤동주. 그가 남겨 준 《하늘과 바람과 별》을 읽으면서, 또 세상 어두움에 갇히지 않으려고 평생 알을 깨려 발버둥 치던 그의 삶을 돌아보면서 기도하게 된다. 만약 할 수만 있다면 이제부터라도 죽는 날까지 하늘을 우러러 한 점 부끄럼이 없기를. 나 역시 모든 죽어 가는 것을 사랑하며 주어진 길을 갈 수 있기를. 그리고 결코 쉽게 살 수 없기에 끝까지 아름다웠던 청년 윤동주의 삶을,

나도 살 수 있기를.

"윤동주는 1930년대 후반부터 1940년대 전반, 조선이 가장 고통스러웠던 시기에 기독교적 희생정신에 입각한 인간애 넘치는 서정시를 남겼습니다."

　　　－ 1985. 잊혀진 윤동주의 무덤을 발견했던 일본학자 오무라 마스오

외솔 최현배 : 한글로 외친 독립혁명

"그 사람을 그대는 가졌는가. 잊지 못할 세상을 놓고 떠나려 할 때 저 하나 있으니 하며 빙긋이 웃고 눈을 감을 그 사람을 그대는 가졌는가?"

– 바보새 함석헌

일제 강점기라는 깊은 터널에서 나오자마자 들어가 버린 6·25 전쟁의 터널. 너무도 오랫동안 혼동에 빠져들던 이 나라가 이 사람을 가지지 않았다면 어땠을지 생각만 해도 아찔하다. 이분이 아니었다면 지금쯤 우리는 중국어와 일본어를 적당히 섞어 놓은 이상한 언어를 가진 어설픈 민족이 되었을 게 분명하다. 그는 우리가 지금 당연히 쓰고 있는 이 한글 표준어를 완성하고 가로 글씨체는 물론이고 우리만의 한글로 이루어진 문서와 신문의 틀을 마련했다. 한글이야말로 민족의 자주독립과 문화 혁명의 길이라고 여겼던 그는 왜 한글 사용이 우리에게 유익한지 〈현대문학〉 1962년 8월호에서 이렇게 말한다.

1. 온 국민이 다 글자에 눈을 뜨게 된다. 눈 뜨고도 글 못 보는 글 소경이 없어진다.
2. 국민 교육의 발전이 빠르며 지식의 일반 수준이 높아진다.
3. 모든 신문이 진정한 국민 대중의 공기가 되어 국민에게 정말로 나라 안팎의 소식과 지식을 전하는 기관이 된다.
4. 과학 기술의 교육을 효과스럽게 실시할 수 있어 각종 산업의 생산 증가를 누리게 된다.
5. 한글의 기계 삼기가 잘되어서 국민의 문화 생활에 막대한 이익과 편리가 얻어진다.
6. 모든 방면에서 참된 민주주의의 살림을 일삼을 수 있게 된다.

왜 한글이어야 하는가! 지식을 찾는 수단으로써의 글은 모든 것의 기본이라는 것이다. 세종대왕이 남겨 준 쉬운 한글을 통해 경제, 사회, 문화적 발전뿐 아니라 민주화를 이룰 수 있다고 했다. 우리 민족이 중국과 일본에 정체성과 땅을 빼앗긴 것은 우리가 우리말로 생각을 정리하고 드러낼 수 없었던, 자주적인 길을 잃어버렸기 때문이라는 것이다. 그러니 평생 한문을 읽다가 생애를 마감하는 이런 시대를 끝내고 한글로만 읽고 쓸 수 있는 시대를 만들어, 글에서 묻어난 우리 민족성을 드러내자고 주장했다. 한글과 한문을 병행하자는 사람들에게는 우리가 오백 년이나 뒤진 것이 부족해서 또 천천히 가야 하나며 그럴 수 없다고 불도저처럼 한글운동을 밀어붙였다.

글을 익히는 것, 글을 배운다는 것, 글로써 자기 생각을 정리해서 표현할 줄 안다는 것이 뭐 그리 대단한 거냐고 하겠지만, 그는 이것이 민족이 사는 길이요, 자주독립의 길이요, 우리 문화가 바로 서는 길이라고 믿었다. 그러니 한글만 쓰기는 우리 민족에 내려진 지상 명령이라고 외쳤다. 이 명령을 어긴 자는 민족의 광명을 빼앗고 소망을 빼앗고 무지와 가난의 괴로운 무거운 짐을 지우는 어리석은 행동이니 첫째도 한글, 둘째도 셋째도 한글이라고 외쳤다. 이처럼 글과 말의 중요성을 깨달아 민족이 자기 생각을 정확하게 이해하고 전달하며 자주적 문화를 일으키도록 한글 정착화를 위해 외길을 걸었던 사람, 그는 외솔 최현배 선생이다. 그의 삶은 외솔이라는 아호처럼, 해안가를 쓸어 가 버릴 듯한 수많은 역사의 해일 속에서도 꿋꿋이 민족적 정기를 지켜 주던 소나무와 같았다. 외솔은 어떻게 이런 삶을 살았을까? 인물은 홀로 되지 않는다고 외솔에게는 큰 스승이 있었다. 1910년, 16살에 만난 주시경 선생이다.

"나는 주시경 스승에게서 한글을 배웠을 뿐 아니라 우리말 우리글에 대한 사랑과 그 연구의 취미를 길렀으며, 겨레정신에 깊은 자각을 얻었으니 나의 그 뒤 일생의 근본 방향은 여기서 결정된 것이다."

상동 예배당에서 열린 국어 강습회에서 만난 주시경 선생은 독립협회와 서재필의 독립신문을 거쳐 국어 문법을 짓고 국어사전인 《말모이》 편찬을 담당하면서 우리 말과 글을 가르치고 있었다. 이때 외솔은 언어가 민족의 얼이라는 주시경 선생의 가르침에 인생의 눈을 뜨게 된다. 언어라는 게 그저 말하고 듣는 게 아니라 언어는 곧 정신이라는 것이다. 그 가르침이 외솔의 인생길을 결정짓게 했다. 그렇게 배움을 받아 결국 경남

동명학교 조선어강습원 강사가 된 외솔은 스승이 떠난 후 자신도 한글 학자의 길을 가게 됐다.

"나는 스승의 부탁에 따라 우리말 우리글을 가르치고 있는 것이니 이 사명을 다한 뒤에는 스승에게로 돌아가 복명할 작정 이다."

스승의 뒤를 잇기로 작정한 외솔은 교육자가 되기 위해 일본으로 유학해 페스탈로치의 교육사상을 연구했다. 철저히 인간 존중의 교육을 따르던 페스탈로치의 인격과 교육에 감명받은 외솔은 자신도 그 같은 교육 지도자가 되기로 결심한다.

"노이호프에서는 가난뱅이들의 구조자, 라인할뜨와 깰뜨루온 에서는 인민의 설교자, 슈단쯔에서는 고아의 아버지, 쁘룩똘프와 뮌헨에서는 학교의 창립자, 에펠덴에서는 인류의 교육자, 기독교 인 시민. 모든 것은 남을 위하여서 하였고 제를 위하여는 아무것 도 하지 않았다. 은혜 있으라, 그의 이름에."

페스탈로치를 소개했던 외솔의 글이다. 페스탈로치는 하나님을 향한 믿음은 모든 지혜와 축복의 원천인데 이미 인간의 본성에는 이 믿음이 있다고 했다. 그러니 외부적인 노력으로 하는 교육에는 한계가 있으며 오히려 인간 내면에 존재하는 믿음이 드러나도록 돕는 것이야말로 참된 교육이라고 했다. 자신이 어떤 존재인가를 알게 하며 하나님이 각자에게 부여한 능력을 드러내 조화해 가도록 돕는 것을 교육의 목표로 삼은 것이다. 이처럼 주시경 선생을 만나 교육자의 길을 걷기 시작한 외솔은 페스탈로치를 통해 교육사상을 정립하면서 그들과 닮아 갔다.

외솔이 처음 사람들에게 회자된 것은 그가 일본에서 쓴 졸업논문 "조선 민족 갱생의 도(朝鮮民族更生─道)" 때문이었다. 갱생(更生)이란 다시 산다는 말로써 죽음의 상태에 놓여 있는 조선 민족이 살아날 방법을 말했다.

> "내 나이 열일곱 살 적⋯ 그해 여름에 나라를 잃어버린 비통을
> 겪었다. 나라 잃은 백성으로서 정복자의 압제 정치 아래에서 목
> 숨을 살면서 공부하자니, 압박과 설움, 수치와 통분 속에서, 현재
> 를 견디며 장래를 근심하기에, 남 모르는 마음의 고생은 끊일 날
> 이 없었다. 살기는 무엇을 위해 살며, 공부는 무엇을 위해 하는 것
> 인가?"
>
> - "조선 민족 갱생의 도" 머리말에서

이 책에서 외솔은 자신은 왜 공부해야 하는지, 그리고 앞으로 살아야 할 인생의 뜻을 정하게 된다. 특히 외솔은 이 책에서 민족의 문제점을 진단하며 민족 갱생의 길을 제시하고 있는데 외솔이 직면했던 우리 민족의 문제는 이랬다. (사실, 지금도 우리 민족이 풀어야 할 문제이기도 하다.)

1) 우리 민족은 의지가 빈약하다. 민족이 쇠약증에 걸린 것처럼 무언가 이뤄 낼 힘이 부족하다.

2) 용기가 없다. 생활력도 없고 어떤 모험성, 반항심도 없는 것이 문제다.

3) 역사의식이 결핍되어 있다. 고대로부터 내려온 문화를 알아서 가꾸고 발전시키지 않는다.

4) 남을 잘 의지하는 성향이 있다. 자기 힘보다 남의 힘을 빌려 일어서려는 습성이 있다.

5) 저축심이 부족하다. 미래를 보지 못하고 사치스럽다.

6) 성격이 음울하다. 늘 과거의 한을 품고 사는 습성이 있다.

7) 신념이 부족하다. 뜻을 가지며 사는 자가 없다.

8) 자존심도 부족하다. 이는 인격적 파멸로 이어진다고 보았다.

9) 도덕심이 타락했다. 공적 도덕심까지 타락하여 나라를 걱정하고 세우는 사람이 없다.

10) 조선 500년간 사상의 자유가 속박되었다. 유교사상 중심으로 백성을 억압하고 무관을 홀대했다.

11) 자각 없는 교육만 한다. 그저 글만 배우고 익힐 뿐, 글에 담긴 사상과 문화를 발전시키지 못했다.

12) 한자 해독의 문제. 우리 정서와 감정과 정신이 담긴 한글을 외면했다.

13) 양반 계급 횡포의 문제. 인격을 무시한 계급사회가 보여 준 횡포가 나라를 어렵게 했다.

14) 까다로운 예법의 문제. 외부적 형식을 너무 중요시해 허례허식만 늘어났다.

15) 일찍 결혼하는 폐해가 있다. 이는 육체적 정신적 미약함을 불러왔다.

16) 미신이 성행하고 있다.

17) 나이를 따지는 문화가 있다. 이는 무엇보다 삶을 무기력하게 만들고 민족의 생기를 쇠약하게 만든다.

외솔이 진단한 우리 민족의 문제는 세월이 흐른 지금도 우리에게 여전하다. 그럼 이제 어떻게 할 것인가? 외솔은 무엇보다 두 가지를 외쳤다. 하나는 생기요 둘째는 계몽이었다. 모든 분야에 생기를 가지고 계몽하면 우리 민족은 다시 부강할 수 있으니 이를 위해 우리말 우리글, 한글은 반드시 발전해야 한다고 믿었다. 이것이야말로 우리가 독립할 길이요 나라 사랑의 길이었다.

"여러분 나라를 사랑하는 길은 많지만 첫째, 제 것을 찾고 제정신에 살아야 합니다. 그러기 위해서는 제 말 제 글들을 사랑해야 합니다. 여러분, 오늘 밤 가슴에 손을 얹고 생각해 보시오. 내가 과연 내 정신에 살고, 내 스스로의 길을 가고 있는가를."

– 1966. 6. 1.〈영남일보〉

30대 초반, 그가 민족을 향해 썼던 "민족 갱생의 도"는 많은 사람에게 길이 되어 주었다. 이후 외솔 최현배는 나라가 어려움에 빠질 때마다 시대의 문제를 진단하며 민족을 인도했다. 해방되고 6·25 전쟁이 일어났을 때는 혼란에 빠진 나라를 위해 "민주주의와 국민도덕"(1953)을 발표했고 대한민국이라는 새로운 나라가 시작됐으나 여전히 거짓과 폭력이 난무한 비민주적 부패를 보면서는 "나라 사랑의 길"을 발표하며 민족 갱생의 도(朝鮮民族更生—道)를 이어 갔다. 글에 자기 생각이 묻어나야 하고 말은 자기 이야기를 할 수 있어야 독립이고 문화를 이룰 수 있기 때문이다. 이처럼 외솔은 끊임없이 글로써 민족을 진단하며 갱생과 독립과 혁명의 길을 걸어갔다.

> "그대들은 안으로 양심의 불을 밝히고 밖으론 촛대의 불을 밝히고서, 작으나마 뜨겁게 타면서 용감히 나아가라. 그리하여 앞에 닥치는 모든 불의를 꺾고, 온갖 유혹을 이겨내라. 불은 어두움을 쫓고, 소금은 썩음을 막느니, 그대들은 불과 소금이 되어 암흑한 이 나라를 밝히고 썩어가는 이 사회를 깨끗이 하라. 오늘의 나라는 촛불로 타는 청년을 부르며, 소금으로 짠 젊은이를 기다린다."
>
> – "나라 사랑의 길" 중에서

지금은 시대를 진단한다는 기사를 접하면 다들 진영에 치우친 공격을 위한 비판이 난무한다. 마치 상대가 죽어야 세상이 평화로울 것처럼 주장한다. 그래서 나라는 점점 좌와 우로 나누어져 하나가 되지 못하고 있다. 만약 지금 외솔이 살아 있었다면 뭐라고 말할까. 아마도 분열된 우리 모습부터 갱생해야 민족이 살 수 있다고 할 것이다.

외솔이 남긴 민족 갱생의 도가 조선에 영향을 주었던지 외솔이 교토 대학 문학부 철학과와 대학원을 졸업할 때쯤 연희전문학교 교수로 초빙된다. 그리고 그곳에서 영원한 소년 윤동주 같은 청년들을 가르쳤다. 하지만 학교 생활은 오래가지 못했다. 해외 독립운동가들에게 자금을 주던 정치적 비밀결사단체 흥업구락부 사건으로 쫓겨났기 때문이다. 하지만 그는 오히려 이 사건을 계기로 《우리말본》 저술에 들어가며 우리말을 바로 세우는 것에 더욱 열심을 냈다. 우리말을 세우는 것이 우리 정신이 정립할 수 있는 길이라고 믿었기 때문이다. 그에게는 이것이 독립운동이었다. 칼과 총보다는 글로 싸운 것이다. 외솔은 《우리말본》에 이어 《한글갈》도 펴내면서 조선어학회를 발족, 전국 주요 도시를 돌면서 우리 언어의 필요성을 알리기 시작했다. 마치 청소년기 시절 "언어가 민족의 얼"이라고 외치던 주시경 선생처럼 말이다.

지식인의 독립운동은 무서웠다. 조선어학회 사건을 독립운동으로 인지한 일제는 외솔을 체포하고 3년 형을 선고했다. 그런데 나라가 해방되면서 옥중에서 해방을 맞이하게 된 외솔은 마냥 기쁠 수 없었다. 그동안 일제가 빼앗은 《우리말본》을 되찾아 한글의 정체성을 올바로 세워야만 했기 때문이다. 우리글이 바로 서지 않고는 독립이 될 수 없거니와 정치 경제 문화 또한 발전을 이룰 수 없었기 때문이다. 해방 후 바로 서울에 도착한 외솔은 8월 20일부터 안국동 예배당에 모여 조선어학회 재건을 위한 총회를 열고는 긴급히 한글 교육에 들어갔다. 사실 우리나라 문맹률이 줄어든 것은 이때의 노력이 컸다. 다행히도 일본에 체포될 때 잃어버린 조선어학회 사전 원고를 서울역 창고에서 발견하면서 한글 정착화에 속도를 붙이게 됐다.

이같이 누군가 우리글을 정리하며 표준어로 만드는 과정을 거치고 있었기에 해방 후 미군정이 행정상 친일 인사들을 다시 등용시킬 때 우리는 한글을 지켜 낼 수 있었다. 결국 미군정은 외솔을 문교부 장관으로 채택했고 외솔은 모든 학교 교과서는 한글로 하되 필요한 경우에만 한자를 넣도록 하고 감옥에서 늘 연구한 대로 교과서는 기본적으로 가로쓰기하기로 결정했다. 외솔은 이후 아직 다듬어지지 않은 일본말 한자어를 우리말로 바꾸는 작업을 하면서 국어사전을 편찬하는 데 온 힘을 다했다.

외솔은 혼란스럽기만 했던 이 땅에 눈을 부릅뜨고 우리말을 지켜 낸 언어의 독립운동가요 민족의 얼이 담긴 언어를 살려 낸 진정한 선생이었다. 한글을 통한 우리 정신을 살려 내고자 했던 외솔 최현배, 그가 우리에게 있었다는 게 얼마나 자랑스러운지. 신앙의 어른이기도 했던 외솔의 삶은 민족의 큰 발자국이 되었다. 우리는 외솔이 말한 대로 하나님께서 한글을 통해 주신, 우리만의 정신을 얼마나 아름답게 가꾸어 가고 있을까. 유튜브(YouTube)와 인공지능(AI)시대에 접어들수록 글과 말로써 정신과 사상을 가꿀 줄 아는 새로운 문화혁명이 필요하다. 올바른 정신과 사상의 정립이 우리로 하여금 바른 뜻을 가지게 해 주는 힘이 되기 때문이다.

8

호암 문일평 : 정신이 희망입니다

　죽음의 수용소에서도 삶의 의미는 존재하며 그 의미를 발견한 사람은 생존한다. 빅터 프랭클이 전하는 로고스 테라피다. 그의 말대로 세상에는 반드시 희망이 존재한다. 예레미야 선지자는 이 세상을 향한 하나님의 뜻이 평안이고 미래이며 소망이라고 했다(예레미야 29:11). 이는 모든 시대, 모든 사람을 향한 말씀이다. 따라서 어디에나 소망은 있으며 이를 발견하는 사람은 그것을 누릴 자격이 있다. 17살 나이에 나라가 망하는 것을 보고 절망하기보다 고고학자들처럼 역사를 뒤져 가며 민족의 희망을 발견한 사람이 있다. 호암 문일평 선생이다.

　그는 민족의 희망을 문화에 흐르는 민족의 힘에서 찾았다. 우리 민족의 힘을 이루는 '조선의 혼'이야말로 우리를 우리 되게 만드는 길이라고 믿은 것이다. 따라서 조선이 망한 것은 고려의 북진정책과 같은 '민족 힘'을 잃어버리고 성리학만 붙들었기 때문이요, 나를 잃어버린 채 맹목적인 존화주의를 고집한 까닭이라고 했다. 호암은 이 땅, 이 민족에 흐르는 정신과 조선심을 다시 찾아야 한다고 주장했다. 따라서 우리가 자유를 얻으려면 우리 문화를 다시 되짚고 세종대왕이 한글을 통해 전해 준 '조선심'을 회복하자고 했다.

"우리만의 정신을 다시 찾아야 합니다!"

이런 마음으로 호암 문일평은 외솔 최현배와 함께 팀을 이루어 계몽운동에 나섰다. 외솔 최현배 선생이 글을 통한 민족정신을 깨울 때면 호암은 그 뒤 순서에서 우리 문화를 알리며 문화 속에 담긴 우리 정신과 조선심을 호소했다. 호암은 자신의 저서 《우리 문화 예술론의 선구자들》에서 역사에 아름답게 꽃피다 안타깝게 사라진 우리 문화를 이렇게 소개했다.

"고구려는 무(武)에 있어서만 동방의 로마가 아니라 문(文)에서도 동방의 그리스로 볼 수 있으나 다만 애석한 것은 모든 문물이 그 자취를 잘 남기지 아니한 때문에 오늘날 와서 그 전반을 알기 어렵게 된 것이다."

"낙화암(落花巖)에 봄이 들면 붉은 꽃이 연지(臙脂)를 찍고, 영월대(迎月臺)에 밤이 오면 가는 달이 눈썹을 그려, 연하고도 부드러운 그 사수의 곡선미와 어울려서 이 염려(艶麗)한 꽃과 달은 오늘날도 오히려 남국(南國) 가인(佳人)의 따뜻한 정취를 짜내고 있지마는, 성왕 이래 백이십여 년 동안 백제 서울의 번영은 맑은 꿈 자취로 사라지고 말았다."

"예술의 나라 빛나는 수도로 이름이 높은 신라 서울이 한창 성

(盛)할 때는 오십오 리에 가득 찬, 십칠만 가우가 넘는 기와집에서 사는 백만 시민이 호호와 쾌락을 탐하여 밤낮으로 질탕한 풍류 속에 묻혀 지낼새, 씩씩하던 신라 사람의 원기가 차차 줄어들어 나아가 죽음을 영예로 삼고 물러와 삶을 치욕으로 삼던 옛날 남자다운 그 강담의백(剛膽毅魄)을 다시 볼 수 없게 되었다.”

“고려 서울이던 개성의 자연은 거인처럼 북쪽에 우뚝 서서 굳센 두 팔뚝을 동서로 펼쳐 옛 서울을 그 가슴에 꼭 안고 있는 송악산을 보금자리로 삼아 가지고 생겨나고 자라난 것이 퍽 많이 있다.”

“조선조는 예술이 퇴보하여 조각(彫刻)에도 자기(磁器)도 전대(前代)의 성예(盛譽)를 유지하지 못하였고 회화에 있어도 담징(曇徵)과 이녕(李寧) 같은 국제적 명가를 산출하지 못했다. 그리하여 화도(畫道)는 겨우 문인의 여기(餘技)가 아니면 궁중에 봉공(捧供)하는 화원(畫員)의 노력으로 그 명맥(命脈)이 지속되어 왔을 뿐이다.”

미국으로 유학을 떠나 미국이 가진 힘을 배우고자 했던 호암은 나라가 어려워지면서 결국 방향을 틀어 일본 메이지 학원에서 유학하게 됐다. 그리고 호암은 그곳에서 그의 삶을 뒤흔든 책 한 권을 발견하게 되는데 일본 사람이 쓴 《동양의 넬슨 이순신》이라는 책이었다. 호암은 이 책에서 망한 나라를 일으킬 소망을 발견하게 된다. 그리고 이때부터 호암은 일본이 주도한 이 땅 역사의 현장에서 그동안 가려진 우리 정신을 되찾기로 결심했다.

일본에서 공부한 후 도산 안창호가 세운 평양 대성학교 교사로 돌아온 호암은 다시 경신학교로 옮겨 교편을 잡았다. 그리고 본격적으로 한국사 연구에 몰입하기 시작했다. 호암에게 있어 공부의 목적은 무엇보다 우리 정신을 되찾는 데 있었다. 그는 육당 최남선 주도로 잃어버린 나라의 문화계승운동을 벌이는 조선광문회에 들어가 활동하면서 동시에 도산의 신민회 회원에도 들어가 활동했다. 좀 더 깊은 공부의 필요성을 느끼고 일본 와세다 대학교에서 잠시 정치학을 공부하기도 한 호암은 불현듯 중국 상해로 방향을 틀게 된다. 그리고 그곳에서 박은식을 비롯해 단재 신채호, 위당 정인보를 만나 역사의식을 정립하는 시간을 가졌다. 우리 민족의 정신을 되찾기 위해서였다. 이때 이뤄진 역사적인 만남과 종교철학 공부를 통해 호암은 사상적 틀을 마련함과 동시에 역사에서 민족정신을 찾았다. 그러다 만나게 된 역사적인 순간, 3·1운동.

호암은 3·1운동 역사적 현장에 동참하는 것을 큰 기쁨으로 여겼다. 3·1운동 후속 조치로 모인 보신각 앞에서 새로운 독립선언 '애원서'를 낭독하며 독립운동 불씨를 이어간 그는 3·1운동을 민족투쟁의 역사로 보았다. 조선이 멸망한 것은 소수 절대 권력에 민중이 항거할 수 없었기 때문인데 소수의 권력자에 항거하는 이런 민중 투쟁이야말로 민족이 일어설 수 있는 힘이라고 본 것이다. 3·1운동으로 1년간 옥중 생활을 하다 나온 호암은 더욱더 본격적으로 민족정신을 깨우는 일에 동참하게 된다.

그의 아호(雅號)인 호암(湖岩)은 평온한 산골에 살고 싶다는 마음이 담겨 있다. 그는 그런 마음으로 역사의 인물들을 한 명씩 꺼내어 사람들에게 알리고 싶었다. 처음에는 이순신부터 시작해 을지문덕, 강감찬 등 역사의 인물들을 〈조선일보〉에 소개하기 시작했다. 그렇게 사람들에게 역사 인식을 전하는 데 힘을 다했던 호암은 이제 역사가로 알려지면서 민족정신을 전하는 전도사가 됐다.

역사가로서 호암은 민족주의 사회학자이면서 동시에 철저한 실증주의 사학의 방법론을 수용했다. 이 때문에 사실보다 정신과 얼을 중요시여긴 위당 정인보와는 적지 않은 갈등을 빚었다. 하지만 있는 그대로의 역사를 강조한 호암은 실증적 역사관을 손에서 놓지 않다. '사실'에서 우리 민족정신이 드러난다고 보았기 때문이다.

신간회와 조선물산장려회 등 민중의 중심에 선 사회 경제사관을 주장하기도 했던 그는 외솔과 함께 언론과 강의로 활발히 활동하던 중 안타깝게도 갑작스러운 인생의 마지막을 맞이하게 된다. 원래 건강이 좋지 못하던 참에 조그만 상처로 난 세균 때문에 급성 단독으로 사망한 것이다. 자신의 삶이 언제 끝날지 알 수 없었지만, 적어도 지금 걸어야 할 인생 길은 알면서 살다 간 호암 문일평. 그는 평생을 우리 민족의 정신인 '조선심'을 찾아 알리는 데 최선을 다했다. 그것이 지금, 우리 민족의 소망이라고 믿었기 때문이다. 그러니 일생을 대충 살 수 없었다. 뜻을 따라 살았던 인생이었기에 늘 딸에게 부탁했던 말이 있다.

"온순해야 한다. 겸손하고 허영에 들뜨면 안 된다. 쓸데없이 세상에 휩쓸리지 말고, 남을 동정해야 한다."

마음이 따뜻했던, 그러나 그 안에 소망을 가지고 어둠을 향해 외치던 역사학자 호암 문일평. 그가 죽을 때까지 찾아 전했던 우리 민족의 혼, '조선심'은 지금 우리에게 어떤 모습으로 남겨져 있을까. 역사의 흔적에서 우리 민족이 붙들어야 할 정신을 되찾아 새로운 세상을 열어 보자던 호암이었다. 나라는 망해도 분명히 소망은 존재한다고 믿었다. 역사 속에서 소망이라는 것을 발견해 우리만의 '민족정신'을 알리는 데 평생을 바쳤던 호암은 그렇게 올곧은 삶을 살다 갔다.

위당 정인보 : 자기 '얼'이 있어야 삽니다

"자기 '얼'이 없는 사람은 거죽만 사람이요 겉모습은 그럴듯해
도 이는 거짓입니다. 운명이 나를 굶주리게 하고, 추위에 떨게 하
고, 유랑하고 비천하고 병약하게 만들고, 좌천, 굴욕, 비방을 해도
나의 '얼'만은 빼앗길 수 없습니다."

위당 정인보 선생의 말이다. 《조선사연구》 서론에서 그는 말하기를
'얼'이란 누구에게도 빼앗길 수 없는, 귀중한 것이라 했다. 혹시 누군가 자
신의 '얼'을 잃어버렸다면 그것은 자신이 스스로 잃어버린 것이지 누가
억지로 빼앗은 것이 아니라는 것이다. 따라서 불행한 운명 때문에 자기
'얼'을 지키지 못했다고 투덜거리는 사람은 조금도 동정할 필요가 없다고
했다.

위당 정인보는 역사에 대한 해석을 '얼'에 두고 열변을 토하던 사람이
다. '얼'이란 하나의 정신이며 정체성이라고 믿었다. 그는 저마다 자신의
존재를 말해 주는 정신의 '얼'을 아는 것이야말로 인생 공부라고 했다. 나
라가 망한 것도 여기에 있었으니 '얼'이 없는 학문은 헛것이고 '얼'이 없는

예교(禮敎)도 허사며 글에 '얼'이 없으면 되는 게 없고, 역사도 '얼'이 없으면 설 곳이 없으니 입신양명만을 위해 공부한 나라가 망한 것은 당연한 일이었다. 그러니 '나'와 '민족'과 '나라'가 바로 서는 길은 오직 '얼'을 되찾는 길이라 했다. 자신의 '얼'이 무엇인지 알지 못한 사람은 늘 다른 사람을 따라가든지 아니면 허상을 좇기 마련이다. 그러니 '얼' 빠진 사람과 나라는 거짓인 것이다. 참된 사람이란 어떤 사람인가? 그는 자신만의 정체성인 '얼'을 아는 사람이다.

'얼'의 정신을 외치던 위당 정인보는 육당 최남선, 춘원 이광수, 호암 문일평과 함께 조선시대 사대 천재 중 한 명이었다. 그가 강단에 서면 늘 외치던 '얼빠진 사람이 되지 마십시오'라는 말은 당시 얼이 무엇인지 인지하지 못한 사람들의 마음을 깨우며 정신을 차리게 했다. 사람은 태어나면서부터 저마다 자신의 존재를 말해 주는 정신의 '얼'이 있는데 우리는 그 '얼'을 알아야 거짓되지 않게 살 수 있고 진정한 자신으로서 세상의 모든 어려움을 헤쳐 나갈 수 있다는 것이다. 한마디로 '얼'은 정신이자 정체성인 것이다.

위당이 '얼'을 통한 역사의식을 가지게 된 것은 그가 평생 붙들던 양명학의 영향이 컸다. 그에게 양명학을 전해 주던 두 명의 스승이 있는데 한 명은 당시 양명학의 어른이었던 이건승이었다. 이건승은 1905년 을사늑약이 강제되자 국권 회복을 위해 강화도에 계명의숙을 세웠던 사람이다. 또 한 명은 이건방이었다. 위당은 두 스승과의 각별한 사랑으로 사숙했다. 이건승은 제자에게서 받은 편지를 표구하여 둘 정도로 정인보를 사랑했다. 이건방과 사제지의(師弟之義)를 맺은 위당은 비 오는 날 서울 남대문역 앞에서 스승을 만나자 진흙탕 속에 무릎을 꿇고 절을 할 정도로 스승을 사랑했다. 그러나 그보다 위당의 삶에 큰 기반을 준 것은 학문을 닦아 온 그의 가문에 있었다. 무엇보다 위당에게 할아버지의 영향이 컸다.

스승 이건방이 13살의 위당을 만났을 때 그는 이미 문장재기가 능숙하며 탁월해서 가르치고 배우고 할 것이 없을 정도로 할아버지를 통한 배움이 깊었다. 위당은 할아버지의 친구들을 존경하고 잘 따랐다고 한다. 이런 그의 삶에 대한 태도 때문인지 주변에는 학문적으로나 인격적으로 교류를 맺는 인물들이 많았다. 위당은 양명학을 받아들인 겸곡 박은식과 '얼'의 정신과 결을 같이한 단재 신채호와 호암 문일평을 존경했으며 특히 도산 안창호와 남강 이승훈을 좋아해서 도산의 신민회 출신들과 함께 상해에서 국권회복운동을 벌이기도 했다. 하지만 그가 무엇을 하든 언제나 그의 가슴에 불씨로 있던 것은 바로 양명학과 '얼'의 정신이었다.

위당이 스승이던 이건승과 이건방에 이어 조선 최후의 양명학자가 된 데에는 양명학의 주된 가르침인 지행합일(知行合一)에 있었다. 양명학의 핵심은 '마음'이다. 공자로부터 시작해 주희에 이르기까지. 노자로부터 시작해 장자와 열자에 이르기까지, 정반합을 거쳐 발전해 온 인간 지식의 가장 끝자락을 장식한 학문이 바로 이 양명학이다. 양명학을 일으킨 왕수인은 처음엔 주자학에 관심이 많았다고 한다. 하지만 아무리 주자학에 관심을 가져 연구해도 사물의 이치와 마음의 길이 같지 않음을 보았다. 배움이 늘어도 마음이 여전한 자신을 발견한 것이다. 그래서 그는 고향 여요로 돌아와 양명동에 정자를 짓고는 도를 닦기 시작했는데 이때 자신의 호를 양명이라고 했다.

양명은 마음을 살리는 양지가 바깥에 있는 게 아니라 바로 내 안에 있다는 말이다. 그러니 치양지(致良知), 사람 마음에 존재하는 선한 의지가 있음을 깨달아 아는 것을 학문으로 삼았다. 양명은 주자학에 도전하며 새로운 깨달음을 제시했는데 군신의 의보다 부모와의 관계를 본질로 보았고 폭군에게 충성을 다하는 것보다 차라리 폭군을 죽이는 게 양지(良知)라고 했다. 주자학에서는 격물치지(格物致知)가 사물에 담긴 각각의 원리를 연구해 하나로 통하는 길이라고 했다면 양명은 마음을 바르게 하여 선을 행하고 악을 제거하는 것이 격물(格物)이요 마음에 본래 있던 고유의 앎을 완성하는 것이 치지(致知)라고 했다. 그러니 성인의 도(道), 성리는 내 안에 있는 본성을 다루는 것에 있지 마음 밖에 있는 사물을 공부한다고 구할 수 있는 게 아니라는 것이다.

이기론을 살펴보면 주희는 인간 내면에는 본연의 이(理)의 성(性)이 있고, 기(氣)의 요소를 지닌 육체적 기질의 성(性)이 있다고 했다. 욕심을 가진 육체적 기질의 성(性)이 순전한 본연의 이(理)의 성(性)으로 근접하려면 공경하고 근신하는 태도로 경(敬)을 공부해야 했다. 욕심으로 가려져 보이지 않는 본성의 이(理)를 보려면 외적인 배움 즉, 앎을 통해 이룰 수 있기에 독서는 매우 중요했다. 이처럼 욕심을 다스리고 천리를 보존하며 순수한 이(理)의 상태로 되돌리고자 했던 주희는 이것이 본인은 물론, 국가를 다스리는 원리가 된다고 믿었다. 이런 주장은 이후 많은 선비에게 감동이 되었고 또 이를 이루기 위해 수많은 학자가 등장했다. 하지만 아이러니하게도 주자학의 이론은 조선에 등불이 되지 못했다. 오히려 이에 따라 더 많은 분열을 낳았고 조선은 그렇게 500년 내내 몸살을 앓아야만 했다.

양명은 심즉리(心卽理)라고 이(理)가 곧 내 마음에 있으며 마음은 곧

이(理)라고 말했다. 이(理)와 기(氣)는 하나이며 인간의 마음은 그 자체가 이(理)라는 것이다. 그러니 우리가 할 일은 외부에서 들어오는 앎을 쌓아 가는 것보다 마음의 양지를 찾아 배양하고 바르게 하는 일이 중요하다고 했다. 어떤 것을 아는 것보다 내가 나 자신이 되어야 한다는 것이다. 그렇지 않으면 외부에 끌려다니는 인생이 되고 만다고 했다. 원래의 내가 되면 아는 것이 행함이 되어 지행합일(知行合一)을 이룰 수 있으니 뭔가를 안다면서 행하지 않는 건 아는 게 아니라는 것이다.

알았다면 행하게 되어 있고, 행하지 않는다면 아는 것이 아니니 아는 것은 반드시 행함이 있어야 한다는 것이다. 조선에서 이를 주장하며 나중에 강화학파를 이루게 된 정제두가 그랬다. 조선은 오직 자기주장을 성취하기 위해 주희를 이용할 뿐, 조선에 있어 주자학은 학문이 아니라 영리를 위한 도구일 뿐이라고 강하게 비판한 것이다. 이 주장은 주자학을 국본으로 받아들이던 당시 유학자들로부터 거센 저항을 받았다. 그러나 실제 나라가 위기에 빠지자 주자학을 따르던 유학자들은 친일로 돌아섰고 양명학자들의 대부분은 붙들던 믿음을 저버리지 않았다. 정제두의 말이 옳았던 것이다.

위당은 이런 양명학 철학을 기반으로 중국 상해로 건너가 뜻을 펼칠 만한 사람들과 함께 항일운동을 준비하게 된다. 그러던 어느 날 모든 일을 그만두고 고향으로 돌아갈 일이 생기는데 아내의 사망 소식 때문이었다. 그리고 이어진 딸의 죽음, 어머니의 부탁으로 인한 재혼, 다시 생모의 죽음까지 위당은 10년이라는 세월 동안, 마치 모든 꿈을 접은 사람처럼 살았다. 이런 광야와 같은 시간은 사람을 위축시키는 것 같지만 어떤 이에겐 광야의 고독이 오히려 학문을 탐구하며 정리하는 시간이 되기도 한다. 19세기 가장 탁월한 심리분석 능력을 지닌 작가로 평가된 영국 소설가 엔서니 트롤럽은 자기 상상력이 고독한 어린 시절에서 비롯되었다고 했다. 고독은 누군가에게 절망이지만 누군가에게는 또 다른 시작을 의미하기 때문이다. 위당의 삶이 그랬다. 그에게 찾아온 고독의 시간 동안 이전을 뛰어넘는 모습으로 성장한 것은 우리나라에도 좋은 일이었다.

위당은 고독의 시간을 지나 연희전문학교 교수로 초빙되면서 이후 신문사 논설위원까지 발탁된다. 그의 광야는 그에게 커다란 준비의 시간이었던 셈이다. 사실 광야라는 문을 통과하지 않은 인물이 과연 얼마나 될까. 1922년, 나이 30에 연희전문학교 교수로 초빙된 그는 한문학과 조선문학을 강의하기 시작했다. 《열하일기》를 통한 실학 학풍과 시조를 통한 한국인 정서와 일본에 의해 잘못 알려진 역사의 허구를 알리면서 양명학을 가르치기도 했다. 이렇게 박학다식한 강의를 하는데 강의 때 그가 가지고 온 건 메모지 한 장이었다고 한다. 이미 학문이 내면화되어 있었기 때문이다.

그의 명성이 알려지자 이화여자전문학교, 세브란스의학전문학교, 중앙불교전문학교에서도 위당을 초빙해 국학과 동양사 강의를 부탁했다. 이쯤 되면 이제 안정된 생활을 할 만한데도 그는 교수 사택에 머무는 혜택 같은 걸 받지 않았다. 일본이 이를 두고 자신을 이용할 수 있다고 생각했기 때문이다. 어느 것 하나 일본에 걸릴 만한 일을 하지 않으려던 그는 늘 한복을 입고 '얼'을 주장하며 '얼' 빠진 사람이 되지 말라고 젊은이들의 마음을 깨웠다.

위당은 학교에서뿐 아니라 언론계에도 진출해 날카로운 논설위원으로서도 활동한다. 그는 '얼'을 가진 언론인으로서 지금처럼 이념이나 시류에 따라 받아 적기 바쁜 사람들에게 기사 클릭을 구걸하는 것과는 차원이 달랐다. 그는 언제나 민족의 '얼'을 중요시했다. 그러니 그의 글은 날카로우면서도 마음속을 열어젖히는 힘이 되었다. 그는 특히 사람들에게 민족의 '얼'을 가진 인물을 소개하는 데 부지런했다. 무엇보다 충무공 이순신을 살리는 운동에 앞장섰다. 이순신 묘역이 경매당하자 충무공 유적보존회 창립을 이끌어서 이순신을 알리는 데 힘썼다.

그는 이순신을 알아야 하는 이유가 그의 인격 때문이라고 했다. '우리'를 위해 '나'를 잊은 사람이면서 맡은 직무에 충실했고 사람을 대할 때 깨끗하게 사랑한, 이 정신을 다시 일깨워 잇자고 했다. 위당은 충무공과 을지문덕은 물론 다산 정약용을 본격적으로 탐구해 다산의 《여유당전서》 154권 전권을 편찬 복간하기에 이른다. 어떻게든 우리 민족의 '얼'을 살리는 것이 민족을 살리는 길이라고 믿은 것이다.

1935년에는 〈동아일보〉에 "오천 년간 조선의 얼"을 연재하면서 한국 고대사를 통한 정신사를 이어 가던 위당은 일제에 의해 신문이 정간당하자 《오천 년간 조선의 얼》이라는 책을 집필했다. 그는 사실을 중심으로 써 내려가는 역사보다 '얼'을 주제로 삼는 역사야말로 살아 있는 역사라고 믿었다. 이런 그의 '얼 사관'은 사실 단재 신채호의 영향이 컸다. 위당과 친한 벗이던 단재가 역사를 '아'와 '비아'의 투쟁으로 보며 역사 중심에 민중을 둔 민족사관과 결을 같이했기 때문이다. 이런 그의 정신 때문에 민족정신이 깃든 자리에는 어렵지 않게 위당의 흔적을 만날 수 있다.

월남 이상재 선생 묘비에서, 추사 김정희 〈세한도〉 끝자락에서, 광복한 해 순국선열 추념문과 제헌절, 광복절과 삼일절 등 나라 행사 때마다 그의 글과 그가 지은 노랫말들은 온 세상에 들려졌다. 일제 강점기에 국학이라는 말을 처음 사용했던 그는 해방 후, 국학 대학을 설립해 초대 학장을 지냈다. 1948년, 대한민국 정부가 수립된 이후에는 현 감사원장 자리인 감찰위원장에 임명되기도 했지만 이승만 정부와는 결을 같이할 수 없다며 사임하고 돌아섰다. 그리고 다시 '얼'을 연구하며 전하려던 위당의 인생은 그러나 안타깝게도 거기까지였다. 나라에 전쟁이 일어나 대통령 말만 믿고 시민들과 함께 서울에 남아 있던 위당은 그만 인민군에 피랍된 것이다. 그리고는 소식이 없었다. 묘향산 어딘가에 묻혔을 거라고만 알려질 뿐이다. 한평생 '얼'을 찾아 민족을 깨우려던 위당의 걸음이 멈춰 선 것이다.

위당이 그토록 부르짖었던 민족의 얼을 접할수록 인간의 근원적인 '얼'을 생각하게 된다. 모든 인간에게는 하나님의 형상인 하나님의 '얼'이 존재하기에 하나님의 성품이 드러나지 않으면 '얼' 빠진 신앙인이 되고 만다. 따라서 민족뿐 아니라 신앙에서도 '얼'을 되찾아야겠다. '얼'이 드러나는 곳에 생명이 있기 때문이다.

10

단재 신채호 : 나(我)와 너(非我)의 역사

　조선 말 성균관 출신으로 저술가요 언론인이자 역사가요 독립운동가이면서 아나키스트로 살다 간 사람이 있다. 세수할 때조차도 일본에 고개 숙이지 않겠다며 얼굴에 물 뿌리듯 세수를 해 늘 옷을 적시던 사람, 그는 단재 신채호 선생이다. 단재는 정몽주의 일편 단심가를 본떠 일편 단생으로 호를 지었다가 다시 줄여 불렀다.

　단재를 이야기할 때 빠지지 않는 것이 그의 천재성이다. 낙향한 할아버지에게 한학을 배우고 할아버지가 열었던 서당에 다니면서 9살 때는 한시를 짓고 12살에는 사서삼경에 통달했으며 한 번 본 책은 모두 기억할 정도로 영특했다. 17살에는 더 이상 볼 책이 없어 할아버지가 책을 구하러 다닐 정도였으니 그는 말 그대로 범생이었던 셈이다. 범생이라고 모두 다 인물이 되는 건 아니다. 이완용은 여섯 살에 천자문을 떼고 열한 살에 동양고전을 배웠으며 과거 급제해서는 세자를 가르치는 선생이 되기도 했지만, 그가 남긴 유산은 변절이었다.

　단재가 범생을 넘어 민족의 정신적 사람이 된 배경은 무엇일까. 독립운동가를 넘어 아나키스트로 활동한 것은 그의 경험에 있었다. 사람은 살면서 여러 가지를 경험하지만, 경험은 다시 그 사람을 만들기도 한다. 삶을 조심스럽게 살아야 하는 이유다. 15살 때 눈앞에서 벌어진 갑오농민전쟁을 보면서 그는 절망의 끝에서 일어선 민중의 불씨를 보았다. 단재는 죽을 때까지 그 장면을 잊지 못했다. 그리고 후에 맞이하게 된 3·1운동. 그는 이 3·1운동이 5천 년 이래 제일 큰일이었다며 이렇게 말했다.

> "우리들은 왜 이날을 기념하는가? 이날로써 우리나라가 죽음에서 삶으로 가고, 이날로써 우리 민족이 뼈에 살을 회복하였기 때문이다. 이날은 우리 대한민국 역사상 가장 보배롭고 가장 귀하며 가장 경애할 기념일이다."
>
> – 제3회 삼일절 동포에게 널리 알린다 중에서

단재가 죽을 때까지 붙들었던 세 가지 단어가 있었다. 하나는 민중이었고 다음은 역사였으며 마지막은 자주독립이었다.

(1) 민중

성균관에서 공부하면서부터 단재가 늘 마음에 둔 대상은 바로 민중과 나라였다. 어떻게 하면 우리 민중이 깨어나 이 나라를 품는 애국자가 될 수 있을지가 그의 고민이었다. 그래서 그는 어디를 가든지 자신이 공부한 모든 학식을 풀어 가르치고 애국 의식을 고취하며 민중 스스로가 애국자가 되는 데 온 힘을 다했다. 친구와 함께 고향에 내려가 산동학당에서, 또 국내 여러 학교에 다니면서 연해주와 상해 동제사에서, 세운 박달

학원에서, 서간도 홍도천에서도 역사를 가르쳤고 그 옛날 갑오 농민 전쟁 때 미처 이루지 못한 민중의 힘을 일으키는 데 온 힘을 다했다.

특히 그가 가르칠 때는 한문보다 한글을 강조했다. 단재는 우리나라가 고려 이후에 외부에 끌려다니게 된 계기가 한글을 무시하고 한문을 중히 여긴 까닭이라고 보았다. 삼국시대 전까지는 한문의 문화권이 아니어서 스스로 독립적 힘을 가지고 살았는데 한문을 중요하게 여기면서부터는 노예적 속성을 가지게 되었다고 보고 민중에게 한글의 우수성을 알리는 데 힘썼다. 또한 민중을 일으키기 위해 단재는 민족의 영웅들을 소환하여 소개하기에 열심이었다.

단재는 을지문덕 같은 영웅이 일어나서 국민을 이끌어야 한다고 했다. 그래서 을지문덕, 이순신, 한석봉, 강감찬, 연개소문 같은 영웅들을 소개하며 민중이 애국심을 가지게 하는 것은 물론, 민중 안에 영웅이 일어나기를 바랐다. 나중에 시간이 지나고 이제 해방의 기미가 보이지 않는 절망의 시기가 왔을 때는 그 자신이 아나키스트가 되어 일어섰다. 그렇게 단재는 죽을 때까지 민중에 의한 나라를 세우고자 했다.

(2) 역사

단재는 민중을 세우는 데 역사가 가진 중요성을 강조했다. 성균관에 들어간 단재는 독서회를 조직해 사회과학을 공부하며 서구사상을 연구했다. 그는 우리 민족의 취약점이 잘못된 역사인식에 있다고 했다. 그리고 우리 민족의 역사성이 떨어지게 된 원인이 《삼국유사》를 쓴 김부식에게 있다고 보았다.

"역사에 대한 재능도, 지리에 대한 지식도 모른 체 망령되고 비열하며 조각나고 근거 없는 이야기를 모아 여러 권을 만들고 이를 역사라 하니 역사여 역사여 이들 역사도 역사인가!"

－《단재 신채호 전집 3》〈독사신론〉, 54쪽

역사는 민족을 계몽하고 하나로 이끌 구심점의 역할을 하는 정신이어야 하는데 김부식은 정신없는 무정신의 역사를 내세워 무정신의 민족을 낳았고 무정신 국가를 만들었다는 것이다. 따라서 단재는 역사를 올바로 세우는 일을 시작하고 그 시작을 고대사부터 다시 되짚기 시작했다. 김부식이 놓쳤던 우리 자주 독립성을 가지던 시대가 고대였기 때문이다. 그는 올바른 역사 정신을 세우기 위해 어디를 가든 문헌자료를 찾고 현장들을 방문했으며 관련된 책들을 찾아 정리하고 심지어는 에드워드 기번의 영문서적《로마제국 쇠망사》를 읽으면서 우리 역사를 정리했다. 단재가 정한 역사 시기는 지금 우리와는 사뭇 다르다. 단재는 단군 건국부터 삼왕조의 분쟁 전까지를 태고사로 보았고, 삼왕조 분쟁부터 발해 멸망까지를 상세사, 발해가 멸망하고 청나라가 만주에 점령해서 민족이 한반도에 국한되었을 때를 중세사, 청나라가 만주를 점령하고 병인양요 때까지를 근세사, 그리고 서얼 차별과 같은 차별정책이 민족 발전을 막아 멸망할 때까지를 최근세사로 보았다.

무엇보다도 중요한 것은 단재가 역사를 정리하면서 가졌던 철학이다. 바로 아(我)와 비아(非我)라는 개념을 통해 살펴본 역사적인 관점이 그것이다. 단재가 말한 아(我)와 비아(非我)는 무슨 말일까? 자기의식을 인식하는 역사적 주체의 정신을 아(我)라고 표현했고 비아(非我)는 그 아(我)

와 마주한 타자적 주체를 말했다. 자기의식을 깨달을 때, 우리는 아(我)를 이해할 수 있으며 이를 바탕으로 아(我)는 비아(非我)와 마주할 수 있다는 것이다. 우리는 먼저 내가 누구인지 알아야 타자를 나와 동등하게 대할 수 있다. 우리의 아(我)를 아는 길은 언어 문화 종교 등으로 이어지는 역사적 상속을 통해 깨달을 수 있다고 했다.

단재는 우리 민족, 아(我)의 뿌리를 부여와 만주 땅에 두었다. 조선은 아(我)가 무엇인지도 모르고 민족이 지닌 혼을 이해하지 못했다고 봤다. 그러다 보니 비아(非我)에 의해 매몰되고 동일화되고 말았다는 것이다. 오랫동안 중화주의에 매몰된 것이나 나중에 일본의 동양주의에 무력해져 버린 것이 바로 그 예다. 역사를 보면 우리의 정체성인 아(我)의 자성은 잃어버리고 외부의 비아(非我)처럼 되려고 애써 온 것이 사실이다. 그러나 아(我)와 비아(非我)는 서로 결코 같을 수 없으며 서로 다름을 인정했을 때라야 발전을 이룰 수 있는데 조선은 그러지 못한 것이다.

단재는 아(我)는 세 가지가 함께 어우러져야 깨달을 수 있다고 했다. 지금(시, 時), 여기(지, 地)의 아(인, 人)로서 오랫동안 이어져 온 역사적 선천성과 상속성이 그것이다. 지금까지 내려오는 그 정신의 아(我)를 되찾을 수만 있다면 단재는 망한 국가는 언제든 재건할 수 있다고 믿었다. 그러니 아(我) 됨을 올바르게 지각하는 것이 먼저요. 부여족 만주 땅 을 지문덕과 같은 인물을 통해 아(我)의 정신을 되찾아 중화주의를 해체하고 일본 제국주의가 가져온 비아(非我)에 의한 타자화에서 벗어나자고 했다. 그렇다고 조선의 아(我)가 오랫동안 가져온 민족정신의 항상성만 붙들 게 아니라 비아(非我)를 통한 변화를 맞아 아(我)는 다시 창조적으로 변화 발전해야 한다고 했다.

단재가 이처럼 아(我)와 비아(非我)의 정신으로 보게 된 것은 그가 살아온 배경과 무관하지 않다. 단재 신채호는 충청남도 대덕 묘지옆 작은 판잣집에서 자라난, 그야말로 춥고 배고프고 가난한 집안 사람이었다. 할아버지는 정6품을 지낸 분이었지만 타고난 청빈함 때문에 또 권세에 밀려 쫓겨나 집안은 극도로 가난했다. 하지만 할아버지가 서당을 열면서 생활은 점점 나아지게 되었고 단재도 그 밑에서 공부하게 됐다. 할아버지 덕분에 책을 가까이하게 된 단재는 그의 됨됨이를 알아본 신기선에 의해 앞길이 열리게 되는데 집에 있는 역대 귀중한 책들을 다 읽게 하고는 성균관에서 공부하도록 도와준 것이다.

언제나 그렇듯이 뜻을 품은 자의 삶은 도움을 주는 자가 반드시 있기 마련이다. 그렇게 성균관에 들어간 단재는 그곳에서 중국 고전을 비롯해 거의 모든 책을 독파하면서 결국 성균관 박사가 됐다. 하지만 그렇게 학자로 살아가던 단재 앞에 흐르던 역사는 급변했다. 당시 조선은 일본과 청나라와 러시아에 휘둘려 고종도 정처 없이 오가고 있었다. 이럴 수 없다고 생각한 단재는 서재필의 독립협회에 가입해 싸우기 시작하고 독립협회가 해산된 뒤로는 글을 통해 사람들의 의식을 깨우기 시작했다. 단재는 〈황성신문〉과 〈대한매일신보〉, 〈대한협회 회보〉에 글로써 시대를 정의하며 저항했다.

단재가 이제껏 공부하며 익힌 삼강오륜이나 유가의 도덕으로는 밀려드는 근대 문명을 견인할 힘이나 민족을 일으킬 소망이 보이지 않았다. 단재는 이전과는 완전히 달라진 지금 여기 아(我)의 현장에서 우리가 어떻게 해야 할지를 고민하기 시작했다. 유럽으로 시작된 근대 문명은 오히려 세상을 주도하고 있었고 일본 역시 그 문명의 옷을 입고 힘을 뽐내던 시대였다. 그러나 조선은 애당초 자기의식으로 이뤄진 문화가 아니었다. 너무도 오랫동안 중화주의 비아(非我)사상을 붙들고 있었기에 무너지는 건 시간문제였고 무너진 후에는 다시 일어설 희망조차 보이지 않았다.

어떻게 해야 힘을 가질 수 있을 것인가. 단재는 생각했다. "조선의 아(我)로 돌아가자! 이제껏 살아온 민족의 혼을 되살려 자기의식을 가진 역사의 주체가 되자." 그래서 단재는 이 정신을 이어 줄 이순신, 을지문덕 등 민족의 혼을 가진 여러 영웅을 국문 전용판으로 적어 책을 출판함으로써 백성들에게 읽게 했다. 혼돈의 시대에 지금 우리에게 필요한 것은 아(我)의 사상, 의식을 되찾는 것이며 이는 역사에 드러난 인물과 사건을 통해 찾을 수 있다고 보았다.

입신양명을 추구했던 조선이었다. 단재는 당시 조선이 중요시한 가족과 문중이 나라보다 우선하는 건 아(我) 속에 숨어든 비아(非我)이기에 그것은 정신도 아니요 그저 물질적인 '나'일 뿐이고 영혼의 '나'도 아니요 그냥 껍질의 '나', 거짓된 '나', 죽은 '나'일 뿐이라고 했다. 그러니 그런 엉뚱한 '나'는 버리고 이제는 정신의 '나', 영혼의 '나', 진실한 조선의 혼을 되찾아 민중이 주체가 되는 나라를 세워 가자고 했다.

(3) 자주독립

단재는 무엇보다 자주독립을 강조하면서 일단 독립부터 하고 나서 나라를 다시 세워 가야 한다고 했다. 그런 의미에서 먼저는 실력을 쌓고 독립하자던 도산과는 결이 달랐다. 을사늑약이 체결되자 지식인들이 실력을 쌓고 국권을 살려 보자는 자강운동을 벌일 때 단재도 함께했다. 이후 대한자강회에 이은 대한협회나 고흥학회의 단체도 가입하고 이 모든 운동을 주도한 비밀결사 조직인 신민회에도 참여하며 국채보상운동에도 함께했다. 이유는 한 가지, 자주독립을 위한 길에 일조하기 위해서였다. 그러나 도산과 신민회에서 뜻을 같이하고 광복회 일을 벌이던 중 단재는 블라디보스토크에서 나라가 망했다는 소식을 듣게 된다. 단재는 격분했다.

그는 자신이 할 수 있는 모든 일을 찾아 미친듯이 하기 시작했다. 먼저는 〈해조신문〉, 〈청구신문〉, 〈권업신문〉에서 글을 쓰는 것으로 시작해 1913년에는 상해에서 재상해한인공제회(동제사)에 가입, 위당 정인보, 호암 문일평, 김규식 등과 함께 일본에 저항했다. 1919년 3월 말에는 상해 임시정부 수립에 참여하면서 각종 간행물 발간은 물론, 각종 군중대회에 참여하며 한국 역사를 알리는 데 힘을 쏟았다. 자주독립을 위해서였다. 그때 그의 자주독립운동에 상처 주는 일이 일어나는데 바로 이승만이 미국에 위임통치 청원서를 제출한 것이다.

당시 미국 윌슨 대통령과 신문사에 보냈던 위임통치 청원서에는 위임은 한국을 일본의 학정에서 자유롭게 하며 열강은 장차 한국의 독립을 보장하고 한국을 일정 기간 국제연맹의 통치하에 둘 것에 대한 내용이 들어 있었다. 단재는 이 일을 두고 이승만이 나라를 되찾기도 전에 팔려고 한다며 강하게 반발했다. 이 문을 열면 미국의 식민지가 되는 것이니 절대로 허용해서는 안 된다고 주장한 것이다. 나중에 국무총리였던 이동휘는 이 일을 두고 해명을 요구했으나 이승만이 거절하자 총리직을 사임하기도 했다. 단재는 이승만이 임시정부 대통령직에 선출되자 이때부터 반임정 활동에 나서기 시작했다. 독립은 자주독립이어야지 절대로 누구

손을 빌려서는 안 된다는 것이다. 지금 나라가 망한 것도 이 때문이라고
했다.

> "독립의 사상으로 본뜨는 것은 날아가는 걸 익히는 것과 같지
> 만 전체를 닮는 것의 본뜨기는 노예가 되는 길을 본뜨는 것과 같
> 으니 전체를 닮는 것은 끓는 물에 손을 넣는 것같이 피하고, 독립
> 의 본받는 것을 목마른 때에 물을 찾듯 하자."

도산과 같이 먼저 실력을 쌓자는 것도 반대했던 단재였다. 실력이 독
립으로 이어지는 게 아니라는 생각에서였다. 물론 도산은 일본이 망할
것을 예견하면서 실력을 준비하자는 것이었지만 단재는 실력보다 먼저
독립부터 하고 나라 살리는 일을 하자고 했다. 이런 단재를 두고 임시정
부는 여러 차례 회유에 나섰지만 그의 독립에 대한 신념은 확고했다. 설
득에 실패한 임시정부는 신채호가 글을 쓰던 〈신대한〉의 발행을 중단시
켜 버렸다. 하지만 그의 발걸음을 멈추게 할 수 없었다.

베이징의 신한 혁명당에서, 약산 김원봉의 의열단 고문으로, 신간회
를 비롯해 일본 제국주의에서 벗어나기 위한 무정부주의 혁명운동을 벌
여 나갔다. 가슴에 품었던 세상에 대한 눈을 가지고 불꽃처럼 살아가려
던 단재였다. 그러던 어느 날 무정부주의 동방연맹의 운영자금과 기관지
발행에 드는 자금 확보를 위해 대만까지 가서 현금 수령을 기다리던 중
그만 일본 경찰에 체포되고 만다. 징역형 10년. 그러나 오랜 감옥 생활로
인해 건강이 악화하던 단재는 뤼순 감옥에서 57세로 눈을 감고 말았다.
아직 다 쓰지 못한 〈조선상고사〉만 남기고 말이다.

끊임없이 독립된 자아, 독립된 민족과 함께 독립된 나라에서 살고 싶었던 단재 신채호. 그래서 그는 역사를 볼 때도 아(我)와 비아(非我)라는 시각으로 바라보았다. 아마 죽을 때까지 그는 진정한 아(我)로 살기를 바랐을 것이고 비아(非我)인 제국주의로 둘러싸인 우리 민족이 진정한 아(我)를 되찾아 독립해 당당히 서기를 원했을 것이다. 이런 그의 집요한 정신이 살아 있었기에 나라는 망했지만, 민족은 망할 수 없었다. 분명히 아(我)의 독립을 이루며 살기를 갈망했던 단재 같은 사람들 때문이다.

내가 누구인지, 내 삶의 목적은 무엇이고 나는 왜 사는지에 대한 올바른 정체성의 아(我)의 자주독립과 비아(非我)에 휘둘리지 않으면서 동등하게 대할 줄 아는 역사의식을 가진 민중이 되는 것, 이는 단재가 우리에게 남긴 역사의식의 선물이었다.

11

백범 김구 : 마음 좋은 사람 되리라

　배를 타고 섬에 들어서면 섬사람들의 생명의 빛과 같은 등대를 만나게 된다. 섬은 등대에서 비춘 빛을 따라 들어오고 나가며 생존한다. 나라를 일본에 빼앗기고 빛을 잃을 때, 아직 빛은 다 꺼지지 않았다며 중국 곳곳을 돌아다니며 등대를 세워 놓고 버티던, 민족의 태산 같은 인물이 있었다. 백범 김구 선생이다. 우리나라 사람이라면 백범 김구를 모르는 사람이 없을 것이다. 임시정부라도 붙들던 그였기에 민족은 그나마 생명줄을 이어 갈 수 있었다. 일본제국은 38년간 이 땅을 점령하고 있었지만, 민족은 등대 같은 인물에 의해 38년간 저항하며 생기를 잃지 않았다.

　백범은 어떻게 등대 같은 인물이 될 수 있었을까. 백범은 끊임없이 자기 자신이 누구인가에 대한 질문을 멈추지 않은 사람이었다. 나는 누구인가. 아니, 나는 누구여야 하는가. 나는 어떤 존재로 살아야 하는가에 대한 그 멈추지 않는 질문이 그를 민족의 등대가 되게 했다. 백범이라는 이름만 봐도 그가 얼마나 자신의 정체성을 두고 치열하게 싸웠는지 엿볼 수 있다. 그가 아들을 위해 남긴 《백범일지》를 보면 그의 이름이 무려 아홉 개나 등장한다. 아명으로 김창암, 동학에 입교하면서 김창수, 인천감

리소를 탈옥하면서는 김두호, 스님이 되고는 법명으로 원종, 절에 나와서는 김두래, 교사로 있으면서 호는 연하요 이름은 김구(金龜), 신민회 사건으로 감옥에 다녀와서는 다시 김구(金九)로 바꾸면서 호를 백범이라 했다. 백범이란 우리나라에서 가장 천하다는 백정과 무식한 범부까지 자신만한 애국심을 가지게 하자는 뜻에서 지은 이름이었다. 그는 이름을 통해 자신의 정체성과 같은 길을 끊임없이 설정하고 있었다. 그리고는 결국 우리가 모두 아는 백범 김구(金九)가 됐다. 그는 자신의 이름으로 입지(立志), 삶의 뜻을 정하고는 이름대로 살았다.

백범이 살아온 삶의 배경을 보면 그가 왜 이런 뜻을 지니게 됐는지 알 수 있다. 몰락한 양반에서 상놈이 된 집안에 태어난 백범은 차별을 온몸으로 겪으며 자라난다. 그 때문에 백범은 양반이 되어 사람답게 살고 싶은 마음에 열심히 공부하며 과거시험을 보려 했지만, 당시 조선은 공정이 무너지다 못해 사라진 상황이었다. 그의 말대로 차라리 명주 한 필이 선비의 글보다 빠르다는 점에서 백범은 깊이 실망했다. 그럼 이제 어떻게 살아야 할 것인가?

낙심하던 백범이 절망 가운데 새롭게 인생길을 정한 것은 아버지의 권유 때문이었다. 하루는 아버지로부터 차라리 관상 공부를 해 보는 게 어떻겠냐며 권유를 받게 되는데 이때 《마의상서(麻衣相書)》를 읽으면서 그는 인생구절 하나를 발견하게 된다. "얼굴 좋은 것이 몸 좋은 것만 못하고, 몸 좋은 것이 마음 좋은 것만 못하다."라는 구절이었다. 그는 이 글을 마음에 담아 앞으로는 마음 좋은 사람이 되기로 뜻을 정했다.

어떤 사람이 되기로 결정하고 나니 이제 어떻게 해야 마음 좋은 사람이 될 수 있는지가 궁금해졌다. 그러던 중 동학의 가르침을 받게 된 백범은 이 동학이야말로 뜻을 펼칠 수 있는 길이라고 생각했다. 하느님을 몸에 모시고 하늘의 도를 행하는 삶을 주장하며 평등주의를 외치는 동학운동에 백범도 참여하게 된 것이다. 그렇게 동학의 접주 해월 최시형을 따라 동학혁명에 참여한 백범은 오래되지 않아 동학운동의 한계를 깨닫게 된다. 동학만으로는 이 세상이 개벽될 수 없음을 피부로 느낀 것이다.

다시 인생의 길을 찾던 백범은 안중근 의사의 아버지 안태훈 진사를 통해 스승 고능선을 만나게 된다. 인격자였던 고능선은 백범에게 선비정신의 인격과 의리를 보여 주며 큰 감동을 주었다. 이것이야말로 내가 좋은 마음을 가지며 살 수 있는 길이라고 생각한 백범은 스승이 하는 말이면 무엇이든 따랐다. 그러다 단발령 사건이 일어나고 스승은 백범에게 청나라로 피신할 것을 권면하게 된다. 그러면서 언젠가 함께 일을 벌일수 있으니 청나라와 친밀하게 지내라고 주문하기도 했다.

그렇게 스승의 말을 따라 길을 떠난 백범은 막상 세상 밖을 나가 보니더 이상 유학 공부와 존화양이(尊華攘夷)적 사고로는 이 어려운 시대를 넘어설 수 없다는 판단을 하게 됐다. 시대를 바라보게 된 백범. 그는 이제부터 나를 위해 마음 좋은 사람이 아닌, 나라를 위해 좋은 마음을 가진사람이 되리라고 다짐한다. 그렇게 새로운 마음을 품고 스승을 떠나 중국에서 평양으로 가던 중, 백범은 일생일대의 중요한 전환점을 맞이하게 됐다. 머물던 주막집에서 서툰 조선말을 하고 옷 안에 군도를 찬 단발의 사내를 만난 것인데 백범은 어쩌면 그가 민비를 살해한 일당일 수도있겠다는 생각을 하게 됐다. '나라를 위해 내가 할 수 있는 일을 하자!'는생각에 백범은 그를 주먹으로 때려눕혀 칼로 죽이고 만다. 그가 그 일당이었는지는 지금도 알 길이 없다. 사실 백범의 성정은 거칠었다. 늘 술에 취해 사람들에게 사회불만을 쏟아 내며 사람들을 때려눕힌 아버지같이 그의 성정도 마찬가지였다. 나중에 상해 임시정부에서 조금이라도 밀정 냄새가 나면 그 사람을 방으로 불러들여 가차 없이 죽였던 백범이었다.

어쩌면 민비를 살해한 일당일 수 있다는 생각에 사람을 죽인 백범은 자신이 국모를 죽인 일본의 줄기라도 끊었다는 생각에 자부심을 가졌다. 그래서 아버지가 감옥에 건네준 대학 책을 부지런히 읽으면서 세계에 관련한 책들을 통해 나름 시각을 넓히기 시작했다. 백범은 '역시 배움이 있어야 한다'는 생각에 죄수들도 불러다 그들을 가르치며 교육했다. 사람을 죽인 일로 결국 사형을 선고받은 백범. 그러나 고종황제의 명으로 사형을 면하게 된 그는 이 일 이후로 주변 사람들이 자신을 추종하는 모습을 보면서 탈옥을 결심한다. 자신이 죽거나 잘못되면 일본이 오히려 좋아할 수 있다는 생각 때문이었다. 무언가를 생각하면 행동하는 데 주저함이 없는 백범은 결국 탈옥에 성공하고 이제 교육자로 변신해 살게 된다. 유학의 가르침만으로는 망하게 된 나라를 일으킬 수 없으니 오직 신교육을 펼치는 일에 열심을 다했다. 그렇게 학교도 세우고 교육자로 열심히 살던 백범은 어느 날 을사조약으로 나라가 넘어갔다는 소식을 듣게 된다. 흥분한 나머지 도끼를 들고 일본에 항의하던 백범은 다시 일본 경찰에 잡혀 17년 형을 선고받고 감옥에 들어갔다.

백범이 보기에 자신은 물론, 민족이 처한 현실이 너무도 억울했다. 하지만 또다시 새로운 뜻을 가지며 하나님께 기도하게 되는데 바로 나라가 독립되고 정부가 생기거든 그 집의 뜰을 쓸고 유리창 닦는 걸 보고 죽게 해 달라는 기도였다. 기도에 대한 하나님의 응답이었을까? 형량은 계속 감형되면서 감옥을 나서게 된 백범은 즉시 상해로 넘어가 임시정부를 찾게 된다. 그리고는 운명 같은 만남, 도산 안창호를 마주하게 됐다. 백범은 그곳에서 도산에게 자신의 마음과 뜻을 전했다. 누구에게나 인격적으로 대하던 도산은 백범의 뜻을 소중히 받아 주었다. 그리고는 그에게 임시정부 경무국장이라는 직함을 주게 되는데 백범은 그가 기도했던 대로 건물을 닦고 쓸고 청소하는 심정으로 임시정부를 섬기기 시작했다. 개인을 넘어 나라를 위해 좋은 마음을 가졌던 백범은 이제 그 마음으로 5년은 경무국장으로, 이후 노동국 총판, 내무 총장, 국무령, 국무위원으로 섬기게 된다. 그리고 이제 국무위원 주석으로서 당시 무력해 보이던 임시정부를 끝까지 지키며 민족의 생기를 붙드는 사람이 됐다.

만약 일제 강점기에 우리에게 백범같이 뜻을 품고 살았던 인물이 없었다면 어땠을까? 무기력해 보이던 임시정부가 상해와 항저우, 우한, 창사, 광저우, 류저우, 구이양, 차장, 충칭을 돌면서도 끝까지 우리가 살아 있다는 것을 어떻게 보여 줄 수 있었을까? 초기 임시정부 때 오가던 수많은 사람이 모두 다 포기하고 사라질 때 그 자리에서 끝까지 남아 민족의 등대같이 버텨 준 백범이었다. 백범이 좋아했다는 서산대사의 글이 있다.

"눈 덮인 들판 길을 걸어갈 때 발걸음을 함부로 어지러이 걷지 말라. 오늘 내가 남긴 이 발자국은 훗날 뒷사람의 이정표가 되리니."

백범은 과연 이 글처럼 처음 품은 뜻을 끝까지 지키며 우직하게 길을 걸었다. 임시정부에 공산주의 바람이 불어올 때. 공산주의를 따르면 다시 외세의 영향을 받아야 하지 않겠냐며 끝까지 거절했다. 이봉창 의사,

윤봉길 의사를 통해서는 민족이 살아 있다는 사실을 알렸고 장개석을 만나고 광복군을 만들어 미국과 함께 일본을 공격하려던 백범이었다. 비록 자주적으로 독립하지 못한 안타까움은 있었지만 그래도 그런 역사의 흔적을 우리에게 남겼다는 것만으로도 그는 어두운 시대를 비춰 준 우리의 등대였다.

백범은 독립된 우리나라가 아름다운 나라가 되기를 희망했다. 그러기 위해서는 문화의 힘을 가져 우리 자신을 행복하게 하고 남에게도 행복을 전하는 나라가 되기를 바랐다. 만약 해방된 나라에서 백범이 그 태산 같은 걸음으로 민족을 인도했다면 어땠을까. 그러나 한국을 점령했던 미군에 의해 백범은 임시정부를 버리고 와야 했고 미군에 의해 세워진 이승만 대통령은 어떻게든 백범과는 결별하고자 했다. 둘 다 고향이 같지만 이승만은 양녕대군 18대 후손이고 배제학교를 졸업했으며 미국에서는 워싱턴, 하버드, 프린스턴 대학에서 공부한 실력파였다. 그러나 김구는 정치를 해 보거나 특정한 학교를 다닌 적이 없었다. 《마의상서》를 읽고 뜻을 세우고는 동학의 해월 최시형을 만나 혁명에 참여하고 다시 고선생을 만나 배움을 가진 게 전부였다. 신교육을 위해 신민회와 함께 교육 현장을 펼쳐 보기도 했던 백범은 도산이 내준 경무국장 자리를 받아 후에 주석이 되었다. 해방 후, 남북한 총선거를 할 때 이상을 좇았던 김구는 지금 남북이 갈라서면 반세기 넘게 갈 거라고 결사코 반대했지만, 현실주의자 이승만은 상황따라 움직여야 한다며 밀어붙였다. 만약 이때 이승만이 백범과 서로 손을 잡고 나라를 세워 갔더라면 좋았겠지만, 야망을 품은 이승만과 뜻을 가진 백범 김구는 영원히 함께하지 못했다. 어쩌면 우남 이승만은 앞서 걸은 백범의 길을 같이 걷고 싶지 않았는지도 모른다.

결국 나라는 남과 북으로 나누어졌고 전쟁 이후 반세기 넘도록 분열되어 있다. 백범이 새로운 나라에 앞선 길을 갔더라면 하는 아쉬움이 있지만 좋은 마음 가진 사람이 되자는 뜻으로 끝까지 자리를 지켜 준 백범 때문에 민족은 그나마 자존심을 지킬 수 있었다. 마지막에는 기독인으로 믿음을 품고 살았던 백범 김구. 독립운동을 나가기 전, 교회 뒤편에 앉아 두 손 모아 기도하며 길을 떠나던 태산 같던 백범은 우리 민족의 영원한 등대가 되었다.

월남 이상재 : 배우고 믿고 낙심하지 마시오

"살길이 분명 있습니다! 먼저는 배우십시오! 그리고 믿으십시오. 또한 낙심하지 마십시오!"

상해 임시정부에 백범 김구가 있고 만주 간도에는 규암 김약연이 있으며 온 세상을 다니며 민족을 깨운 도산 안창호가 있다면 어두움에 가득 찬 일제 강점기에는 월남 이상재 선생이 있었다. 사실 월남의 삶을 살펴보면 도산과 참 많이 닮아 있다. 월남 역시 도산처럼 미국에서 식견을 넓힌 사람이면서 기독교인이고 굉장히 유머러스한 사람이었다. 웃음으로 사람의 마음을 사고 유쾌했으며 때로는 사람의 허를 찌르는 냉철함도 지녔다.

월남의 삶이 세상에 드러난 데는 흥미로운 이야기가 전해진다. 18살에 과거를 보러 간 월남이 이미 합격 여부가 끝난 시험인 줄 알고는 분통해한 거다. 그 때문에 길거리에서 얼마나 서럽게 울었던지 지나가던 사람이 보기 딱해 연암 박지원의 일가 승정원 박정양을 소개해 주는데 이것이 인생의 전환점을 맞게 했다. 뜻하지 않게 만난 박정양은 연암 박지원의 일가로 후에 초대 주미공사로 임명된 인재였다. 월남은 박정양의 개인비서로 13년간 있으면서 미국도 다녀오고 나중에는 정부 주요 관직에도 오르며 세상을 보는 식견을 가지게 됐다. 놀라운 인연이 된 셈이다. 우리는 흔히 만남에는 운이 있어야 한다지만 뜻을 가진 인물이 뜻을 나눌 동지를 만나는 법이다. 뜻이 없는 자는 아무리 위대한 만남을 해도 바람처럼 흘려보내기 때문이다. 월남은 그렇게 평생 죽천 박정양과 뜻 동지의 인연을 맺었다.

당시 월남이 머물던 조선은 급격하게 변해 가고 있었다. 나라 이름은 대한제국이었지만 고종은 러시아 공사관에 피해 있었다. 나라는 제국이었으나 정작 신하들은 이웃 나라 제국에 머리를 기대고 있었다. 이때 갑신정변으로 미국과 청나라로 떠났던 서재필과 윤치호가 돌아오고 월남과 함께 독립협회를 세우고는 만민공동회를 통해 대중집회를 열었다. 아무리 이웃 나라 제국들이 힘을 발휘하고 조정은 힘이 없을지라도 민중이 힘을 키우면 해 볼 만하다고 믿었기 때문이다.

"중국, 일본, 아라사인들이 자기네 나라처럼 이 땅에 와서… 황제 폐하의 대궐을 자기네가 지킨다고 나서면서… 그들이 원하는 것이 무엇이겠습니까? 일체의 이득을 자국 이득으로 걷어 가자고 하는 것이 아닙니까? 다 우리가 못난 탓입니다. 탓을 하려면 우리가 힘이 약하고 나라를 위해 할 일을 제대로 못 한 탓입니다. 마음을 독하게 먹고 이젠 새로운 틀을 짤 때입니다. 아는 것이 힘이고 그것이 무기입니다. 양반 자제들만 공부하는 나라는 틀이 틀렸습니다. 탓하지 말고 욕하지도 말고 우리의 생각부터 먼저 바꾸십시다.”

– 1898년 만민공동회 월남 이상재 선생의 대중연설 중

만민공동회를 통해 도산 안창호, 우남 이승만이 민중을 깨워 갔지만 역부족이었다. 고종 주변에 있던 간신들이 이를 반역으로 몰아가는 바람에 고종은 독립협회를 해산하고 모두 체포 명령을 내린 것이다. 그나마 나라가 스스로 일어설 기회를 잃고 만 순간이었다. 결국 감옥에 들어가 고문을 받게 된 월남 이상재. 그는 그곳에서 개혁당의 주체가 되어 박정양을 왕으로 모시려고 한다는 음모로 15년 형을 선고받았다. 감옥에 갇히게 된 월남은 그동안 자신의 삶을 뒤돌아보면서 울적한 마음을 감추지 못했다. 아들까지 잡혀 함께 감옥에 15년을 지낼 생각을 하니 무엇을 잘못했기에 이곳에 들어온 건지 억울했고 절망스럽기까지 했다. 하지만 우여곡절 끝에 감옥에서 나오게 된 월남 이상재는 출옥하기 전, 간수에 의해 썼던 반성문에 이 절망의 시간을 이렇게 기록했다.

“나 월남 이상재는 여기 와서 억울하기 한량없었소이다. 그러나 여기 와서 고마운 것이 있소이다. 선교사님들을 자유로 만나게 해 주고 예배도 드리라 하고 성경 공부도 시켜 주고 게다가 세례까지 받았으니 나는 여기가 천국이었다고 생각하외다. 만일 여기 오지 않았다면 내 어찌 예수를 믿었겠으며 내 어찌 하나님을 아버지라 부를 은총을 받았겠소이까. 나는 이 감옥에 감사하오. 감옥을 만들어 주어서 감사하고 잡아, 처넣어 주었으니 감사하고 선교사들을 보내 주신 옥사장에게도 감사하고 아침저녁 먹을 것

을 준 것도 감사할 뿐입니다. 이 감옥에 하나님의 은혜가 충만하기를 기도하노라.”

54세의 월남 이상재가 이렇게 인생의 전환점을 맞이한 것은 그의 감옥 바닥에 꽂혀 있던 산상수훈 말씀 때문이었고 후에 감옥에 들어온 우남 이승만의 전도와 성경 공부 모임을 통한 개인 신앙의 체험이 있었기 때문이다. 그는 방거 선교사(D.A. 벙커)에게 세례받기를 요청하고 세례교인이 됐다. 이후 30번 이상 읽었다는 요한복음 21장에서 예수님이 베드로에게 던졌던 “너는 나를 사랑하느냐? 내 양을 먹이라.”는 말씀 앞에 월남은 앞으로 자신이 걸어야 할 인생 길을 결정했다. 예수님의 말씀에서 삶의 뜻을 정한 것이다.

그는 성경에서 칼로 일어난 자는 칼로 망한다는 말에 일본의 패망을 확신했다고 한다. 그때부터 그는 무저항정신으로 일본과 싸우기로 결정하는데 그러다 헐버트 목사로부터 YMCA의 소식을 듣게되고 평생 YMCA와 인연을 맺게 되었다. YMCA는 1844년 영국에서 산업혁명 직후 혼돈 속에 일어난 기독교 계몽운동단체였다. 당시는 서울에 황성기독교청년회로 창립되어 있었다.

감옥에서 풀려난 월남은 고종으로부터 의정부 참판을 임명받게 되지만 그에게는 예수님께 받은 사명이 우선이었다. 양을 키우고 먹이라는 사명 때문이다. 이를 위해 월남은 YMCA 안에서 총무와 회장직으로 맡겨진 소명에 최선을 다했다. 이후 나라는 결국 일본에 넘어가지만, 그는 언제나 사람들에게 소망을 전하는 소망 전도사로 살았다. 사람들은 그가 전하는 소리를 들으면 소망을 얻었다. 독립협회나 만민공동회를 통해 나라를 새롭게 해 보려 했던 월남이었다. 그러나 이제는 세상과 상관없이 본인 스스로가 소망을 가진 소망의 사람이 되어 소망을 전하는 사람이 되었다. 이는 그의 가슴속에 들어온 기독교 복음 때문이었다. 복음이란 기쁜 소식이다!

> "너희를 향한 나의 생각을 내가 아나니 평안이요 재앙이 아니
> 니라 너희에게 미래와 희망을 주는 것이니라"
>
> – 예레미야 29장 11절

늘 평안과 미래와 소망을 보게 하는 하나님의 복음은 그에게 소망의 정신이 되었고 이것은 그에게 기독적 인격이 되었다. 그가 가진 소망의 격 때문인지 일본 경찰도 월남에게는 함부로 할 수 없었다. 그의 인격에서 힘을 느꼈기 때문이다. 일본인들의 보고에 의하면 월남은 산 도적처럼 무서웠다고 한다. 독립운동가들을 잡아가는 일본 경찰을 볼 때면 지팡이를 들고서 "그만 좀 잡아가 이놈아."라고 혼낼 정도였다고 하니 망한 나라 백성들이 보기에 월남은 힘을 가진 어른이었다.

한번은 길거리에서 일본이 기마 헌병들의 발자국 소리와 총 소리로 사람들을 위협하자 그는 청년들을 불러 모아 기도하며 찬송가를 힘차게 불렀다고 한다.

> "십자가 군병들아 주 위해 일어나
>
> 기 들고 앞서 가서 담대히 싸우라
>
> 주께서 승전하고 영광을 얻도록

그 군대 거느리사 이기게 하시네."

그의 외침은 언제나 조선 안에서 절망에 빠진 청년들의 마음에 희망과 소망을 불어넣기에 충분했다. 투쟁은 택하기 쉽지만, 소망은 정신에서 나온다. 월남의 정신은 예수의 믿음에 있었다.

YMCA를 중심으로 농촌운동, 계몽운동을 일으키고 청년들을 일으켜 세우던 월남 이상재는 언제나 청년들에게 마음이 있었다. 월남이 추운 겨울에 힘겹게 사는 것을 보고 누군가 쌀과 땔나무 살 돈을 줄 때면 월남은 오히려 어렵게 사는 청년을 만나 건네 주며 격려했다. 그러면서 청년들에게 우리가 인생다운 인생을 살려면 먼저 자신을 잃으면 안 된다고 했다. 나를 잃지 않으려면 나를 구해야 되고, 나를 구하려면 내가 무엇인지 알아야 한다면서 늘 세 가지를 강조했다.

"여러분, 먼저는 지(知), 배우십시오. 그리고 인(仁), 믿음을 가지십시오. 또한 용(勇), 낙심하지 마십시오. 그게 우리가 살 길입니다."

그의 삶에 감동받은 사람들은 상해 임시정부가 분열될 조짐이 보이자 그를 모셔오려고 애썼으나 나까지 조국 밖을 나가면 안에 있는 동포들과 청년들은 너무 불쌍하지 않냐며 반대했던 월남이다. 더구나 그에게는 잊을 수 없는 예수께 받은 사명 "네가 나를 사랑하느냐. 그러면 나의 백성을 먹여라."는 말씀을 저버릴 수 없었다. 망한 나라 백성들에게 모든 힘을 다해 기둥이 되어 주던 월남은 1927년, 생의 모든 일을 마치는데 마치 그의 끝자락이 바울과 같았다.

"내가 달려갈 길과 주 예수께 받은 사명을 마치는 데에는 나의 생명조차 조금도 귀한 것으로 여기지 않는다."라고 말한 바울처럼 마지막까지 숭고한 삶을 살다 간 것이다. 사명(使命)이란 죽고자 하는 심정으로 따르는 하늘의 명령이다. 월남은 사명대로 살았고 소명을 다했으며 민족에게 소망을 남겨 주었다. 그는 그렇게 우리가 언제나 기억해야 할 인물의 유산이 되었다.

김교신 : 신앙이 정신이 되다

칠흑 같은 밤길 숲속에서 만난 반딧불은 그 어느 불빛보다 신비롭고 아름답다. 옛말에 야심성유휘(夜深星逾熙)라고 밤이 깊을수록 하늘에 빛나는 별을 보게 된다고 했다. 땅이 무너져 덮어 버린 어둠 속에서 우리들에게 빛이 되어 준 선생이 있다. 모든 역사가 말해 주듯 아무리 세상이 어둡고 상황이 절망스러워도 거기에는 하나님이 보내 주신 빛의 인물들이 있기에 충분히 소망스럽다. 1901년에 태어나 아홉 살에 나라가 일본에 완전히 넘어가 죽을 때까지 강점기를 살다 간 사람. 그는 "힘이 정의라는 허망한 미몽에 취한 시대"에 유일한 희망은 예수라며 사람들에게 삶으로 빛을 전하다 갔다. 바로 김교신 선생이다. 선생은 망한 나라를 바라보며 시편 말씀 따라 기도했다.

> "내가 음식 먹기도 잊었으므로
> 내 마음이 풀같이 시들고 말라 버렸사오며
> 나의 탄식 소리로 말미암아 나의 살이 뼈에 붙었나이다
> 나는 광야의 올빼미 같고 황폐한 곳의 부엉이 같이 되었사오며

내가 밤을 새니 지붕 위의 외로운 참새 같으니이다"

- 시편 102편 4~7절

김교신 선생이 우리에게 남겨 준 유산은 세 가지였다. 하나는 무교회주의 신앙이요 둘째는 교육적 신앙이고 마지막 하나는 무저항 신앙이었다. 무교회주의는 일본의 우치무라 간조에게서 영향을 받았는데 교회란 건물도 조직도 아닌, 우리가 사는 모든 삶의 현장이 교회여야 한다고 했다. 그러니 삶이 곧 예배여야 했고 이를 위해 철저하게 성경주의 삶을 살아야 한다고 주장했다. 외국 선교사에 의해 들어온 조선 교회가 성공주의에 빠져 예배당 세우는 일을 열심히 하지만 성경 어디에도 성공이란 단어는 존재하지 않았다. 스데반 집사도 복음을 전하다 죽고 사도 바울은 고난의 연속에서 복음을 전했으며 예수님도 머리 둘 곳 없이 사시다가 십자가에서 죽임을 당하셨으니 자신은 그 이상의 성공을 원하지 않는다고 했다. 그저 그의 신앙의 갈망은 첫째도 진리요 둘째도 셋째도 진리였다.

김교신 선생이 처음 기독교에 입문하게 된 것은 길거리 전도에서 전해진 복음을 듣고서다. 선생은 19살 일본에 유학해 동경 정측영어학교에서 영어를 공부했고 22살에는 중등학교 교사를 양성하는 동경 고등사범학교 영문학과에 입학했다. 그러던 중 인생길에 대한 갈증으로 목말라 하던 자신에게 길거리 한 청년이 다가와 전해 준 복음에 감동을 받게 된다. 그리고 이내 교회로 나가 예수를 믿게 되고 동경 야라이쪼 성결교회에서 세례를 받았다. 이때부터 선생에게 있어 신앙이란 곧 양심이었다. 그런데 다니던 교회가 세상처럼 힘의 원리에 의해 선한 목회자를 내쫓는 걸 보면서 교회 제도에 깊이 실망했다. 그러다 우치무라 간조의 《구안록》을 읽고 그를 만나고 싶어 하던 중 1921년 1월, 그와 운명 같은 만남을 가지게 된다.

우치무라는 오직 예수, 오직 일본이라는 구호 아래 당시 서양 선교사들의 교회가 아닌, 철저히 일본 사람의 정신으로 받아들이는 교회를 주장했다. 신앙은 정신인데 이를 서양 사람들이 교회라는 틀 속으로 신앙을 가뒀다는 것이다. 그는 이 틀에서 벗어나 오롯이 모든 삶을 신앙으로 살자고 했다. 이 말에 김교신은 마음이 감동하였다. 그러면서 "일본을 위해, 일본은 세계를 위해, 세계는 그리스도를 위해"라는 우치무라의 민족적 신앙을 자신의 것으로 받아들였다.

우치무라는 두 가지의 J가 있다고 했다. Jesus와 Japan이다. 예수와 일본을 말하면서 일본적 기독교를 내세운 것이다. 이를 받아들인 선생은 조선에도 조선적인 기독교가 있어야겠다고 생각했다. 오직 조선 사람의 정신으로 세워지는 조선 기독교를 주장한 것이다. 그래서 선생이 붙들었던 두 단어가 Josun과 Bible, 조선과 성경이었다. 그렇게 선생도 '성서를 조선에', '조선을 성서 위에' 두기를 꿈꿨다. 그는 수난 속에 있는 우리 민족에게 꺼지지 않는 희망을 주는 일은 성서라고 믿었다. 그러니 그 성서를 풀어 조선에 전하는 것이야 말로 선생이 민족을 위해 할 수 있는 가장 영광된 일이라고 여겼다. 선생은 7년간 우치무라 간조의 성경연구회에 참여해 그 문하에서 성서를 공부하고 신앙을 배웠다.

선생은 단순히 성경에 대한 지식이 아닌, 하나님과의 올바른 관계가 민족 갱생 융성의 원동력이라고 믿었다. 후에 고국으로 돌아와서는 조선의 기독교 역시 외국에 의한, 제도화된, 교파 중심의 교회가 아니라 오직 성서가 삶이 되는 순수한 기독교를 세우기 원했다. 또한 살아 계신 하나님이 그리스도를 통해 우리 민족에게 주신 사명을 깨닫고 전하는 것을 중요하게 여겼다. 이것은 우치무라 간조에게서 배운 무교회주의 사상이기도 했다. 이후 우치무라 간조 밑에서 공부했던 함석헌, 송두용, 정상훈, 유석동, 양인성이 고국으로 돌아와서 〈성서조선〉 월간지를 발간하는데 선생이 말했다.

"오직 우리는 조선에 성서를 주어 그 뼈를 세우며, 그 피를 만들고자 한다. 조선에는 재화도, 힘도, 학문도, 위대한 작품도 필요하다. 그러나 조선에 가장 필요한 것은 그리스도, 기독교다."

이처럼 세상에 둘도 없는 큰 스승이라 여기던 우치무라 밑에서 신앙을 배운 김교신 선생에 대해 한국 기독교는 탐탁지 않게 여겼다. 특히 무교회주의라는 용어가 거슬렸다. 이에 대해 1930년 평양 장로교 신학교 기관지였던 〈신학지남〉 12권 4호에서 우치무라와 김교신의 주장을 이단으로 규정짓게 된다. 기독교의 부패가 인간이 아닌 교회에 있다는 이유였다. 또한 김교신의 무교회주의는 일본 국가주의를 내포하고 있어 불순하며 그가 전하는 건 일본주의 기독교라고 했다. 이에 김교신은 동의할 수 없었다.

자신은 우치무라에게서 일본의 기독교가 아니라 복음의 자생능력을 배웠으며 그가 일본을 사랑하는 방식으로 자신도 조선을 사랑하는 걸 사명으로 여긴다고 했다. 교회를 부정하는 게 아니라 조선만의 독립적 신앙정신을 가지는 게 곧 교회요 신앙이라고 한 것이다. 오히려 자신은 그리스도를 중심으로 한 십자가 속죄, 부활과 재림에 대한 신앙을 가지고 있음을 설파했다. 오늘날의 교회 역시 사람들에게 부정적 인식을 갖게 된 데는 지식이나 교리가 부족해서가 아니다. 신앙의 '정신'이 보이지 않기 때문이다.

김교신의 무교회주의가 당시 많은 이들의 지지를 얻은 것은 두 가지였다. 당시는 나라든 교회든 일본이라는 제국주의 힘에 끌려다니던 시대였다. 의지할 곳 없는 사람들에게 독립적 신앙을 주창했던 선생의 주장은 힘이 되었을 것이다. 또 하나는 김교신 선생이 먼저 그렇게 성경적으로 사는 모델이 되어 주었기에 '어떻게 스스로 설 것인가'에 대한 질문은 김교신 선생을 보면 답이 나왔다.

김교신 선생이 남겨 준 두 번째 정신적 유산은 교육적 신앙이었다. 일본 유학을 마치고 고국으로 돌아온 선생은 함흥 영생 여자고등학교에서 교사 생활을 시작했다. 선생은 학교에서 어떤 과목을 가르치든지 학생들에게 민족혼을 불어넣는 일에 최선을 다했다. 어떤 학생도 그에게서 권위주의를 느낄 수 없었다. 학교에서는 성적이 나쁘거나 품행이 나쁜 학생이나 시험에 컨닝하는 학생을 볼 때면 그 앞날을 생각해 울음을 터트리기도 했다.

무엇보다 제자들과의 인격적인 관계를 중요하게 여긴 선생은 학생들과 함께 공동 생활을 하며 삶을 나누는 교육을 했다. 그리고 학생들은 그의 삶에서 배움을 가졌다. 그에게 있어 교육은 신앙이었고 또한 신앙은 교육적이었다. 함흥에서 서울 양정고보로 옮긴 선생은 다시 공립경기 중학교로 옮기게 되고 이때 학생들에게 민족혼을 불러일으킨다는 이유로 다시 개성 송도중학교에 부임하게 된다. 당시 그의 제자였던 베를린 올

림픽 마라톤 금메달리스트 손기정 선수는 이렇게 회상했다.

　　"나는 지금까지 선생님만큼 크시고 참다우신 교육자와 애국을
　　스스로 실천하신 분은 본 일이 없습니다. 참으로 선생님은 크신
　　분입니다."

　선생은 끝까지 창씨개명을 하지 않았고 오직 조선어로만 강의하며 조
선에 대한 사랑과 민족애를 심어 주는 데 열심이었다. 이는 〈성서조선〉
의 삶을 그대로 실천하고자 했던 그의 교육적 신앙 때문이다.

　세 번째 그가 남겨 준 정신적 유산은 무저항적 신앙이었다. 김교신 선
생이 기독정신을 세워 가는 통로로 붙들던 잡지는 1942년 3월 158호에서
'조와'라는 글로 인해 폐간된다. '조와(弔蛙)'란 유난히 추운 겨울 연못에
서 얼어 죽은 개구리들을 비유한 글이었다. 일본 경찰은 죽은 것 같은 개
구리들이 봄날이 되자 그래도 몇몇 개구리들이 살아 움직이더라는 글을
정치적으로 해석했다. 이에따라 300여 명 독자와 동지들이 서대문형무
소에 잡혀 들어가게 되는데 이게 〈성서조선〉 사건이었다. 이 사건을 맡
았던 형사는 선생을 취조하면서 민족의식이 있는지를 추궁했지만, 선생
은 하나님에 대한 믿음과 신앙만을 이야기했다고 한다.

　"그리스도와 인연이 끊어지는 경우가 있더라도 나는 이 조선을 사랑하
지 않을 수 없습니다." 그러자 형사가 말했다. "너희 놈들은 우리가 지금
까지 잡은 조선 놈들 가운데 가장 악질 부류들이다. 결사니, 조국이니 해
가면서 파뜩 파뜩 뛰어다니는 놈들보다 너희는 종교의 허울을 쓰고 조선
민족의 정신을 깊이 심어서 백 년 후에라도, 아니 5백 년 후에라도 독립

이 될 수 있게 할 터전을 마련해 주려는 고약한 놈들이다."

무저항주의 신앙관을 가진 김교신은 함석헌 류달영 등과 함께 1년간 옥중 생활을 하게 된다. 이렇게 무교회주의 신앙, 교육적 신앙, 무저항적 신앙의 삶을 살았던 선생은 감옥에서 나오자 자신이 강제징용 대상이 될 수 있다는 말을 전해 듣는다. 이는 더 이상 교직 생활을 할 수 없다는 것을 의미했다. 그렇다고 가만히 있을 선생이 아니었다. 언젠가 소록도 문둥병 환자들에게 마음을 쏟았던 것처럼 선생은 흥남 질소 비료공장을 찾아갔다. 당시 함흥은 한국인 징용 노동자가 5천 명 이상 끌려와 강제로 일하고 있었다. 늘 식량이 부족했고 많은 노동에 시달리면서 위생도 나빠 다들 건강을 잃고 목숨을 잃어갔다. 선생은 그들을 보면서 앞으로 남은 자신의 인생을 이곳에서 헌신하기로 한다.

그렇게 김교신 선생은 한국인 노동자 주택 후생계장이라는 직함을 달고 취직해 들어갔다. 그런데 그 안에 들어가 보니 판자집들만 지어진 그곳은 그야말로 비참한 난민촌과 같았다. 선생은 먼저 길과 하수도 화장실을 청소하는 일에 앞장섰다. 그리고 노동자들을 대상으로 교육 활동을 벌였다. 자녀들을 위한 유치원을 세웠으며 한국말을 교육하고 민족의식을 세우고 노동자들이 스스로 자립할 수 있도록 도왔다. 무엇보다 인격 훈련에 중점을 뒀는데 선생이 늘 가르쳤던 몇 가지 원칙이 있었다. 먼저는 시간을 어기지 말 것, 거짓말을 하지 말 것, 매사 정결한 마음으로 할 것이었다. 이에 따라 당시 근로자들은 선생 때문에 몸과 마음이 건강해지고 특히 위생도 나아졌다고 한다.

1945년 4월 8일, 한국인 노동자들이 사는 마을6동에서 악성 발진티푸스라는 병이 발생했다. 선생은 위험을 무릅쓰고 음식을 전폐하며 전염병과 싸워 갔다. 그렇게 며칠 밤을 세워 환자들을 돌보던 1945년 4월 18일 갑자기 배가 아프다던 선생은 4월 25일 본인도 발진티푸스에 감염되면서 44세 나이로 세상을 떠나고 만다. 당시 안상철 박춘서 의사가 열심히 옆을 지켰지만, 그가 가는 길은 막을 수 없었다고 했다. 그나마 선생의 유언 같은 말이 전해지는데 죽기 전 안상철 의사에게 퇴원을 묻다가 남긴 말이었다.

> "내 평생 처음으로 공장에서 민족을 내 체온 속에서 만나 보았소. 이 백성은 참 착한 백성입니다. 불쌍한 민족입니다. 그들에게는 말이나 빵보다 따뜻한 사랑이 필요합니다. 나와 함께 가서 일합시다. 추수할 때가 왔으나 일꾼이 없습니다. 우리 꼭 갑시다!"

따뜻한 사랑의 추수꾼이 필요하다는 선생의 유언은 이 땅의 그리스도인들이 마음에 새겨야 할 말이다. 전염병으로 인한 갑작스러운 죽음으로 급히 치러진 장례식장에서 당시 함께 일했던 고다마 근로 과장은 이런 말로 애도했다. "계급은 아래였지만 인격에 감동해 그를 선생으로 모셔 왔습니다. 존경하는 선생을 잃어 슬픔이 한이 없습니다."

믿음과 신앙대로 스스로 교회와 예배가 되어 치열하게 삶을 살다 간 김교신 선생. 그는 그리스도가 우리를 위해 자신을 버려 하나님께 향기로운 제물이 된 것같이 그도 자신을 버려 하나님에게 향기로운 제물이 되어 갔다. 길거리에서 복음을 받아들인 후, 〈성서조선〉을 마음에 두고 Josun과 Bible을 위해 자신을 아끼지 않았던 민족의 선생, 김교신이었다.

지금 교회는 김교신 같은 인물이 있을까. 아니, 기대하는 것 자체가 무리일까? 그와 같은 인물을 꿈꾸려면 우리도 무교회주의 정신을 따라 모든 감투와 직책을 내려놓고 오직 성경만 앞에 두고 다시 모여야 할지 모르겠다. 아무래도 지금 교회는 신앙을 정신으로 삼기에는 너무 이질적으로 변해 버린 한계가 엿보인다. 김교신 선생 말대로 교회는 왜곡된 이성에서 벗어나 이성의 정성과 교양에 힘써야 한다. 이성이 깨어나지 않고 깨어 있는 사고를 하지 않고는 교회가 철저히 욕심을 정당화하는 도구로 전락할 수 있기 때문이다. 장자가 허실생백(虛室生白)이라고 했다. 비어 있는 방이라야 빛이 들어와 밝게 한다는 말이다. 우리는 지금 그리스도가 보이지 않는 교회를 비워 내야 할 때다. 다들 지켜 내려고만 하는 '인간적인 너무도 인간적인' 교회를 떠나 오직 성경 한 권 들고 정신적 신앙을 붙드는 종교개혁을 위해서 일어날 때다.

14

우치무라 간조 : 종이 위에 교회를 세우다

한국 기독사상사에 영감을 전해 준 인물 중에 일본의 우치무라 간조가 있다. 그는 무교회주의 신앙관과 애국적 신앙관으로 유명한 사람이다. 누구보다 예수를 사랑했고 또 일본을 사랑했다. 그가 말한 무교회주의란, 원래 성경 속에 나타난 교회로 돌아가자는 본질운동이었다. 교회가 교파, 교리, 권위, 교권주의에 묶여 부패하는 모습에서 벗어나 오직 예수가 중심되자는 운동을 벌였다. 로마에 의해 공인된 기독교가 힘을 가진 종교, 정치적인 종교, 부유한 종교로 전락한 것을 원래 초대교회가 보여 준, 심령이 가난한 자들의 기쁨 공동체로 돌아가자는 운동이었다. 우치무라 간조는 1912년 4월, 무교회주의에 대해 이렇게 기록하고 있다.

"무교회주의는 무정부라든지 허무당이라고 말하는 것 같아 파괴주의 책자같이 생각됩니다만 결코 그런 것이 아닙니다. 무교회란 교회가 없는 사람의 교회입니다. 무교회의 '무'는 없다는 말이지 '없이 한다', '무시한다'는 의미가 아닙니다. 하나님의 생명이신 기독교가 제도이며 조직체일 리가 없습니다. 생명은 제도보다 좋습니다. 신앙은 제도 이상이고 제도는 신앙의 소산입니다. 신앙은 주인이고 제도는 종이며 신앙은 제도에 의해 일어나는 게 아니라 하나님에 의해 일어나는 것입니다. 제도가 할 일이란, 하나님이 일으키신 신앙을 보존하고 지속하는 데 불과합니다.”

우치무라의 눈에 비친 당시 교회는 오직 예수 그리스도를 믿음으로써 구원에 이르는 복음이 아닌, 종교적 행위에 참여함으로써 구원을 얻는 곳이었다. 그는 돌아가야 할 본질을 1517년 10월에 일어난 루터의 종교개혁운동에 주목했다. 로마교회가 주던 당시 모든 혜택과 풍요로움을 떠나 성경 하나 들고 떠나온 루터야말로 우리가 본받을 개혁가의 모습이라고 여겼다.

우치무라가 보기에 바울이 세상에 복음들고 나가 구원했듯, 루터는 변질된 종교로부터 유럽을 구해 낸 사람이었다. 하지만 그러면서도 루터의 종교개혁은 또다시 개혁의 대상이 되어야 한다고 했다. 루터가 로마 교황청과 싸우기 위해 독일의 작센 후작 프리드리히와 손잡는 바람에 독일과 스웨덴, 노르웨이, 덴마크 등이 정부에 의해 루터교를 탄생해 또 다른 권력이 되었기 때문이다. 그뿐만 아니라 루터가 오직 성경이라고 주장함으로써 성서 숭배사상이 이어졌다고 했다.

우치무라 간조는 진리가 글자로 펼쳐져 존귀한 성경이 되었지만, 그 글자 자체가 진리와 하나님은 아니라고 했다. 따라서 루터의 종교개혁안에 남겨진 교회주의를 지우고 단순히 말씀을 통해 도덕적으로 살기보다 오직 십자가 그리스도를 바라보는 신앙인으로 돌아가자고 했다. 우치무라가 이야기하는 구원은 세 가지였다. 먼저는 회개를 통해 십자가를 바라봄으로써 의롭게 되는 것이다. 두 번째 성령이 강림하셔서 성령의 힘으로 성결케 되는 것이고 세 번째, 그리스도가 재림하심으로써 얻는 영화로움이라고 했다. 그 어느것도 인간의 힘으로 할 수 있는 게 없으며 오직 그리스도에 의한 신앙만이 이 모든 구원의 여정에 참여할 수 있다고 믿었다. 따라서 오직 신앙인으로 돌아가기 위해 우치무라는 제2의 종교개혁이 필요하다고 한 것이다.

인간은 그 자체가 전적으로 타락한 존재들이니 우치무라는 교회라는 데가 선한 사람만의 단체가 아니라고 했다. 그러나 교회주의에 빠지지 말자는 그의 말은 무신론자요 성경을 소중히 여기지 않는 불경인으로 낙인찍혀 교회에서 추방당하게 된다. 우치무라는 이를 계기로 오히려 자신은 무교회주의자가 되었다고 고백했다. 그리고 이때부터 그는 오직 예수 그리스도만이 주인 되며 그 예수님과 함께 사랑의 공동체를 이루는 무교회주의를 주창했다.

"나의 교회는 나무와 돌로써 만들고 강단과 좌석을 갖춘 교회가 아닙니다. 나의 교회는 검정과 하양으로써 만들어진 종이 위의 교회입니다. 그 저자가 목사이며 독자가 교인입니다. 가장 간단하며 가장 값싼 교회입니다. 그러나 가장 튼튼한 교회입니다. 교회는 본디 이런 것이었습니다. 하나님은 썩기 어려운 돌과 벽돌이 아닌, 썩기 쉬운 종이 위에 교회를 세우셨습니다. 나도 내 교회를 종이 위에 세우려고 합니다. 그리고 나무와 돌로써 만든 교회가 다 썩어 없어진 후에도 남아 있으려고 합니다."

– 우치무라 간조《소감》에서

애국적 신앙관으로 유명한 그였다. 그는 이 세상에서는 가장 아름다운 두 개의 이름이 있는데 하나는 예수이고 또 하나는 일본이라고 했다. 그래서 Jesus와 Japan을 외쳤다. 미래에 소망을 두는 곳은 예수요. 현세에 생명이 있는 곳은 일본이니 둘은 동일한 것이라 했다. 따라서 믿는다는 건 곧 나라를 위한 일이요. 나라를 위하는 일은 곧 그리스도를 위한 일이라고 했다. 그렇다고 정교일치를 주장하는 건 아니다. 그것은 나라의 재해라고 봤기 때문이다. 하지만 정치가 종교를 떠나면 국가는 망한다고 믿었다.

복음은 정치가 아니지만, 국가를 깨끗하게 할 힘이 종교에 있으며 세상을 바꾸는 힘 역시 정치가 아니라 종교에 있다고 보았다. 그러니 무엇보다도 종교가 먼저 개혁되어야 한다는 것이다. 개혁된 종교만이 정치에 힘을 줄 수 있다는 게 그의 생각이었다. 정치 편향적인 외침이 복음인 양 외치는 지금 몇몇 교회들과는 분명 생각이 달랐다. 그는 이스라엘을 두고 눈물을 흘리는 선지자들처럼 일본을 향한 하나님의 마음을 두고 눈물로 기도했다.

"나는 내 혈육을 같이하는 내 동족을 위해서라면 나 자신이
저주받아 그리스도에게서 떨어져 나갈지라도 조금도 한이 없습
니다."

비록 지금은 하늘의 뜻과는 전혀 다른 미운 백성이 돼 버렸지만, 그는 일본이야말로 개혁정신을 이어 갈 나라라고 봤다. 그는 선교사들에 의한 서양 교파주의적 신앙을 거절하고 일본인에 의한 독립된 일본 기독교가

일어나야 한다고 했다. 특히 일본의 무사도정신이야말로 종교개혁을 이어 갈 자산이라고 보았다. 우치무라는 바울만큼 주인 되는 그리스도에게 충성된 자가 없다고 했다. 그리고 다음 두 가지 말씀을 얘기했다.

"누가 나의 이 자랑을 헛되게 한다면 차라리 내가 죽는 편이 낫다."(고전 9:15) "말과 돈을 사랑함이 일만 악의 뿌리다."(딤전 6:10)

하지만 당시 전쟁 중이던 일본에 대해서는 무저항주의적 태도를 견지했다. 성경이 전쟁을 원하지 않고 청일전쟁을 보며 전쟁이 무익하다는 확신이 들었기 때문이다. 또한 매사추세츠주 스프링필드의 신문 〈스프링필드 공화주의자〉를 20년간 구독하면서 받은 영향도 있었다.

우치무라가 태어났을 무렵 일본은 새로운 시대가 열리고 있었다. 1867년 11월, 일본은 도쿠가와 요시노부가 고립정책을 포기하고 통치권을 황제에게 넘기면서 메이지 유신시대에 접어들었다. 이때부터 일본은 전 세계를 다니며 선진 문화를 답습했다. 영국을 통해서는 해군 제도를, 독일에서는 군대와 의학 제도를, 프랑스에서는 법률을, 미국에서는 사업을 연구한 것이다. 헌법은 독일 헌법을 받아들이며 일본은 빠르게 서구화되기 시작했다. 일본은 배움에 빠른 나라였다. 물론 제국주의 모습까지 배우는 데 시간이 오래 걸리지 않았다. 이런 사회적 배경 속에서 우치무라 간조는 하급무사 집안에서 태어났다. 당시 일본은 150년 전, 매해 20~30만 명씩 회심자들이 일어났던 때와 같이 다시금 신앙의 물결이 밀려오고 있었다.

삿포로 농업대학에서 선배들에 의해 [예수님을 믿는 자들의 서약서]에 강제 서명하며 기독교 개종을 요구받았을 때 우치무라는 적지 않게 당황했다고 한다. 그러나 신앙이 주는 감동과 함께 믿음을 가진 자들의 순수함을 보면서 복음을 받아들인 것에 만족했다. 더구나 8백만 이상 많은 신이 존재하는 게 아니라 오직 하나의 신만이 존재한다는 것에 놀랐다.

결국 그는 18세에 감리교회 선교사 미리엄 콜버트 해리스의 인도로 세례를 받게 된다. 이후 그는 기숙사 방에서 작은 교회 모임을 만들고 참여자들은 돌아가며 지도자 역할을 했다. 그는 자신의 이름을 요나단이라 불렀다. 다윗과 우정을 자신도 가지고 싶었기 때문이다. 그러나 당시 일본 기독교는 서로 다른 교단에 의해 분열되고 있었고 우치무라가 있던 교회 역시 그런 교파적 폐해를 겪게 되었다. 우치무라는 끊임없이 교회에서 일어나는 갈등을 보며 오직 진리만 붙드는 무교회주의를 꿈꾸게 된다.

"똑같은 주 예수를 믿는 사람들이 그토록 많은 교회(교파)에 나뉘어 질시하고 반목하며 서로 괴롭히고 있는 것은 듣기만 해도 무서운 일입니다."

우치무라는 미국으로 건너가 서방 국가의 교회들을 돌아보고 싶었다. 그러나 막상 미국으로 건너간 그는 너무 실망했다. 그가 보기에 미국 기독교는 너무 상업화가 돼 버렸기 때문이다. 특히 목회와 신앙을 돈으로 환산하고 있는 모습에 염증을 느꼈다. 건강까지 나빠진 우치무라는 모든 걸 그만두고 일본으로 돌아왔다. 그리고는 학교 교사로 영어와 진리, 역사를 가르치는 선생이 된다. 일본은 여전히 혼동 가운데 있었다. 우치무라는 일본 약탈 전쟁으로 빚어진 청일전쟁을 보면서 신앙적 양심적 수치를 느꼈다. 그래서 이후에 일어난 러일전쟁 때는 반전운동가로 활동했다.

그가 생각을 바꾼 것은 성경이 싸움을 피하라고 했고 싸움은 수치라는 걸 알았으며 조선 독립을 방해하는 것을 보고는 일본 도덕성이 땅에 떨어졌다고 생각했기 때문이다. 그런 조국을 그냥 두고 볼 수 없었다. 그리고 이때부터 언제나 마음속에 품었던 두 가지 J를 외치기 시작했다. Jesus와 Japan이었다. 우치무라는 일본이 이사야 선지자의 말처럼 '슬프다 범죄한 나라'가 된 것에 가슴 아팠지만 그래도 하나님이 일본을 창조했으니 언젠가는 이 땅에도 하나님의 뜻이 이루어질 것이라고 믿었다. 또한 일본인들의 습성이 좋은 것은 잘 배우고 지리적으로도 일본이 아시아의 관문이라는 점에서도 일본은 희망이 있지 않느냐고 했다.

이처럼 신앙을 붙들던 우치무라는 제일고등중학교 교사로 있을 때 황제 교육칙어를 두고 예배적 경례보다 가볍게 머리를 숙임으로써 매국노로 몰려 쫓겨나게 된다. 하지만 그는 오히려 이때부터 《그리스도인의 위안》, 《구안록》 등 여러 책을 써내며 오직 성경 공부에 집중했다. 매주 일요일 오후면 사람들에게 성경을 강의했다. 나중에 그는 자신이 죽을 때 말하기를 한 명의 스승에게 10년 이상 배우지 말라는 유언을 남겼다고 한다. 진리의 순전함이 깨뜨려지는 걸 원하지 않았기 때문이다. 철저히 진리 앞에 겸손했던 그의 자세는 그의 방에 모여 있던 여러 한국 청년들의 가슴에도 불이 되었다. 그중에는 앞서 본 김교신 선생이 있었고 또한 함석헌 선생이 있었다.

부자 아들로 방탕하던 성 프란체스코는 그리스도를 만나자 모든 것을 벗어던지고 무소유 삶으로 돌아갔다. 바울은 예수를 만나 그를 위해 모든 걸 스스로 잃어버리며 배설물로 여겼다. 오직 예수를 얻기 위함이었다. 그리스도를 따르던 제자들은 그의 모든 생업인 그물을 던져 두고 쫓았다. 나중에 그리스도가 승천하고 성령이 임하자 온 세계로 나가 복음을 전하며 순교했다. 그리고 우치무라 간조. 그는 그리스도를 만나 모든 세상 가치들과 명예를 벗어 버리고 제국주의로 변해 가는 일본에 무교회라는 복음의 깃발을 높이 들었다. 그리고는 일본이 하나님의 남은 자 백성이 되게 하는 데 자신의 일생을 불태웠다.

우리는 복음의 불씨를 어떤 부흥회나 흥을 돋우는 집회를 통해서 얻어 보려고 한다. 하지만 조직화한 교회 집단 신앙에서 그리스도와 인격적 만남이 주는 불씨를 얻기란 쉽지 않다. 더더구나 이제는 교회가 시스템으로 움직이는 걸 당연히 생각하는 시대에 인격적인 만남, 보호, 돌봄, 권면은 기대하기 어렵게 됐다. 그러니 믿는 것과 아는 것의 신앙의 괴리가 더욱 심화되며 기복적 신앙의 덫에 빠져 진리가 뒷전에 밀리다 보니 이단들이 던지는 허접한 교리에 휘둘리는 오늘이 됐다.

몇 년간 온 세계는 여전히 코로나 전염병으로 교회 문이 닫히고 모여 예배드리는 게 힘든 시대를 겪었다. 줌(ZOOM)이라는 독특한 공간에 당황한 교회들은 이건 교회와 예배가 아니라며 항의했지만, 과연 이전 우리 교회와 예배는 온전했다고 말할 수 있을까. 과연 우치무라가 보여 준 대로 그 복음의 순수성을 우리는 사람들에게 전하고 있었던 걸까? 어쩌면 루터 이전 시대보다 더한 이중적인 모습과 고집스럽고 권위주의 모습에 차 있던 건 아닐는지. 교회회복운동에 대한 수많은 소리가 난무하지만, 사실은 사람들을 모으는 상업적 전략과 다를 바 없는 지금, 우리 모습을 우치무라는 뭐라고 말할까? 정치이념이 복음보다 더욱 종교화되어 가고 있는 모습을 보면서 우치무라는 또 무슨 이야기를 할까? 어쩌면 우리들에게도 더욱 무교회주의를 외치며 교회와 지도자들과 성도들을 향해 오직 예수께로 돌아가자며 질책하지 않을까?

우치무라는 기독교가 주는 신앙이 나의 정신이 되는 길만이 살길이라고 믿었다. 그는 특히 기독교의 정신을 일본의 사무라이 정신과 연계해 정직과 용감과 명예와 자립정신으로 이해했다. 정직함은 부끄럽지 않아야 한다는 것이다. 용기는 죽는 것도 두려워하지 않는 것을 말하며 명예는 수치를 당하느니 차라리 바울처럼 죽는 것이었다. 자립정신은 무사가 돈을 빚지거나 빌리지도 않는 것처럼 그리스도인 역시 자립성과 독립성을 가지고 있어야 한다고 여겼다. 그리고 그는 그렇게 살았다. 우치무라는 사회란 인간의 집합체인데 그 인간의 표본은 바로 나 자신이라고 했다. 그러니 사회를 바꾸고 교회를 바꾸기 위해서는 먼저 나 자신을 개선해야 함을 강조했다.

"먼저 자신을 혁신하십시오! 스스로에 만족하며 사십시오! 사회 시끄럽게 비평하기보다 서로를 존중하며 사십시오! 그리고 신앙인이 되십시오!"

어둠 속에 빠진 민족에게 소망을 주던 하나님 백성의 남은 자, 우치무라의 삶이었다.

15

바보새 함석헌 : 생각하는 백성이라야 삽니다

한국 근대사 얼룩진 역사에는 언제나 눈을 부릅뜨며 항거하던 인물, 함석헌이 있다. 그가 어두움에 항거했다고 해서 그가 당시 정권타도운동에 앞장섰든지 한 건 아니다. 세상의 문제를 타인에게 두지 않고 자기 자신에게 두었기 때문이다. 문제가 항상 자신에게 있다고 말한 함석헌은 역사 앞에서 내가 해야 할 일이 무엇인가를 고민했다. 그리고 그걸 하지 않으면 하나님은 이 세상의 어두움을 그냥 내버려 둘 것 같았다. 그래서 그는 어두움에 항거하는 것을 숙명처럼 여겼다.

바보새 함석헌. 그는 조선 말에 태어나 일제 강점기를 지나 대한민국이 탄생하는 굴곡진 역사를 살아오면서 이 땅의 모든 괴로움과 울부짖음을 자신의 문제로 여기며 괴로워했고 고통스러워했다. 언제나 정치 일번지에 서 있는 것 같은 모습에 사람들은 그를 많이도 오해했다. 하지만 그의 영향력을 염려했던 5·16 군사 쿠데타를 일으킨 김종필에게 장준하가 했던 말이 있다.

"당신들이 몰라서 하는 말이지 그는 정치에 마음이 없는 분이에요. 정치에 마음을 가지면 민중이 또 떨어져 나갈 거요. 그러지 않는 데가 그 영감이 할 일이요.”

정말 그랬다. 그가 높이 든 횃불은 언제나 자신이 해야 할 일을 하는 것뿐이었다. 그는 정치를 사람에게 의존하는 미신적인 것으로 봤다. 지금도 한국 사회는 정치 이야기만 나누면 서로 발끈하는 게, 마치 종교전쟁을 보는 것 같다. 함석헌은 개인의 정신을 존중하며 함께 더불어 살아갈 수 있는 세상을 만드는 데 정치를 거의 악과 같은 것으로 여겼다. 특정인을 내세워서 정치를 하려는 건, 마치 미신행위로 간주했다. 특히 이념과 국가주의를 내세워 개개인의 정신을 통제하고 다스리는 정치를 부인했다. 그래서 그는 남한과 북한의 두 정권 모두를 부정했다. 이렇게 해서는 결코 새 나라를 세울 수 없다는 것이다. 그럼 함석헌이 내세운 새 나라는 어떤 나라일까? 그것은 씨알의 나라였다. 씨알이 중심이 되는, 그래서 사람들이 씨알의 정신을 갖게 하는 나라를 세우고 싶어 했다.

씨알이란 무엇일까? 이는 민중을 뜻하면서 동시에 태초에 하나님이 창조하신 인간의 원형질 그대로를 말한다. 때 묻지 않은 순수함 그 자체인 인간을 씨알이라 한 것이다. 사람이 거룩하신 하나님으로부터 창조되었으니 우리는 원래 하나님의 씨알이다. 그리고 그 씨알의 정체성을 잃어버린 우리에게 다시 원형질의 정체성으로 회복시켜 준 존재는 예수 그리스도다. 함석헌은 신적인 존재 예수보다 철저히 인간의 씨알로서 온, 씨알 중의 씨알로 태어난 그리스도에게 집중했다.

이 세상에 씨알의 현장을 찾아온 씨알 그리스도는 이 땅에서 그 어떤 수식함도 없이 그 어떤 군더더기도 없이 우리에게 씨알의 본질을 보여 주었다. 씨알 중의 씨알 예수를 따라간다면 세상이 교회를 두고 욕할 거리가 과연 있을까. 씨알 예수는 십자가에서 모든 피를 다 쏟아 내고는 우리가 잃어버린 씨알의 삶을 완성했다. 그러니 하나님이 우리를 위해 보내 주신 씨알 예수를 따라 우리 역시 씨알이 되어 이 세상에 그 본질, 씨알의 소리를 낼 수 있어야 한다고 한 것이다.

함석헌은 속으로부터 울려 퍼지는 이 씨알의 소리야말로 진정한 민중의 소리라고 봤다. 이 세상을 인도하는 것이 하나님이라고 말하지만 정작 하나님은 씨알을 통해 이 세상을 인도한다는 것이다. 그러니 하나님의 씨알로 태어난 자들이 그 씨알의 자리로 돌아가 씨알의 세상을 만들어 가는 것이야말로 씨알이 꿈꾸는 새로운 세상이라고 했다. 씨알이 이끄는 역사야말로 이 고난의 세상을 멈추게 할 수 있다고 믿었다.

함석헌이 이런 세상을 꿈꾸게 된 데는 그가 살았던 삶 속에 만났던 만남 때문이다. 첫 번째는 3·1운동에서 민중과의 만남이었다. 당시 나라는 모든 기운이 사라진 채 기나긴 어두움의 터널로 들어가던 때였다. 함석헌은 평안북도 황해 바닷가 농촌에서 1901년 태어났다. 그를 품어 준 가정은 따뜻했다. 날카로운 양심에 이성적이면서도 선한 성품을 가진 아버지와 사상의 밑돌이 되어 준 어머니의 성품은 인자했다. 이 두 분에게서 낭만주의 철학자 함석헌이 태어났다. 그런 함석헌을 세상 가운데로 드러내게 한 사건이 있었는데 바로 3·1운동이다.

그는 자신이 3·1운동 세례를 받았다고 할 정도로 이날을 의미 있는 사건으로 여겼다. 당시 3·1운동이 일어나기 얼마 전, 친척 형 함석은 으로부터 3·1운동 연락 책임자로 일해 달라는 부탁을 받게 된다. 당시 그는 늦은 나이에 들어간 평양교보중등학교 학생이었다. 그리고 울려 퍼진

3·1운동. 함석헌은 그때 태극기를 들고 대한민국 만세를 외치는 민족의 소리를 듣고서는 씨알의 소리를 발견했다. 다 죽은 것 같았으나 죽지 않고 생생하게 살아 있는 이 씨알의 소리야말로 우리 민족의 소리요 또 내야 할 소리라고 여긴 것이다.

함석헌도 평양 경찰서 앞에서 독립선언서를 뿌리며 총검을 든 일본 헌병대 앞에 대한독립 만세를 힘껏 외쳤다. 이 사건으로 학교는 그에게 반성문을 요구했지만, 함석헌은 그럴 수 없었다. 결국 학교를 떠나게 되고 아버지가 원하던 의사의 길은 포기하게 됐다. 그는 이제 앞으로 3·1운동의 현장에서 만난 민중과 함께 생을 살고 싶었다. 은연중에 그는 씨알의 소리를 가슴에 품고 이것이 앞으로 자신이 내야 할 소리라 여겼다. 그리고 모든 이들이 3·1운동에서 보여 준 민중의 소리를 낼 수만 있다면 우리 민족은 희망이 있다고 믿었다. 함석헌은 자기 말처럼 만약 3·1운동이 아니었다면 그는 그저 자신만을 위한 인생을 살았을 것이라고 했다. 그만큼 3·1운동은 사상적 형성에 중요한 계기가 된 것이다.

또 하나의 만남이 있다. 바로 영원한 스승 다석 유영모와 남강 이승훈과의 만남이다. 평양교보로 다시 돌아가지 못하게 된 함석헌은 21살 늦은 나이에 정주 오산학교로 들어갔다. 오산학교는 도산 안창호의 영향을 받은 남강이 세운 학교였다. 함석헌은 그 학교에서 한글을 배우고 수많은 책을 통해 사상의 밑그림을 그려 갔다. 특히 당시 교장이면서 평생 스승이 된 다석 유영모를 통해 로맹 롤랑, 간디, 베르그송, 톨스토이, 노자 등을 접하며 지성을 쌓아 갔다. 함석헌은 또한 이렇게 자신에게 인생길을 열어 준 학교 설립자 남강 이승훈을 자신의 정신적 모델로 삼았다. 그가 이 학교를 통해 민족 생명의 촛불을 밝힌 것처럼 자신도 그 정신을 따라 살고 싶었다. 그는 남강을 씨알의 모델로 삼은 것이다. 나중에 일본 동경고등사범학교를 유학 다녀온 함석헌은 남강이 세우고 다석을 만났던 오산학교로 돌아와 교사가 된다.

함석헌은 남강 이승훈이 보여준 섬김의 정신으로 학생들을 섬기고 싶었다. 또한 해방 후, 남북의 분열, 전쟁과 분열, 정치 타락의 분열, 군사 정권으로 인한 수많은 분열 속에서 그가 할 수 있는 일은 다시 남강 이승훈의 발걸음을 따르는 것이라고 보았다. 그는 남강이 보여 준 민족정신과 기독정신을 되살리는 걸 자신의 의무로 삼았다. 이를 위해 노년에는 구화 고등학교 이사장에 취임하면서 장준하와 함께 그 옛날 오산학교의 정신을 세우는 시도를 하기도 했다.

그가 당시 정한 구화 고등공민학교의 교육 방침에는 다분히 오산학교의 정신이 깔려 있었다. 선생과 학생이 집안 같은 분위기 속에서 함께 살아가며 민족의 전통적 정신을 살리고 건강한 인격과 참자유하는 인간을 세워 가자는 것이다. 다시 말해 현대판 오산학교였던 셈이다. 그러나 어찌 된 일인지 함께하던 장준하의 갑작스러운 의문사로 더 이상 뜻을 이룰 수 없었다.

함석헌은 언제나 남강 이승훈의 정신을 되살리고 싶어 했다. 남강이 삶으로 보여 준 '순전한 섬김'을 자신이 살아야 할 씨알이라고 여겼기 때문이다. 남강이 죽었을 때 함석헌은 어머니를 잃은 아기 심정이었다고 했다. 자신을 낳고 키워 준 어머니와도 같은 존재였기 때문이다. 함석헌은 삶을 마감할 때도 할 수 있으면 남강의 못다 한 꿈을 꼭 이루고 싶었다.

예전에 남강이 죽기 전, 자신이 죽으면 유골로 골격 표본을 만들어 학생들 공부하는 데 쓰라고 했지만, 그의 영향력을 알아본 일본은 그렇게 내버려 둘 수 없었다. 함석헌은 자신이라도 정신적 어머니 남강의 유언을 따르고 싶었지만 이 꿈은 이뤄지지 않았다. 함석헌은 죽기 전 집과 땅과 강연료 원고료 등은 모두 남강 문화재단에 기증했다. 그의 정신의 모태가 남강에서 나왔기에 그에게 다 돌려주는 것이 마땅하다고 본 것이다. 그렇게 씨알을 만나 씨알로 살았던 함석헌이었다.

이렇게 함석헌에게 남강 이승훈이 어머니와도 같았다면 그에게 아버지와도 같은 존재가 있다. 바로 다석 유영모다. 함석헌이 유영모를 만난 것은 오산학교때였다. 당시 유영모는 동경 물리학교로 유학 다녀온 후, 감옥에 간 남강을 대신해 교장으로 부임해 온 상황이었다. 그리고 그의 깊은 지성은 함석헌의 영혼을 깨우고 있었다. 유영모는 신앙에 대해서도 성경을 단순히 믿어야만 하는 책으로 볼 게 아니라 글 하나하나를 통한 깨우침을 가져야 한다고 했다. 후에 함석헌의 말과 기록을 담은 책 《생각하는 백성이라야 산다》는 유영모를 통해 얻은 깨달음이었을 것이다.

하루는 유영모가 조선총독부로 인해 교장 인준을 받지 못하고 학교를 떠날 때였다. 떠나가는 스승 따라 차마 발걸음을 떼지 못하는 그에게 유영모가 말했다. "사람들이 빛, 빛 하지만 빛보다 어둠이 더 큰 것 아니겠냐? 삶, 삶 하지만 삶보다 죽음이 더 먼저 아니겠냐?" 당시 알 수 없는 말을 함석헌에게 던지던 유영모가 말했다. "내가 이번에 오산에 온 것은 자네 한 사람을 만나기 위해서였던가 보다." 그렇게 유영모와 함석헌은 평생 스승과 제자가 된다. 함석헌이 유영모에게 받은 깨달음은 무엇보다도 살아 있는 신앙이었다. 그리고 이를 통해 자신 안에 있는 씨알을 발견하게 된 함석헌은 평생 씨알의 소리를 전하며 살게 되었다.

그런데 잠시 함석헌에게서 이 씨알의 소리가 멈출 때가 있었다. 소위

스캔들로 알려진 사건 때문이다. 그의 낭만주의로 일어난 이 일로 씨알에 상처가 나자 유영모는 함석헌을 단호하게 혼냈다고 한다. 처음에는 원효로에 있는 집을 찾아가 쪽지도 보내고 했지만 변함이 없자 세운상가에 열린 모임까지 찾아가 '저는 사람과 죄악이 뒤범벅이 된 사람'이라며 노스승은 노제자를 꾸짖었다. 제자가 병들고 결딴난 영혼이 되었다며 스승 유영모가 분노한 것이다.

나중에 함석헌은 유영모 1주기에 사람들에게 이 사람이 무조건 잘못되었다며 용서를 구했다고 한다. 그나마 이렇게 자신이 된 것은 선생을 만났기 때문이라고 했다. 이후 틈만 나면 함석헌은 자기 잘못을 공개적으로 사과했다. 선생의 질책이 그나마 삶의 마지막을 기경시켜 준 탓일까? 함석헌은 긴 침묵에 들어가며 씨알의 소리를 정갈하게 하는 시간을 가지게 됐다. 그리고는 스스로 깊은 고독 가운데 들어간 이후 군사 정권의 어두움에서 다시 씨알로 등장해 씨알의 소리를 내게 된다.

세 번째 씨알의 세상을 꿈꾸게 했던 만남은 그에게 잊을 수 없는, 일본 유학 시절에 만난 우치무라 간조와의 만남이었다. 함석헌이 말했다. "나는 우리나라가 일본에 38년간 종살이했지만 적어도 나에게는 우치무라 하나만을 가지고도 바꾸고도 남음이 있다고 생각합니다." 함석헌이 '우치무라'라는 이름을 듣게 된 건 그의 스승 유영모의 강의 때였다. 이후 김교신이 우치무라 선생이 현재 살아 있고 김교신은 물론, 여럿이 그분의 가르침을 받고 있다는 말을 듣고 찾아갔다. 우치무라는 무교회주의정신과 신앙을 지닌 사람이었다. 김교신을 통해 우치무라 간조를 소개받은 함석헌은 매주 일요일이면 한 시간씩 기차를 타고 그의 강의를 들으러 갔다. 그리고는 그를 만난 이후 아주 기독교인으로 살 것을 결심하게 된다.

우치무라에게서 들은 고난의 예레미야서를 기반으로《뜻으로 본 한국 역사》를 쓰게 된 함석헌은 우치무라에게 세례를 받기도 했다. 뜻으로 본 한국 역사로 펼쳐낸 책에서 그는 역사란 사람이 하나님을 찾는 기록이요 하나님이 아들을 찾는 기록이라고 했다. 그리고 하나님은 고난을 통해 죄를 씻어 내고 인생을 깊고 위대하게 하시는 데 이 땅의 고난이 그런 역사를 가지고 있다는 것이다. 그러니 우리 민족의 고난은 오히려 우리 민족을 씨알로써 살게 하신 하나님의 뜻이요, 이 씨알정신이 우리를 해방케 했으니 결국 나라를 해방한 건 이념도 국가도 전쟁도 정치도 아닌 씨알로 본 것이다. 오직 씨알만이 이 땅의 주인이라고 했다. 고난을 통한 이런 역사 해석은 우치무라 간조를 만나면서 얻게 된 깨달음이었다.

따라서 그는 씨알의 생각이 빈곤해서는 안 된다고 했다. 우치무라 간조가 두 개의 J를 외치며 Jesus, Japan을 주장한 것같이 함석헌은 두 개의 C를 사랑한다고 했다. Christ, Corea가 그것이다. 또한 우치무라 간조가 외친 신앙이 함석헌의 마음 깊숙이 들어온 건 두 가지였다. 그를 통해 전해진 순전한 기독교정신 때문이요 민족과 나라를 살리는 씨알이 바로 예수 그리스도라는 걸 깨달았기 때문이다. 이후 그는 조선에 돌아와 김교신과 함께 〈성서조선〉을 발행하고는 이 예수 그리스도를 통한 씨알을 알리는 데 온 힘을 다했다.

이탈리아 민중운동가 마치니가 〈청년 이탈리아〉를 발행한 것같이 자신도 조국에 예수를 알리기 위해 〈성서조선〉을 발행했다. 함석헌은 우치무라 간조를 통해 연계하게 된 미국 퀘이커교 봉사회를 통해 1979년, 1985년 두 차례 노벨평화상에 후보로 추천되는 영광도 얻었다. 그를 만난 퀘이커 사람들은 함석헌에 대해 그의 인생 한 조각씩 가져가고 싶다고 할 정도로 그를 사랑했다. 일본의 씨알, 우치무라로 인해 받게 된 신앙의 정신 때문이다.

또 하나, 그에게 있어 씨알로 살아갈 수밖에 없는 만남이 있었다. 바로 김교신과의 만남이다. 함석헌에게 김교신은 평생 그리움의 사람이었다. 그를 통해 우치무라 간조를 만난 뒤, 조국으로 돌아온 함석헌은 오산성서연구회를 만들었고 김교신은 경성성서연구회를 만들었다. 〈성서조선〉 독자들을 모아 우치무라 간조를 통해 배운 성서강습회를 열었는데 핵심 강사는 함석헌과 김교신이었다. 그들은 서로 동년배인데도 서로를 형이라고 부를 만큼 형제 같은 동지였다.

특히 교육에 깊은 뜻이 있던 김교신이 오산학교에서 10년은 꼭 채워보라는 권유에 따라 함석헌은 정말 10년을 섬겼다. 김교신의 정신을 사모했기 때문이다. 그리고 둘 다 학생들과 함께 삶으로 전하는 것이야말로 교육이라고 믿었다. 함석헌은 김교신이 보고 싶을 때면 평양에서 경성까지 8시간 거리를 마다하지 않고 만나 밤을 새우며 얘기를 나눴다. 서로의 자녀를 서로 돌아가며 주례하고는 혼인을 치르던 두 사람은 둘도 없는 벗이 되었다. 두 사람의 합심이 얼마나 뜻깊었던지 후에 〈성서조선〉 사건을 통해 잡아들인 일본은 두 사람이 가장 악질이라고까지 했다. 한번은 김교신이 〈성서조선〉의 뜻있는 동무들을 모아 흥남 질소비료 공장 노동자들을 섬기자고 제안했다. 그를 잘 알던 함석헌이기에 함흥에 마음을 뒀을 게 분명하지만 애석하게도 해방 4개월을 앞두고, 동지이자 벗이었던 김교신이 죽었다는 소식을 듣게 된다. 죽기 전까지 편지로 마음과 생각을 나누던 이십 년 지기 벗이 그렇게 떠나간 것이다.

함석헌은 김교신이 죽은 뒤에도 깊은 밤 홀로 그와 대화를 나눈다고 할 정도로 김교신을 사랑했다. 나중에 함석헌이 씨알의 사람을 내세울 때면 남강 이승훈, 다석 유영모와 함께 김교신을 떠올렸을 것이다. 누구나 김교신과 같이 될 수 있다면, 누구나 김교신과 같은 씨알로 설 수 있기를 함석헌은 바랐을 것이다.

마지막으로 함석헌이 씨알이 되게 했던 것은 바로 근대 역사에서 만난 씨알들이었다. 그는 민중을 위해 평생 싸우며 살던 장준하를 사랑했다. 옥중의 장준하를 당선시키려고 신민당에 입당하며 어떻게든 그를 도와 세워 주고 싶었다. 하지만 장준하는 1975년 너무도 허망하게 의문사로 사라지고 말았다. 사실 장준하와 안병무의 도움이 아니었다면 그는 다시 세상에 나와 시국 강연회를 시작하기는 어려웠을 것이다. 어둠의 세상에서 씨알들로 살아가려 몸부림치던 그들로 인해 잠자고 있던 함석헌의 씨알은 눈을 뜨고 세상 앞에 등장했다. 그는 당시 정권이 무조건 반공을 외치는 것을 보고 이것은 너무 무식한 일이라고 비판했다. 반공이 국시가 되면 공산주의가 없어진 후엔 어떻게 할 거냐는 거다. 어쩌면 지금도 반공을 꺼내 드는 의도는 실질적인 공산주의에 대한 위협보다는 그걸 통해 민중을 통제하고 싶은 국가주의 때문이 아닐까 싶다.

그런데 함석헌을 더욱 씨알의 삶으로 깨우던 사람이 있었다. 1970년의 전태일이다. 온몸에 휘발유를 뿌리며 죽어 간 그는 "우리는 기계가 아닙니다."라고 외치며 떠나간 시대의 청년이었다. 그가 죽어 가며 던진 외침은 기본 생활비도 안 되는 돈을 위해 하루 16시간씩 일하던 노동자들을 대변하는 소리였다. 함석헌은 전태일의 외침을 이 땅에서 울부짖는 씨알의 소리로 들었다. 분명히 법으로도 제시되어 있던 근로기준법을 지켜 달라는 그의 울부짖음을 함석헌은 너무도 비통한 심정으로 아파하며 슬퍼했다. 그는 이렇게 국가를 위해 사람을 희생시키는 국가주의는 청산해야 한다고 주장했다. 더구나 신을사조약과 같은 한일 회담에는 거의 정신이 나갈 지경이었다. 함석헌은 이 집단주의와 싸우기로 작정하고는 〈씨알의 소리〉를 창간해 글로 세상에 외치기 시작했다.

그에게 있어 〈씨알의 소리〉는 마치 태극기와도 같았다. 그러니 그가 쓴 〈씨알의 소리〉는 마치 3·1운동과 같은 외침이었다. 당연히 군사 정권은 이 잡지를 불온 잡지로 보았다. 그래도 꿋꿋이 잡지를 냈던 건, 우리도 예수를 본받아 한 사람이 죽는 일을 하자는 것이었고 새로운 씨알 공동체를 세상에 제시하고자 했다. 이것은 그에게 일종의 정신운동이었던 셈이다. 함석헌은 이런 씨알의 세상을 위해 제도를 혁명하고 사상을 혁명하며 혼을 혁명하자고 했다. 늘 제도가 사람의 성장을 막으며 이념이 발목을 붙들고 있으니 우리 혼이 하나님을 만나 혁명을 이루자는 것이다. 그럴 때 우리는 진정한 씨알정신을 가진 씨알이 될 수 있다고 했다. 이후 전두환의 신군부가 광주에 계엄령을 내리고 또다시 이 땅을 점령하게 되자 그는 마지막으로 이렇게 〈씨알의 소리〉를 정리했다.

"지금은 말세입니다. 근본으로 돌아가야 하는 때입니다. 이제 하늘 소리를 여러분이 직접 들으셔야 합니다. 더 좋은 것으로 주시기 위한 것입니다. 나는 하늘나라 중앙방송국에서 초단파를 타도록 애타는 기도를 할 것입니다. 언제든지 초단파에 맞추어 귀를 기울이시기 바랍니다. 마음이 뜨겁고 빛이 환해질 때까지."

전두환 정권을 두고 더럽고 고약하며 지저분하다고 표현하면서 지금은 낙심할 수밖에 없지만 낙심만 하면 하나님을 믿는 게 아니니 정신을 가다듬고 다시 씨알의 자리로 가자고 했다. 생각하는 백성이라야 산다고 했던 함석헌에게 생각은 곧 씨알이었다. 오랜 세월, 민족의 어둠을 가슴으로 껴안아 촛불을 밝혀 씨알로 살려고 애썼던 함석헌은 그렇게 우리에게 '씨알의 정신'을 남겨 두고 떠나갔다.

16

다석 유영모 : 영원한 저녁의 사람

한국 철학사를 견인한 사람 중에 다석 유영모를 빼놓을 수 없다. 그는 기독교에 바탕을 두고 사상의 집을 지어 간 사람이다. 많은 사람이 그가 기독교인가를 묻는다. 하지만 맹자에게 구원받았는가 묻지 않고 가르침을 듣듯이 그를 통해서는 종교적 신앙의 자세를 배울 뿐이다. 1890년 19세기에 태어나 1980년 20세기를 살다 간 그의 사상은 너무 깊고 다 이해하기 어려울 뿐 아니라 이해한다고 해도 끊임없이 지평을 넓히며 읽지 않는 한 만나기 쉽지 않다. 그래도 다석이 지금 이 시대에 우리에게 중요한 이유는 그가 보여 준 사유의 깊음과 삶의 자세 때문이다. 그와 같은 심정으로 하루를 살아가고 그와 같은 자세로 신앙을 접할 수 있다면 세상은 요동칠 일이 별로 없을 게 분명해 보인다. 다만 그의 사상을 어떤 종교적, 교리적 틀을 가지고 보면 이해하기 어려운 점이 있다.

유영모의 철학을 이야기하는 것은 책들이 계속해서 쏟아져 나오는 것처럼 단순하지 않다. 하지만 그가 제시했던 몇 가지 사상과 삶을 보면 유영모가 왜 많은 이들의 정신적 길잡이가 되고 있는지 알 수 있다.

성직설(性直說) : 곧게 서라

곧게 서는 자라야 말씀의 주인이신 하나님께 향하는 사람이다. 우리 모음의 원조 중에 '·, ㅣ, ㅡ'를 들어 이는 하늘과 사람과 땅이라고 했는데 하늘과 세상과 사람의 꼿꼿이 선 모습이 우리여야 한다고 했다. 그래서 그는 언제나 길을 걸으면서도 길게 '이 이'라는 소리를 내면서 걸었다. 하루는 서울 YMCA 간사 현동완의 소개로 광주의 성자 이현필을 만났을 때 그는 '이 이' 하고 소리를 내며 이렇게 말했다. "정신은 하늘을 두고 있는 존재이기에 나는 막대기를 세워 모음 하나로 'ㅣ'라고 합니다." 하늘과 서로 통하는 이 모음이 다석에게는 사상적 언어였던 셈이다. 그의 〈이이이송〉이 있을 정도로 어떻게든 하나님과 올곧게 잇대어 곧게 서기를 바랐던 다석이었다. 그는 자리에 앉더라도 영혼을 담는 그릇인 우리 몸이 하늘과 서로 통하도록 허리를 세워 곧게 앉았다. 무엇이든 하나님 앞에 내가 곧은 사람이 되기를 바랐다.

귀일(歸一)사상

"오직 하나에 집중하세요." 저마다 제 머리를 들고 하늘 위로만 받들고 저마다 올라갈 생각만 한다면 나와 너는 모두 더불어 살 수 있다고 했다. 그러니 나와 너와 우리를 모두 하나에 집중하여 앎에 이르자는 것이다. 하나에 힘입어 살고, 하나를 머리에 이고 모시고, 위로 하나를 향해 올라가는 것이 귀일철학이다. 그에게 있어 '나'는 하나님의 '나'요, 영원한 '나'요, 우리 모두의 참 '나'이다. 그러니 사사로운 '나'는 죽어야 한다. 그래야 얼의 '나'는 살아나고 영생에 이른다고 했다. 죽음의 철학이다. 일찍이 죽음의 일상을 지켜보던 다석은 죽음을 평생 자신의 사상과 영성으로 삼았다.

종교의 핵심은 죽음이라고 했던 다석은 죽는 연습이 철학이요 죽음을 없이 하자는 게 종교라고 했다. 성경을 볼 때도 내가 살고 죽는 이야기로 봤다. 그가 늘 했던 죽음의 연습은 생명을 기르기 위해서다. 참된 인생은 죽음으로부터 시작되기 때문이다. 그는 다가올 죽는 날을 나이 찬 처녀가 시집가는 날을 기다리는 것과 같이 호기심과 설렘과 벅찬 마음으로 기다렸다. 죽음으로 가는 '나'가 아닌 얼의 '나'만이 영원한 존재이기 때문이다. 그는 마지막을 거룩하게 끝내야 끝이 힘을 준다고 했다. 마지막 숨 끝, 다석에게 그것은 꽃이었다. 우리에게는 육체의 나와 육체를 넘어서 영원히 사는 얼과 영의 생명인 내가 있다. 죽음은 새로운 생명으로 들어가는 문이고 생명의 질적 변화가 일어나는 엄숙한 시간이기에 다석은 죽음은 위대한 삶의 시작으로 봤다.

다석은 예수가 내 속에 살아 있다면 예수의 살과 피는 내 살과 피 속에 있다고 했다. 내가 지금 예수의 살과 피를 먹으려면 내 살과 피를 먹는 수밖에 없다는 것이다. 이는 내 살과 피의 욕망을 이기고 얼의 생명을 일으켜야 한다는 말이다. 이를 위해 다석은 불교에서 말하는 세 가지 육신, 제나의 독기를 버리자고 했다. 바로 식욕(탐, 貪), 성욕(치, 瞋), 분노(진, 癡)였다. 다석은 그 실천 방안으로 일좌(一座), 꿇어앉음으로 몸이 뚫리게 하고 일식(一食), 한 끼 식사로 생명이 뚫리게 하였으며 일언(一言), 한 말씀으로 생각이 뚫리게 하고 일인(一仁), 한결같은 사랑으로 정신이 뚫리게 함을 제시하며 하늘과 통하는 삶을 살고자 했다.

욕심으로 먹고사는 것은 사는 게 아니라 먹고 죽는 것이라며 40년간 저녁 한 끼씩만 먹었다. 끼니는 끄니(끊이)란 뜻으로 '끊었다 잇는다'는 뜻이니 줄곧 먹어서는 안 되고 끊었다가 먹어야 한다고 했다. 세 끼는 짐승의 식사요, 두 끼는 사람의 식사이고 한 끼는 신선의 식사라는 것이다. 이처럼 일일 일식은 물론 동시에 해혼도 선언한 다석은 음식과 성욕을 절제함으로써 나름 하나님께 가는 수행을 했다.

씨알사상(성경의 주체자로 살기)

다석은 예수라는 존재를 성인으로 보며 사랑했다. 예수가 구원자임을 믿는 것이 기독교인데 다석에게 있어 예수는 유일자가 아니요 성령받은 이들은 누구나 될 수 있는 존재로 보았다. 그러니 다석은 예수를 신격화하는 걸 반대했다. 안타까운 이 부분은 다분히 톨스토이의 영향을 받은 듯하다. 예수는 독생하신 하나님의 성령이 임하여 철저히 말씀이 육신이 되어 살았던, 그래서 우리가 하나님께로 가는 길을 먼저 열어젖힌 존재로 보았다. 따라서 성령받은 모든 이가 곧 길이요 진리요 생명의 삶을 살수 있다고 했다.

이는 성경의 모든 주체를 나 자신으로 받아들이며 믿은 것이다. 여기에서 그의 씨알사상이 탄생한다. 하늘의 자녀로서 우리는 모두 역사의 주체성을 진 존재라는 것이다. 신의 숨결인 '얼'과 인간 주체인 '나'와의 만남을 이루는 얼나사상을 신앙으로 여긴 다석은 성령받은 씨알정신을 가지는 것이 곧 하나님을 위한 일이라고 했다. 함석헌은 씨알정신을 사회적인 정의 실현으로 확장했으나 다석은 우리가 씨알의 주체자로 사는 삶을 강조했다. 나 자신이 그렇게 사는 것이 바로 실천이며 이런 삶을 통해 우리는 성경의 주체자로서 하나님과 온전한 연합을 이룰 수 있다고 본 것이다. 말씀을 주체적으로 사는 삶, 이것이 씨알사상이다.

하루살이

자유를 위한 오늘 하루를 위해 한 끼를 먹고, 말씀을 찾아 먹고, 바로 앉아 어진 마음을 품는 것, 인생은 '늘' 이처럼 같아야 한다고 해서 오늘을 '오! 늘'이라고 했다. 다석은 오늘의 '늘'의 세계를 열려고 했다. 하루는 '할 우'라고 하나님을 위하여 일할 오늘이라고도 했다. 오늘을 '오! 늘', 영원과 닿은 시간으로서 하루를 '할우, 하우'라고 하여 하나님 계신 위로 오르는 날로 본 것이다. 다석에게는 아침에 눈을 뜨는 것이 태어나는 것이고 저녁에 잠드는 것이 곧 죽음이었다. 그러니 하루 동안에 인생을 산다는 건 하루살이요 오늘 살이다. 우리는 날마다 죽음을 연습하는 것이다.

다석이 쓴 〈일생선(一生鮮)〉이라는 글을 보면 "한 마리면 몇 토막에 한 토막은 몇 점인가. 하루하루 점여 내니 어느덧 끝점 하루. 하루는 죽는 날인데 만날 수만 녚이네… 오천 구빌 도라드니 큰 토막은 다 썼고나. 인간의 도마위에선 쓸데없는 찌꺼기나. 님께서 벌녀 주시면 배부르게 오천 인!"이라 하였다. 하루하루 인생이 남는 건 쓸데없는 찌꺼기 같지만 하나님께 드리면 오병이어 기적이 된다는 것이다. 다석은 그렇게 하루하루를 하나님께 드리는 것을 인생으로 삼았다. 다석이 말했다. "지금 여기를 살아라." 나의 삶으로 산다는 궁극적 의미는 오늘 살이에 있다고 했다.

"시간을 아껴야 합니다. 식사를 기다리는 동안, 마중을 나가 기다리는 동안, 차를 기다리는 동안 같은 부스러기 시간에도 자기 사상을 영글게 하는 데 써야 합니다. 쉬면서도 숨처럼 언제나 깨어 정성을 다해야 합니다."

중용(中庸)

사람에게는 몸, 맘, 바탈이 있는데 사람의 본성을 바탈, 바탈을 속알, 얼이라고 했다. 다석은 중용을 줄곧 뚫림이라고 했는데 인간의 바탈과 하나님의 성령 사이에 줄곧 뚫림을 중용이라 한 것이다. 따라서 바탈은 하나님과 소통하는 얼이고 창조적 지성이요 덕이면서 인간성이고 인격, 신성이자 하나님 아버지의 형상이라고 했다. 인간의 바탈과 하나님의 말씀이 서로 통(通)하는 중용을 위해 다석은 하나님의 뜻을 실천해야 한다고 했다. 즉, 욕심을 끊어야 한다는 것이다.

다석은 몸의 성함을 위해 남녀 관계까지 끊기를 권유했다. 몸이 성해야 마음이 놓여 바탈로부터 나온 생각에서 뜻이 타오르기 때문이다. 치정(욕정)은 물론 밥 욕심에서도 자신을 깨끗이해서 생각과 의지가 불태워져야 얼이 살아나 하늘과 통하는 오늘을 살 수 있다고 했다. 몸이란 영혼을 담는 그릇이기에 영혼을 온전케 하기 위해서는 영혼의 그릇이 다쳐서는 안 된다고 한 것이다.

ㄹ 가온 찍기

하늘의 'ㄱ'과 땅의 'ㄴ' 사이에 점을 찍어 가온 찍기라고 불렀다. 이를 다석은 하늘과 내가 하나 되는 진리의 영원으로 본 것이다. 하늘과 땅 사이 마음에 한 점을 찍어 곧장 위로 오르는 이 가운뎃점은 중(中) 자라 했다. 다석은 이 가온 찍기를 통해 하늘과 땅과 자신이 하나 되는 진리로 영원한 삶에 이르기를 바랐다. 가온 찍기는 시간과 내가 하나의 점에 불과하다는 것의 발견이니 우주의 무한한 시간 역시 하나의 점에 불과하다고 했다. 시간이 하나의 점에 불과하니, 자신은 물론 누구도 이 시간과 공간 안에 아무런 소유나 권리가 없는 우리는 그저 한 점에 불과할 뿐, 오직 하나님만이 모든 것의 주인이라고 했다. 하나님이 한 점에 생명의 기운을 불어넣으셨으니 숨 쉬는 우주의 주인은 하나님이시요 나는 그저 숨 쉬는 한 점에 불과하다.

내가 자유할 수 있는 길은 이 시간과 공간의 주인 되시는 하나님 안에서 숨을 쉬는 것이다. 그러니 내가 할 수 있는 일은 간단하다. 오직 나를 한 점으로 찍어, 욕망과 허영을 없애고 하나의 점이 되어 진리와 생명의 중심을 하늘에 맞추는 것이다. 내가 하늘의 숨을 쉬려면 사욕에 사로잡힌 나는 깨져야 한다. 가온 찍기에는 권리나 소유의 개념이 존재하지 않기에 누구와도 더불어 살 수 있다. 내 삶의 한가운데에 점을 찍어 하나님과 직통함으로 영원한 시간의 중심에 서는 것, 이것이 가온 찍기다. 다석은 오늘 오직 이 점에서 영원한 삶을 살기를 꿈꿨다. 자신의 생명과 존재를 불사르는 하루살이 삶을 위해, 그 자유롭고 참된 삶으로 들어가기 위해 다석은 매일 매 순간 가온 찍기를 했다.

아호(雅號)정신

유영모는 자신의 사상을 따라 아호(雅號)를 정했다. 20대에는 자신을 어리석다해서 당엄(戇广)이라 했고 30~40대는 다른 모든 걸 끊고 끊어서 주어진 생명에 충실하려는 마음으로 단단(斷斷) 자라고 했다. 그러다 50대에 들어서는 다석(多夕)이라고 정했다. 창세기에 저녁이 먼저 있었고 아침이 오는데 묵시록에는 새 하늘과 새 땅에 다시 햇빛이 쓸데없다고 했으니 세상은 저녁에서 시작해, 저녁으로 끝난다는 것이다. 그는 빛은 물질을 대표하지만, 어둠은 정신을 나타낸다고 봤다. 그러니 빛보다 어둠이 크며 등잔의 불꽃 같은 빛보다 등잔 속의 기름 같은 어둠을 그리워했다. 그는 밤이 주는 속삭임에 빠진 천문학자에 빗대어 말하길 우주의 신비를 탐구하는 그들이 어떻게 하면 저 해를 가릴 수 있을까 하는 욕구를 가졌듯이, 자신도 수많은 저녁, 그 영원의 속삭임을 듣고 싶다고 했다. 그렇게 유영모는 많은 저녁인 다석(多夕)의 삶에 소망을 두었다. 그는 스스로 저녁으로 들어가 모든 욕심 끊기를 바랐다. 삶의 마지막에 다가갈 때는 다시 새로운 호를 정했는데 의알단(宜歹旦)이다. 죽어서 땅에 들어간 다석이 죽은 후에 아버지 나라에서 하나님을 만난다는 뜻에서 지은 것이다.

다석의 삶

하나님을 만나다

유영모가 처음 하나님을 만나게 된 것은 15살 때 만난 삼성 김정식의 영향이 컸다. 그의 권유로 동생과 함께 연동교회에 다니기 시작했기 때문이다. 삼성 김정식은 유영모가 남강 이승훈과 더불어 어른으로 모셨던 분이다. 구한말의 경찰관 출신으로 독립협회에 가담하고 조정에 반역했다는 이유로 국사범이 된 그는 선교사 게일이 준 신약성경을 읽고 예수를 믿었다. 1903년 게일 선교사와 함께 YMCA를 세워 초대 총무를 맡게 된 김정식은 이후 도쿄에서 일본 2·8 독립선언을 선언한 한국기독교청년회를 세웠다. 김정식으로 인해 하나님을 소개받은 유영모는 오전은 연동 교회에서, 오후에는 승동교회에서, 밤에는 새문안교회에서 예배를 드렸다.

그렇게 전통 교회 기독교인이 되었던 유영모는 연동 교회가 경신학교로 변신한 이후에는 1907년 이 학교로 입학하게 된다. 성경은 선교사 게일에게서 배웠고, 물리는 밀러 선교사에게, 그리고 한문은 김도희 선생에게 배웠다. 졸업시험에서 다석은 수석을 할 정도로 성적이 우수했다. 그러나 다석은 학교 졸업장을 받아들지 못했다. 학교장 대리를 맡던 랄프 라이너가 기존 교사들을 강제로 퇴임시키면서 36명의 학생 중 22명이 졸업장을 받지 않기로 결정했기 때문이다. 하지만 학교장의 권유로 교사로 징발되어 간 유영모는 처음에는 경기도 양평에 있는 학교로 갔다가 다시 남강 이승훈 선생의 간청과 경신학교 밀러 교장에 의해 오산학교

과학 교사로 들어가게 된다.

운명 같은 만남

오산학교에서 유영모는 인생의 전환기를 맞이했다. 처음 20살에 3년, 32살에 1년간 머무르며 운명 같은 만남을 가지는데 먼저는 당연히 남강 이승훈이었다. 그리고 톨스토이와 여준, 그리고 단재 신채호가 있었다. 유영모는 그들을 만나며 위대한 철학자 다석이 되어 갔다. 먼저 남강 이승훈은 그가 오산학교로 들어올 수 있도록 길을 열어 준 사람이다. 그리고 다석은 그런 이승훈에게 기독교 신앙을 전했다. 특히 학교로 들어간 다석이 첫날부터 기도로 수업을 시작하며 학교의 질서를 잡아 가자 이를 감명 깊게 본 남강이 기독교에 마음을 열게 되었다. 이후 남강은 산정현 교회 한석진 목사를 찾아가 "십자가의 고난"이라는 설교를 듣고는 기독교에 입문하게 된다. 다석은 이승훈이 도산과 더불어 평생 기독적 인격의 삶을 살게 하는 동기를 제공했다.

이런 영향 때문에 후에 옥중에 있던 남강은 다시 다석을 오산학교로 초대했고 고당 조만식에 이어 그는 오산학교 교장에 취임하게 된다. 하지만 다석은 대학 졸업증이 없다는 이유로 교장 인준이 거부되면서 1년 만에 학교를 떠나게 됐다. 이는 다석이 3·1운동 48인 중 한 사람이던 유명근의 아들로 드러났기 때문이다. 1922년, 오산학교를 떠나며 고읍역을 향해 밤길을 걸어가는데 이때 떠나는 그의 걸음을 끝까지 따라가던 한 학생이 있었다. 바보새 함석헌이다. "사람들이 어둠 어둠 하는데 어둠이 빛보다 크다."라는 알 수 없는 말 한마디가 함석헌의 가슴에 깊은 울림이 되었다. 밤이야말로 영원의 소리를 들을 수 있는 시간이라는 게 당시 함석헌으로서는 이해하기 힘든 말이었다. "내가 이번에 오산에 온 것은 자네 한 사람을 만나기 위해서였던가 보다."라는 말을 남기며 떠나갔다. 겉으로 보기에 다석은 남강에 많은 영향을 끼친 것 같지만 사실 다석은 남강으로 인해 민족과 나라에 대한 생각을 갖게 되었다.

이런 다석에게 전통 신앙을 버리게 한 운명 같으면서도 한편으로는 아쉬운 만남이 있었다. 그가 직접 보지는 못했지만, 글로써 사숙하게 된 톨스토이다. 톨스토이는 자기 나름대로 복음서를 정리했던 사람이다. 성경은 지혜와 계시의 영으로 받아들이는 데 반해 톨스토이는 지성으로 말씀을 대했다. 그래서 결국 그는 자신이 생각한 대로 편집한 자신만의 《복음서》를 출간하게 된다. 그리고 그 책에서 동정녀와 예수의 탄생, 기적 사건들과 육신의 부활을 삭제했다. 기독교 핵심이 십자가와 부활인데 이를 부인한 건 안타까운 대목이다. 톨스토이는 철저히 하나님의 사람으로 겸손과 자기부정과 선한 삶을 살았던 예수를 사랑했다. 하지만 그 예수를 신격화하려는 시도는 부정했다. 예수 그리스도의 구원과 사랑을 절절히 써 내려가던 도스토옙스키와는 결이 다른 사람이었다. 그래서였는지 다석은 톨스토이를 통해 그동안 선교사들에 의해 듣게 된 교리적 신앙을 떠나게 된다.

그가 얼마나 톨스토이를 좋아했는지 후에 YMCA 연경반에서 가르친 수첩에는 톨스토이의 10계가 적혀 있었다. 1) 밤이나 낮이나 신선한 대기 속에 살 것. 2) 날마다 방 밖에서 운동할 것. 3) 음식을 절제할 것. 4) 냉수욕을 할 것. 5) 넓고 가벼운 옷을 입을 것. 6) 청결에 힘쓸 것. 7) 규율에 맞춰 일할 것. 8) 밤에는 반드시 푹 잘 것. 9) 이웃에 착한 마음을 쓸 것. 10) 볕이 잘 드는 넓은 집에 살 것. 그는 톨스토이가 정한 대로 살았다. 새벽 3시에는 일어나 냉수마찰을 하고 한두 시간은 체조하는 데 시간을 보냈다. 평생 속옷 없이 살던 다석은 항상 아침마다 명상하고는 일기를 적었다. 또한 톨스토이처럼 농촌에 귀의해서 살기를 바랐다. 늘상 걸어 다니기를 좋아했던 톨스토이처럼 자신도 늘 걸어다니며 살았다. 그래서인지 사람들은 유영모가 촌사람처럼 보인다고 했고 유영모는 이 소리를 좋아했다.

유영모의 사상을 영글도록 한 만남은 여준이었다. 여준은 이상설 이회영과 한 시대를 함께했던 성균관 사람이자 독립운동가였다. 이상설에 의해 서전서숙의 운영을 맡기도 했고 이후 도산의 신민회 중요 임원으로서 오산학교, 상동청년학원, 삼악학교, 신흥무관학교에서 교육에 전념했던 인물이다. 오산학교에 왔던 이광수가 말하기를 "그는 백발이 성한 노학자로 키는 작고 목소리는 크고 야무졌으며 높은 식견을 가진 애국지사였다."고 했다. 특히 많은 책을 들고 오산학교로 들어온 여준은 별명이 오산학교 걸어 다니는 도서관이었던 만큼 유영모에게 있어 좋은 인생 모델이었다. 오산학교의 기틀은 남강이 마련했다지만 품격은 여준이 세웠다고 할 정도로 그는 오산학교에서 존경받는 선생이었다. 유영모는 여준을 통해 노자를 소개받고 평생 노자를 연구했다.

또 유영모는 단재 신채호를 통해 불교를 소개받고는 불교에 깊이 심취하게 된다. 그는 불자의 자세로 하나님을 믿었다. 석가가 앉은 자리에 참선하며 깨달음을 얻은 것처럼 다석도 홀로 참선 기도하며 하나님을 찾은 것이다. 그는 그 시간이야말로 마음에서 그리스도가 태어나고 찾아오는 시간이라고 했다. 그의 참선은 독특했다. 앞무릎은 붙이고 두 다리는 벌려 엉덩이는 맨땅에 앉아 정삼각형의 정좌를 했다. 이렇게 늘 기도하며 책을 읽고 식사했다.

또 한 명, 유영모에게 YMCA 간사였던 창주 현동완을 빼놓을 수 없다. "그는 분명히 그리스도에 미친 사람이었습니다. 주는 것이 복이 있다고 하신 주님께 미친 것입니다. 그는 20세기 종로의 성자입니다." 현동완을 추모했던 다석 유영모의 말이다. 그는 1928년 유영모의 집을 찾아와 종로 YMCA 연경반에서 강의를 부탁했다. 당시 현동완은 YMCA의 정신적인 기둥이었던 월남 이상재 빈자리를 채워 줄 인물이 필요했다. 그때 오산학교장을 내려놓고 쉬고 있던 다석 유영모가 눈에 들어왔다.

사람 섬기는 걸 좋아했던 현동완은 당시 이승만 대통령으로부터 여러 장관 자리를 권유받았지만 거절했다. 그의 관심은 성자를 찾아 본받고자 하는 마음 때문이었다. 실제로 그는 세계 평화를 위해 고기를 먹지 않았고, 고아를 위해 하루 한 끼를 먹지 않았으며, 병자를 위해서는 사과를 먹지 않았다. 해방 후 가난한 농민들에게 집과 땅을 마련해 주고자 브라질 이민을 추진하기도 했다. 그는 미국 유학 후 이 땅에서도 성자가 나왔으면 하는 바람이 있었다. 그리고 그가 발견하게 된 사람이 다석 유영모였다. 당시 YMCA는 일본에 의해 강제 폐쇄되었지만, 현동완의 노력으로 연경반 모임은 지속할 수 있었다.

그는 많은 사람이 다석의 강의를 듣기 바랐다. 당시 이승만 대통령도 초대해 자리할 정도였으니 다석을 향한 그의 마음이 어떠했는지 알 수 있다. 하지만 사람들에게 알려지기를 바라는 현동완의 마음과 달리 다석은 그러지 않기를 원했다. 사람이 많이 모이면 오히려 허식이 생길 뿐이라는 게 그의 생각이었다. 그렇게 35년간 다석과 현동완은 인연을 이어 갔다.

사람의 뜻이 아름다워서일까? 이곳 연경반에서도 다석은 아름다운 사람들과의 만남을 이어 갔다. 그의 제자가 생겨난 것이다. 어느 날 "하나 둘 셋이 무엇입니까?"라는 질문에 깜짝 놀라 이때부터 유영모를 따르며 동양적 기독교인 삼재(三才)사상을 이뤄 낸 제자 김흥호, 함석헌과 교류하다 그의 스승 강의를 듣고자 YMAC 연경반에서 유영모를 만나 스스로 제자가 된 박영호가 그렇다. 물론 다석은 제자를 모으지 않았다. 배우면 흩어져 제 노릇을 하기를 바랄 뿐이었다.

연경반에서 유영모의 가르침은 듣는 이들의 의식을 깨우치는 일을 함과 동시에 그 역시 정신의 사람들을 만나는 통로가 되었다. 그가 만났던 사람 중에 빼놓을 수 없는 사람은 호암 문일평이다. 유영모를 만나자 그를 존경하는 마음에 늘 찾아왔다는 문일평은 조선의 혼을 주장했던 사상가였다. 또한 김교신이 있다. 김교신은 유영모를 존경해 그의 가르침을 자주 들었으며 글을 부탁해 받은 글을 〈성서조선〉에 자주 실었다. 그리고 현동완의 주선으로 만난 이현필이 있다. 그는 죽을 때까지 "깨끗하게 사십시오, 가난을 사랑하십시오."라고 전하며 오직 청빈 영성을 강조했던 현자였다. 이현필은 무학의 성자로 알려진 이세종의 제자로서 다른 제자들과 함께 그 뜻을 이어 독신 수도단체인 동광원을 세웠다.

동광원은 광주 YMCA 총무 정인세, 이현필과 보육원으로 시작했다가 기독교 수도단체로 발전한 곳이다. 다석 유영모 평전을 쓴 이상국은 다석이 "동광원의 땀 흘리는 삶과 밑바닥을 마다치 않는 실천궁행, 어려운 이를 돕는 인애, 철저한 금욕정신과 희생정신이 자신과 참 잘 맞는다고 여겼다."고 했다. 동광원과의 인연은 유영모로 하여금 이현필은 물론 더

불어 정신을 나누는 뜻 있는 동지들을 만나게 했고 이는 다석에게 큰 기쁨이었다.

다석은 제자를 모으지 않았지만 오랜 세월 동안 유영모 마음에 애제자가 있었다. 바보새 함석헌이다. 오산학교에서 교장으로 왔다 떠나간 유영모가 "내가 온 것은 그대를 만나기 위함이었나 보다."라고 한 것처럼 그의 눈에 함석헌은 이미 품은 제자였다. 그렇게 다석과 함석헌은 36년간 사제로서 인연을 맺었다. 물론 갈수록 결은 많이 달랐지만 함석헌은 많은 사람에게 유영모를 알리는 통로가 되었다.

두 번의 종교적 체험

다석이 종교사상가의 삶을 살게 된 것은 그가 겪었던 다수의 죽음과 연관이 있다. 다석이 스무 살이 되었을 때 13명의 형제 중 11명이 죽어 떠나갔다. 그중 두 살 아래 동생 영묵의 돌연사는 그에게 큰 충격이 되면서 죽음에 대해 깊은 사유를 가지게 되었다. "종교의 핵심은 죽음입니다. 죽는 연습이 곧 철학이에요." 이후 다석은 두 번의 종교적 체험을 통해 사상가로 거듭나게 된다.

먼저는 오산학교를 나온 뒤 도쿄로 유학을 떠날 때였다. 당시 정규대학에 들어가려면 예비대학교를 거쳐야 하는데 그는 1921년 9월 동경 물리학교를 다니면서 정규대학 시험을 포기했다. 참 하나님을 내가 마음에 모시고 살게 되었다는 확신이 든 이상 이제 더 이상 뭔가를 배워야 할 이유가 없다고 판단해서다. 자신이 살아야 할 목적과 인생의 문제가 다 풀린 마당에 굳이 공부할 이유가 있겠냐는 생각이 들었다. 그러니 이제 할 일은 오직 하나님과 서로 통하는 것이었다. 도인의 심정으로 고국에 돌아온 유영모는 스님을 찾아가 화엄경 80권을 배우면서 신앙의 도를 닦고는 자신의 체험을 바탕으로 한 깨달음을 서울 YMCA 연경반에서 이상재 선생에 이어 가르쳤다.

두 번째 그가 사상적인 종교적 체험을 한 것은 그가 52살 되던 때였다. 이때 유영모는 하루에 한 끼씩만 먹으면서 아내와는 해혼을 선포하고, 깊은 참선에 들어갈 때였다. 그러던 중 1942년 중생의 체험을 하게 되는데 자기 마음속에 하나님께서 보내신 영원한 얼나를 경험한 것이다. "사람이 이 세상에 온 것은 하나님이 주시는 얼나를 깨달아 하나님과 한 생명인 얼로 영생하자는 것입니다. 어머니 배 속에서 난 나는 참 나가 아닙니다. 하나님이 보내신 얼인 성령이 참 나입니다." 그는 이제까지 삶은 마치 베데스다 연못의 38년 된 병자처럼 살아온 38년이었다고 했다. 그런데 죽지 못한 제나의 삶에서 탐(貪), 진(瞋), 치(癡)의 삼독(三毒)에서 자유롭게 되니 자신 안에 성령이 임하는 체험을 한 것이다.

그렇다고 이것이 일반 기독교에서 말하는 성령 체험을 말하는 건 아니다. 사실 유영모는 이전 톨스토이의 영향을 받아 예수의 몸을 그리스도로 보지 않았다. 예수는 사실 우리와 다름없는 일반 사람이요 하나님의 얼이 그에게 임한 것이라고 보았다. 유영모에게 있어 예수는 스스로 제나를 죽이고 얼나로 솟나 하나님 아버지께로 돌아간 선구자요 좋은 스승이었다. 그러나 유영모는 하나님의 얼이 예수에게만 임한 것이 아니라고 했다. 석가에게도 임하였고 공자 맹자 장자에게도 임했다고 했다. 임하지 않았으면 그들의 성품이 그렇게 선할 수 없다고 했다. 그러니 공자 맹자 장자의 글도 구약성경과 같은 대접을 해야 한다고 했다. 이런 그의 사상 때문에 전통 교회에서는 그를 받아들일 수 없었다.

다석은 우리 역시 그리스도의 얼나가 임하도록 해야 하며 내 안에 예수가 드러나도록 끊임없이 성불해야 한다고 주장했다. 인간은 마음 안에 하나님의 본성을 키워 하나님과 하나가 되는 삶이 삶의 궁극적인 목적이라는 것이다. 따라서 믿음의 대상을 하나님께서 내 속에 보내신 얼나, 성령이라 했다. 마치 불교에서 불성이 자신에게 있음을 믿는 것과 같은 원리다. 유영모는 자신 안에 제나가 죽음과 동시에 얼나가 임하는 체험을 했다. 그는 이 체험을 널리 알리고자 김교신을 불러 "부르신 지 38년 만에 믿음에 들어감"이란 글을 〈성서조선〉에 실어 주기를 부탁했다. 당시 그의 체험을 두고 정통신앙으로 돌아간 것으로 생각한 이들도 있었지만, 오히려 반대였다. 유영모만의 신앙을 더욱 곤고히 하는 시간이었다.

사상의 정립

이후 그는 여러 종교의 경전을 두루 읽으며 우리말로 옮기는 작업을 시작했다. 장자와 노자, 반야심경과 천부경, 중용과 성리학 등 여러 경전을 우리말로 풀어 번역함으로써 영원한 생명인 얼나로 살기를 힘썼다. 사실 유영모는 한글에도 하늘의 뜻이 있다고 해서 한글의 글을 만들어 사용하기를 즐겼다. 그중에 광주를 뜻하는 말로는 빛고을, 생명은 숨줄, 예술은 짓구, 만장은 글월, 천성은 바탈, 덕은 속알, 민은 씨알, 민주는 씨알님, 우주는 한늘, 순수는 맨참, 제자는 맘아들, 거듭나다는 솟남이라고 했다. 그리고 잊을 수 없는 단어, 청년은 푸른나이라고 했다. 다석은 언제나 '아바디' 하고 소리 내 불렀는데 '아'는 감탄사요 '바'는 빛 되시는 하나님이요 '디'는 하나님을 향해 일어서는 것이었다. 그러니 언제나 '아바디'를 부르며 살았다. 그렇게 글로써 자신의 사상을 정리해 갔다.

죽음

유영모는 죽음을 기다리고 사모하며 살았다. 52세부터 다석은 잣나무로 만든 널판을 안방에 두고 낮에는 방석으로 앉고 밤에는 침대 삼아 잠들었다. 죽는 연습을 한 것이다. 이제 남은 길은 영생하는 길인데 몸이 완전히 죽어야 갈 수 있다는 생각에 마치 결혼을 앞둔 신부 같은 심정으로 죽음을 대했다. 다석이 죽음을 이야기한 적이 있다. 1955년 4월 26일, 자신은 365일 뒤인 1956년 4월 26일에 죽음을 맞이하겠다고 선언한 것이다. 유영모가 이날을 정한 것은 김교신의 떠난 날을 계산하면서, 동시에 때가 이르렀다던 예수같이 자신도 스스로의 때를 준비하고 싶었기 때문이다. 하지만 그는 그로부터 25년을 더 살고서 1981년 2월 3일, 90년 10개월 23일 동안, 날수로는 3만 2천 날 동안 얼나로 쓸 도구로 살던 몸을 벗어 놓고 떠났다. 늘 마지막을 꽃처럼 아름답게 끝내고 싶었던 다석 유영모. 그는 스스로 끝까지 지키고 싶었던 순전한 삶을 살다가 그렇게 원하던 영원한 저녁, 다석(多夕)으로 돌아갔다.

17

매죽헌 성삼문 : 우리 선비의 삶 (1)

"이 몸이 죽어가서 무엇이 될꼬하니

봉래산 제일봉에 낙락장송 되어 있어

백설이 만건곤 할 제 독야청청하리라"

충의가(忠義歌)라고도 불리는 이 시조는 선비의 지조정신(志操精神)
이 얼마나 깊고 올곧은지 보여 준다. 나는 차라리 죽어서 높은 봉우리에
외롭게 선 낙락장송이 되고 흰 눈이 온 땅을 뒤덮을 때도 자신은 푸른빛
을 띠고 있을 거라 노래한 것이다. 이는 죽음의 길을 가던 선비, 매죽헌
성삼문의 시조다. 마치 망해 가는 고려 말, 자신을 설득하러 온 이방원에
게 포은 정몽주가 답했던 노래와 유사했다. 단심가라고 알려진 포은의
시조는 이랬다.

"이 몸이 죽고 죽어 일백 번 고쳐 죽어(이 몸이 죽고 또 죽고 백

번을 더 죽어) 백골이 진토되어 넋이라도 있고 없고(백골이 먼지

와 흙이 되어 넋이 있든 없든 간에) 임 향한 일편단심이야 가실

줄이 있으랴(임 향한 일편단심 변할 리가 있으랴)"

조지훈은 원칙과 신념을 끝까지 지키는 지조(志操)야말로 선비의 것이요 교양인의 것이며 지도자의 것이라고 했다. 지조(志操)가 없으면 장사꾼이나 기술자에 불과하다는 것이다. 이 지조(志操)의 정신을 가진 선비들은 제도권 정치에 들어가서도 기개를 잃지 않았다. 상황이 어려워질 때면 변절하며 살기보다 죽음으로 정한 뜻을 지켰고 불의한 일을 하기보다 그 일을 거부함으로써 은둔을 택했다. 하지만 안타깝게도 지조(志操)를 버리는 변절(變節)은 흔했고 뜻이 분명하지 않아 방향을 돌려 절개(節槪)를 바꾼 이들은 많았다.

그러나 지조(志操)를 지킨 선비들은 상황에 따라 뜻을 바꿀 수 없었고 아는 것과 말과 행동은 일치하려고 했다. 지조는 선비에게 생명과도 같은 것이기 때문이다. 이런 선비의 표상이라고 말할 수 있는 사람이 있다. 그는 사육신의 중심에 서 있는 매죽헌 성삼문이다.

성삼문이 태어난 시기는 세종이 왕 위에 오를 때였다. 그때는 나라를 세우는 개척정신을 넘어 국가의 정신적 기반을 다질 때였다. 그가 태어날 때 하늘에서 세 번 소리가 들리기를 '낳았느냐'라고 해서 이름을 삼문(三問)이라고 했다. 호는 매죽헌이다. 올곧은 지조의 상징 같은 대나무와 추위를 이기고도 꽃을 피우는 매화가 그의 꿈꾸던 삶이었기 때문이다. 성삼문의 등장은 스무 살 때 왕 앞에서 치러진 시험 때였다. 당시 마지막까지 올라간 사람이 허위지와 성삼문이었는데 세종이 둘 다 선택함으로써 공동 장원을 한 것이다.

당시 세종은 집현전을 세워 문학에 능한 사람들을 뽑아 학사로 임용했는데 이때 함께 등용된 사람들이 박팽년, 신숙주, 하위지, 이석형 등이었다. 아마 조선 역사에 가장 찬란한 순간을 말하자면 이때가 아니었을까. 세종과 학사들과 세자가 서로 학문의 우정을 나누며 훈민정음을 탄생시킨 그때는 지식만으로는 이룰 수 없었던 아름다운 시간이었다. 이 순간을 함께했던 성삼문은 성격이 활발하고 익살스러우면서도 가볍지 않은 사람이었다. 그의 충성됨을 사랑했던 세종은 언제나 그를 곁에 두고 아꼈다. 하지만 그 순간은 오래가지 않았다.

세종이 왕위에 오른 지 32년, 1450년에 그만 세상을 떠났기 때문이다. 아직 학자들에게는 오랫동안 세자로 함께한 문종이 있었지만 그는 몸이 약해 늘 병상에 누워 있었다. 그러던 어느 날 문종은 집현전 학자들을 불러 밤새도록 술자리를 가지면서 어두운 얼굴로 이렇게 말했다고 한다. "내 아이를 잘 부탁한다." 자기 죽음을 앞두고 세자에 대한 걱정이 앞섰기 때문이다. 성삼문은 이때 세종이 남긴 말이 머리에 스쳤을 것이다. "내 죽은 후에 너희들이 이 아이를 잘 보호해 달라." 그렇게 걱정스러운 아이였던 단종을 남겨 두고 아버지 문종은 세상을 떠났다.

문제는 이때부터였다. 문종에 이어 왕위에 오른 어린 왕보다 그 너머 권력을 쥔 사람들이 있었기 때문이다. 세종에게는 18명의 자녀가 있었는데 왕비의 소생이었던 8형제 중 둘째 수양대군과 셋째 안평대군이 눈에 띄었다. 먼저 행동에 움직인 사람은 수양대군이었다. 당시 선비들의 관심이 안평대군에게 있었기 때문이다. 수양대군은 임운, 홍윤성, 한명회와 함께 무사들을 모아 일을 꾸미기 시작했고 신숙주를 끌어들여 학자들을 설득하기 시작했다.

당시 수양대군은 성삼문도 타진했지만, 신숙주가 말렸다고 한다. 그는 오직 충군, 절의, 학문에만 관심이 있다는 이유였다. 성삼문의 선비 됨을 알았기 때문이다. 선비정신의 절개와 지조에 대해 위당 정인보는 이렇게 말했다. "절개는 한계를 지키며 넘어서지 않는 것"이고 "지조는 정한 한도를 살피며 중용을 잃지 않는 것이다"라고 성삼문이 그랬다. 그는 자신이 지켜야 할 한계와 정한 한도를 벗어나지 않는 사람이었고 더구나 자신에게는 지켜야 할 세종과 문종의 뜻이 있었다. 절개나 지조나 뜻조차 바람 같던 신숙주와는 분명 결이 다른 선비였던 것이다.

1453년 10월 10일 밤, 드디어 수양대군은 김종서를 죽이면서 관련된 원로 고관들을 제거하기 시작했다. 그리고는 안평대군을 귀양 보내고 자신은 영의정에 오르게 된다. 상황이 이쯤 되자 단종은 모든 걸 단념한다. 수양대군에게 왕위를 넘기기로 한 것이다. 그렇게 세조에게 옥새를 넘기려고 할 때 이 국새를 붙들고 정신을 잃을 정도로 통곡하던 사람이 성삼문이었다. 당시 이를 보던 박팽년이 경희루 앞 연못에 빠져 죽으려 들자 성삼문이 달려가 겨우 말렸다고 한다. 일단 단종부터 복위시키고 보자며 설득했기 때문이다. 그때 죽어도 늦지 않다는 말에 박팽년도 날을 보기로 한다. 그리고 그 시기를 명나라 사신이 올 때를 잡았다. 왕의 행사에 검을 차고 호위하는 별검 역할을 맡던 유응부가 수양대군을 죽이기로 하고 윤영손은 신숙주를, 성삼문의 아버지 성승은 한명회와 권람을 제거하기로 한 것이다.

그런데 그만 일이 틀어지고 말았다. 연회장이 좁고 위험하다며 한명회가 별검을 취소한 것이다. 일정이 마음처럼 되지 않자 학자들은 때를 두고 의견이 분분했고 이때 위기를 느끼던 김질이 장인 정찬손을 찾아가 이 일을 알린 것이다. 변절(變節)이었다. 그들은 함께 세조를 찾아가 이 일을 밀고했다. 이에 따라 성삼문부터 시작해 집현전학자 17명이 감옥에 투옥되고 성삼문에게 배신을 느낀 세조가 물었다.

"너희들이 어찌 나를 배반하는 거냐?"

"나리는 평소에 툭 하면 주공 이야기를 했는데 이것이 그 주공 이 한 일입니까? 나으리. 하늘에는 두 태양이 없고 한 백성에는 두 임금이 있을 수 없는 법입니다."

그러면서 성삼문은 세조의 불의와 문종의 당부를 외면한 불충을 크게 꾸짖었다. 끝까지 성삼문을 붙잡고 싶었던 세조의 마음과 달리 성삼문은 신숙주가 얘기 했던 대로 군신의 의리를 저버리지 않았다. 결국 허벅지는 불 쇠꼬챙이로 뚫리고 팔은 부러진 채 배를 타고 노량진 사형장으로 건너간 성삼문은 이런 시 한 편을 남기게 된다.

"격고최인명(擊鼓催人命)

목숨을 재촉하는 북소리 둥둥 울리는데

화두일욕사(回頭日欲斜)

고개를 돌아보니 해는 서산으로 지는구나

황천무일점(黃泉無一店)

황천길에는 주막집 하나 없다는데

금야숙수가(今夜宿誰家)

오늘 밤 누구 집에서 묵어야 할까"

조부 성인조가 고려왕조에 대해 절의를 지킨 것처럼 그도 역시 자기 왕을 위해 지조와 의리를 다하고는 목숨을 마감했다. 집안은 젖먹이까지 모두 살해되고 가산은 몰수되었다. 이때 성삼문의 집에는 세조가 준 모든 녹봉이 월별로 표시되어 있어 하나도 건들지 않은 채 별실에 쌓여 있었다고 한다. 언젠가 성삼문이 중국에 갔을 때 〈수양산을 바라보며〉라는 시조를 지은 적이 있다. 이름도 수양산이니 참 아이러니하다. 중국의 수양산은 은나라 사람 백이숙제 형제가 주무왕이 은나라를 친다고 하자 주나라 곡식은 안 먹겠다며 고사리만 먹다 죽은 산이었다. 그런 백이숙제를 향해 성삼문은 이런 시조를 지었다.

"수양산 바라보며 이제를 한하노라

(수양산을 바라보면서 백이와 숙제를 한탄하노라)

주려 죽을 진들 채미도 하난 것가

(차라리 굶어 죽을지언정 왜 고사리를 뜯어먹었는가)

비록에 푸새엣 것인들 그 뉘 따헤 났다니

(고사리가 비록 저절로 나서 자라는 풀일만정 그건 누구 땅에

서 난 것인가? '나 같으면 먹지 않겠다')"

세조가 준 것은 하나도 건들지 않고 오직 선비의 의리를 지키다 간 성삼문과 사육신을 보던 함석헌은 이들 때문에 자신은 의(義)를 알게 되었다고 했다. 성삼문의 글귀가 적힌 책을 들고선 사육신묘를 찾았다. 그의 지조를 눈으로 보고 가슴으로 배우고 싶었기 때문이다. 속으로 정한 뜻은 저버림 없이 목숨으로 지켜 내던 선비의 무덤은 거대한

산과 같았다. 충군(忠君), 절의(節義), 학문(學問)의 삶을 살다 간 매죽헌 성삼문. 그는 우리의 영원한 선비로 남아 있다.

18

고산 윤선도 : 우리 선비의 삶 (2)

　가장 이상적인 선비의 삶을 살았던 사람 중에 조선 중기를 살다 간 풍류가 고산 윤선도가 있다. 《한국의 선비와 선비정신》의 저자 금장태 교수는 선비란 사회가 추구하는 이상과 가치 질서를 제시하고 실천함과 동시에 자연을 즐기며 기상을 펼쳐 나가는 운치 있는 사람이라고 했다. 고산이 그랬다. 당시 조선 선비들은 인습과 당파에 매여 있었지만 고산은 선비정신으로 그 시대를 돌파해 갔다. 그 때문에 목숨을 잃을 뻔한 일이 잦았고 평생 유배지를 돌며 살아야 했지만 고산은 아랑곳하지 않았다. 자신은 그 시대를 견인할 책임이 있는 선비였기 때문이다. 하지만 늘상 싸우기만 한 것은 아니다. 기회만 있으면 자연으로 들어가 소요유를 즐기며 마음을 정갈하게 다듬던 운치 있는 사람이었다.

　고산 윤선도의 선비로서 됨됨이는 유교적 이상정치를 꿈꾸며 조광조와 뜻을 같이했던 조부의 영향과 그가 늘 품에 품고 있던 '소학'에 있었다. 소학은 자신은 물론 가족과 군신 간에 가져야 할 마음과 태도에 대한 글로서 원래 아이들을 위한 수양 입문서였다. 그는 어떤 학문보다 소학을 사랑했다. 그는 사람이 본받을 만한 것이 소학에 있다고 해서 항상 소학을 옆에 두고 읽으며 외우며 살았다. 사람이 수신(修身)할 수 있는 법도가 있다면 오직 소학이라고 믿은 것이다. 나중에 그가 정계에 진출해 봉림대군과 인평대군의 사부가 되었을 때도 그는 임금에게 청하여 소학을 중심으로 가르쳤다. 소학을 자신이 평생 지닐 선비정신으로 삼았던 그는 이에 벗어난 사람이면 누구에게나 거침이 없었고 이는 왕이라도 예외는 아니었다.

고산이 살았던 16세기 말에서 17세기는 혼란스러운 시대 그 자체였다. 임진왜란과 병자호란의 혼란이 그랬고 당쟁으로 조정은 동인과 서인으로 분열하더니 다시 동인이 남인과 북인으로 갈라지는 정권 다툼의 시대였다. 그가 이 틈바구니에서 등장한 것은 20세에 장원급제하면서다. 그러나 20대에 양모와 생모, 생부가 세상을 떠나면서 고산의 20대는 대부분 부모상을 치르는 데 시간을 보내게 된다. 이후 30대가 된 고산은 정치에 입문하자마자 광해군의 절대 권력자 예조판서 이이첨을 비롯한 여러 사람을 독기에 찬 상소문 "병진소"를 올리면서 전면에 등장했다.

> "근래에 전하의 팔다리 노릇을 하고 귀와 눈 역할을 하며 목구멍과 혀 노릇을 하는… 이들 가운데 이이첨의 심복이 아닌 자가 없습니다… 권세를 멋대로 부리고 있는 것이 또한 극도에 이르렀다고 하겠습니다… 그런데도 이이첨이 또한 감히 변명을 하고 있으니 신은 삼가 통분하게 생각합니다… 유희분과 박승종은… 이이첨이 나라를 위태롭게 하는 것을 보고서도, 바른 말로 논계하여 죽음을 무릅쓰고 간언하지 아니하니, 참으로 겁 많고 나약한 자들입니다… 김제남은 반역을 한 정상이 분명하여…"
>
> – 윤선도의 "병진소",《고산유고》

과거 시험이 유출되는 문제와 인목대비의 친정 아버지인 김제남까지 비난한 이 상소문으로 인해 이이첨, 박승종은 사직상소를 올리고 왕족 19명은 고산을 적극 지지하면서 상소문으로 맞서니 나라가 시끄러웠다. 고산은 호남 동인 가문이었다가 후에 정개청 옥사사건으로 인해 동인이 남인과 북인으로 갈라질 때 남인에 속해 있었다. 당시 인조반정 이전에는 북인이, 인조반정 이후에는 서인이 정국을 잡던 시대였다. 따라서 남인에 속한 그의 거침없는 글은 누구의 보호도 받기 어려운, 스스로를 죽음으로 몰아넣는 형세가 되었다. 그러나 그는 개의치 않았다. 신하로서 해야 할 말을 하는 선비였기 때문이다. 결국 그는 그 상소로 인해 체포되고 유배 생활을 시작한다. 그리고 아버지 유기는 아들 일로 삭탈관직당하는 벌을 받게 됐다.

하지만 유배지였던 함경도 경원과 경상도 기장에서 30대 대부분을 보낸 고산은 한탄만 하며 시간을 보내지 않았다. 오히려 자연 속으로 들어가 그 속에서 한시를 지으며 즐김으로써 마음을 정리했다. 37세 되던 해, 인조반정으로 유배지에서 풀려난 고산은 여러 벼슬을 마다하고 해남으로 돌아간다. 그러다 다시 별시 문과 초시에 장원급제하면서 등장한 고산은 동국 제일의 책문이라는 칭찬을 받으면서 봉림대군과 인평대군 사부로 임명됐다. 이후 그는 어느 관직을 맡든 왕자들의 교육을 담당하는 사부 자리를 항상 겸하게 됐다.

왕자들의 사부로서 지극정성이 얼마나 애틋했던지 나중에 효종은 그를 "우리 선생님"이라고 불렀을 정도다. 그런 고산이었기에 병이 나서 해남에 머무를 때는 인조가 매일 약과 음식을 하사하며 그를 가까이했다. 하지만 이런 임금의 관심은 이내 질투로 이어지고 그는 다시 지방현감으로 내려가야만 했다. 그러나 그곳에서도 고산의 올곧은 성품은 여전했다. 백성들을 차별 없이 엄격하게 다스리면서 모든 사사로운 부탁에는 귀를 닫은 것이다. 그리고 상소문 "을해소"로 또 한 번 관료들에게 미움을 사게 되는데 그동안 삼남 지방에 실시된 양전 등급이 무거우니 이를 낮추고 관리들은 민심을 보살펴 줄것을 요청했기 때문이다. 이로 인해 또다시 관직을 내려놓고 고향 해남으로 돌아간 고산 윤선도. 그의 삶은 늘 그랬다. 임금을 사랑하고 백성들을 올바른 길로 인도하는 것이 삶의 목적이었기에 벼슬과 위치는 중요하지 않았다. 언제든지 그는 고향으로 내려갈 준비를 하고 있었고 또 그랬다. 고향 해남으로 내려가 은거하기 시작한 그때 고산에게 병자호란의 소식이 들려왔다.

고산은 즉시 가복들을 이끌고 일단 강화로 달려가지만 이미 강화는 함락된 상황이었다. 고산은 왕을 알현하기보다 해남으로 돌아가며 때를 살피는데 인조가 청나라에 항복하고 서울로 환도했다는 소식이 들려왔다. 고산은 수치스러운 이 일로 인해 차오르는 울분을 참을 수 없었다. 도저히 마음을 달랠 길 없던 고산은 다시 길을 떠나 자연으로 들어가기로 한다. 그렇게 배를 타고 제주도로 가던 중 그의 평생 안식처와 같은 보길도를 발견하게 됐다. 그렇게 보길도로 들어간 고산은 그곳이 연꽃을 포개 놓은 듯하다 해서 부용동이라고 불렀고 서재로는 낙서재, 정자는 동천석실, 연회장으로는 세연정을 지어 놓고 은둔 생활을 시작했다. 그러나 전쟁 때 임금에게 인사하지 않고 갔다는 것이 죄가 되어 또다시 유배길을 떠나게 된다.

두 번째 유배는 그에게 가슴 아픈 추억이 되었다. 유배를 마치고 돌아오던 중 아들이 천연두로 죽었다는 소식을 접했기 때문이다. 그렇지 않아도 병자호란 전, 둘째 아들이 죽고 그 며느리가 가슴 아파 자살한 게 엊그제 같았는데 고산은 자식을 잃은 깊은 상실에 빠져 다시 보길도로 돌아갔다. 그는 언제나처럼 자연 속으로 들어가 그곳에서 노래하며 마음을 달래고 수양했다. 음악으로 그의 지친 마음을 달랜 것인데 윤선도는 특히 음악을 좋아했다. 음악을 가까이한 이유에 대해 "나는 음악을 통해 평화롭고, 장엄하며 너그럽고 치밀하며 치우치지 아니하고 바른 뜻을 추구하게 된다."라고 한 것이다. 특히 54세에 유배지에서 돌아온 고산은 보길도 같은 금쇄동을 발견해서 마음을 수양하는 한편 거문고와 가야금을 타며 아름답고 정적인 시와 글들을 많이 남겼다. 그중에는 우리도 너무 잘아는 〈어부사시사〉가 있는데 이는 춘하추동 각 계절을 10수씩 배치해서 40장에는 봄의 아침과 겨울의 저녁까지를 노래한 것이다. 날씨가 좋을때면 세연정에 내려가 사람들로 〈어부사시사〉를 불러 춤추게 하고는 연못에 비추인 그림자를 보며 즐겼다고 하니 세상사 풍파 속에서도 풍류를 즐길 줄 아는 선비였다.

"보는 것이 청산이요 듣는 것 거문고니
세상일 어느 것 내 마음에 들어오랴
마음 가득한 호연지기 알아주는 이 없으니
한 곡조 미친 노래 나 홀로 부르네"

– "낙서재"에서

그렇게 보길도에서 마음을 달래던 중 인조가 세상을 떠나고 봉림대군이 왕이 되어 효종이 되었다. 효종은 자기 선생 고산을 불러 그에게 여러 직책을 맡기며 곁에 두지만, 질투에 찬 신하들의 공격이 끊이질 않았다. 고산은 다시 스스로 사직하여 고향으로 내려갔다. 그러다 또다시 상소문을 통한 분란에 휩싸이게 되는데 인조반정에 공을 세운 정사공신 원두표가 기세가 교만하고 방자하다는 것을 두고 고산이 또 한 번의 탄핵상소 "논원두표소"를 올렸기 때문이다.

> "원두표는 재주는 많으나 덕이 적고, 이득을 좋아하고 의리가
> 없으며 사납고 교활하며 포악하게 화심을 감추고 있으니 이런 사
> 람에게 일을 맡기지 않는 것이…"

당시 아무도 건드릴 수 없었던 거물 원두표를 탄핵하는 상소문은 또다시 정계를 발칵 뒤집었다. 고산만이 할 수 있는 일이었으나 고산은 결국 관직을 삭탈당하고 만다. 그는 다시 보길도로 내려갔다. 그러나 이때 함께 들려온 소식은 아내와 손자가 세상을 떠났다는 비보였다. 이제는 모두 다 떠나고 홀로 남은 고산은 보길도에서 세연정을 증축하고 그곳에서 제자들을 가르치며 은둔 생활을 이어 갔다.

그러나 곁에 두고 의지할 만한 사람이 필요했던 효종이 홀로 살아가는 71살의 고산을 다시 불러들였다. 하지만 욕심에 찬 정치계와 고산은 더 이상 어울리지 않았다. 정개천 복권 사건을 계기로 다시 직설적인 상소문을 올리던 고산에게 효종이 그랬다고 한다. "그가 노망하여 실성해서 죽게 되었구나." 결국 고산은 파직당하고 만다. 그래도 그를 사랑한 효종은 수원에 집을 지어 주는데 나중에 효종이 죽고 나자 고산은 그 집을 배에 실어 해남으로 옮겨 두어 지금의 녹우당이 되었다. 그런데 아직 그의

인생고는 끝나지 않았다. 갑작스럽게 죽은 효종의 장례를 맡은 고산은 효종이 차남이지만 장자로 대우해 삼년상을 치르자고 한 제안 때문에 또다시 유배를 떠난 것이다. 다시 돌아왔을 때 그의 나이 74세였다.

"내 어찌 세상을 거슬렀다고
세상일이 나와는 어긋나는가
높은 지위 마음 두지 않고
푸르른 광야처럼 살아가리라"

– 동하각,《고산유고》

너무도 바른말을 많이 해서 여러번 유배를 떠나야 했던 고산에 대해《효종실록》은 이렇게 기록하고 있다. "직설적인 말로 홀로 싸우기를 좋아하는 사람이다." 그러나 그는 그럴 수밖에 없었다. 언제나 그의 가슴에 담겨 있던 선비정신 때문이다. 더구나 소학의 가르침이라면 언제든지 칼보다 무서운 붓을 들던 고산이었다. 그러나 자신을 적대시한 송시열이라 할지라도 몸이 아파 약을 달라고 하면 정성스레 약을 지어 병을 낫게 해 주던 따뜻한 사람이기도 했다. 그렇게 수많은 역경과 고난을 거치면서도 뜻을 버리지 않고 지조를 지키며 기꺼이 자연 속에서 소요유를 즐기다 간 고산은 자신에게 마음의 고향 같은 보길도 낙서재에서 85세에 인생을 마감했다.

고산은 동인 서인 관계없이 선비정신으로 거침없이 개혁의 붓을 들어 싸우다가도 자연으로 돌아가 풍류를 즐기던 우리의 선비였다. 지금은 잃어버린, 하지만 다시 되찾아야 할 우리 민족의 자랑스러운 선비 정신을 보여 주는 삶의 모델이다.

19

추사 김정희 : 세한도 사람들

    조선시대에 문학, 역사, 철학(文史哲)은 물론 그림에 시와 서예를 깃들일 줄 아는 선비를 삼절(三絶)이라 불렀다. 역사적인 그림 〈세한도(歲寒圖)〉를 남긴 추사 김정희가 바로 그 삼절(三絶)이었다. 처음 〈세한도(歲寒圖)〉를 접한 사람이라면 그림 앞에서 적잖이 당황하게 된다. 화려한 명성에 비해 황량한 배경에 빈집 하나, 나무 몇 그루가 전부이기 때문이다. 마냥 이해할 수 없던 세한도는 그림을 그린 추사 김정희와 그림을 받아든 이상적을 만나야 진면목을 발견하게 된다.

    추사가 아들에게 보낸 글 중에 "문자향, 서권기(文字香, 書卷氣)"라는 말이 있다. 책을 많이 읽고 교양을 쌓으면 글씨에서 책의 기운이 풍기고 문자의 향기가 난다는 것인데 〈세한도(歲寒圖)〉가 그랬다. 언젠가 〈세한도〉 진품을 전시한다는 소식에 국립중앙박물관에 가서 작품을 보던 감격을 잊을 수 없다. 그림과 글 속에 담긴 추사를 직접 만나는 영광을 누렸기 때문이다.

    추사 김정희는 어떤 사람이었을까? 그는 사실 조선 왕실에 속한 사람이었다. 이씨 조선에 김정희가 왕실 사람이 된 이유는 이랬다. 영조 때

영의정이었던 김흥경의 막내아들 김한신은 영조의 딸 화순옹주와 결혼했다. 그러나 김한신이 요절하고 화순옹주도 2주 뒤에 죽게 되자 이들의 제사를 드리는 문제가 중요해졌다. 제사는 김한신의 큰형 김한정의 셋째 아들 김이주에게 넘어가고 김이주의 첫째 김노영이 아들이 없자 넷째 김노경의 자식 김정희를 첫째 김노영에게 입적시키면서 김한신 부부의 제사를 받들게 했다. 추사 김정희가 조선 왕실 사람이 된 순간이다.

당시 조선은 순조를 대신해 효명세자가 대리청정하고 있었고 그 뒤에는 김정희의 친부 김노경이 있었다. 자연스레 권력의 핵심에는 추사 집안이 있었지만 권력은 오래 가지 않았다. 효명세자가 죽게 되자 권력에서 밀려난 김노경이 유배를 떠난 것이다. 나중에 김노경은 순조에 의해 풀려나지만, 헌종 때 다시 죄가 들먹여지고 이때 이미 죽은 김노경의 아들 추사에게 불통이 튀게 되었다. 추사는 억울하게 물고 늘어진 죄목으로 6차례나 모진 고문을 당하고는 모든 관직을 박탈당하고 제주도로 유배됐다.

그렇게 도착하게 된 제주도 남서쪽 대정읍. 금방 돌아갈 것 같던 유배지의 시간은 8년을 넘어섰다. 권력의 핵심부에서 많은 사람에게 주목받았던 추사였지만 지금은 아무도 찾아오지 않는 쓸쓸한 신세가 되고 말았다. 그나마 추사를 찾은 건 초의선사와 제자 이상적뿐이었다.

추사를 사랑한 제자 이상적은 집안 대대로 역관이었다. 스물셋에 중국어 역관에 합격한 이후 청나라를 12차례나 왕래했던 조선의 대표적인 역관이었다. 그는 언제나 추사를 대하는 마음에 변함이 없었는데 그가 청나라에 갈 때면 최신 서적을 구해다 보내 주곤 했다. 더구나 추사가 존경하는 옹방강 책을 보내 줄 때면 추사는 더할 나위 없이 기뻐했다. 추사는 항상 변함없이 자신을 향해 의리를 지켜 준 이상적이 고마웠다. 하루는 그를 생각하는데 논어의 한 구절이 생각났다.

"세한연후지송백지후조(歲寒然後知松柏之後凋)." 이는 겨울이 되어서야 소나무와 잣나무가 시들지 않는다는 걸 알게 된다는 뜻이다. 추사는 끝까지 자신 곁에 머물러 준 이상적에게 답례를 하고 싶었다. 그렇게 붓을 들고서 그려 나간 그림이 바로 〈세한도〉다. 그리고 마지막에 찍힌 인장, 장무상망(長毋相忘) "우리, 오래도록 잊지 말자." 이상적은 눈물을 흘리며 추사의 마음이 담긴 〈세한도〉를 받아들였다.

〈세한도〉는 당시 그림에 마음을 담아 인격화된 문인화였다. 추사가 추구하는 학예일치(學藝一致)가 그대로 표현된 그림이었다. 연한 먹으로 그림을 그리다 진한 먹으로 강조점을 표현한 초묵법으로 그려진 〈세한도〉는 보이지 않는 부분을 읽어야 이해되는 그림이다. 추사의 인격이 하나로 뭉쳐진 이 〈세한도〉 같은 그림이 또 있을까? 〈세한도〉는 추사와 이상적을 만나고 한참을 들여다본 다음에야 '아!' 하는 감탄사가 나온다.

마치 내가 유배지에 온 것 같은 고독감, 뭔가 홀로 덩그러니 남겨진 외로움, 그러나 올곧게 서 있는 소나무와 잣나무 사이에 서 있는 추사와 이상적을 보노라면 알 수 없는 부러움의 감정이 올라온다. 추사의 숨결이 물씬 풍겨난 〈세한도〉에서 사랑마저 느껴지는 건, 추사의 인격 때문일 것이다. 230년 동안 수많은 사람에게 감동을 남겨 준 〈세한도〉는 그렇게 격이 두텁게 쌓인 그림이었다.

추사 김정희를 말할 때 빼놓을 수 없는 또 한 명의 벗이 있다. 초의선사다. 다산 정약용의 아들 정학연은 초의 선사에 대해 이렇게 말했다.

"생김새가 순박하고 말수나 웃음이 적으며 유가의 경전은 널리 섭렵했고 법서와 명화를 좋아했다… 어떤 사람이든 평등한 마음으로 대하였다."

당시 선비는 불교를 가까이하지 않았는데 추사가 초의에게 쓴 편지에 이런 내용이 들어 있다. "그대들이 하려는 것은(윤회를 벗어나려고 하는 것) 애만 많이 쓰고 번번이 반복되는 일은 아닐는지, 천명에 맡기고 순리로 보존되는 것인데도 없는 것을 받들고 있으니 매우 슬프고 멍합니다." 하지만 추사는 옹방강을 만난 이후부터 불교를 종교보다 도의 개념으로 접하기 시작했다. 추사가 처음 초의선사를 만난 건 1815년 겨울 수락산의 학림암이었다. 해봉스님을 찾은 자리에서 만난 것이다. 그리고 그 이후 두 사람은 평생의 벗이 되었다.

서로 마음을 주고받으며 벗이 된 추사와 초의의 우정은 추사가 유배길을 떠나면서 그 깊음이 드러났다. 모든 진실은 어려울 때 드러나는 법이다. 심한 고문과 허망한 마음으로 제주로 유배를 떠나던 추사가 해남 일지암에 도착했을 때다. 지친 마음으로 도착한 그곳에 놀랍게도 그를 기다리던 사람은 초의선사였다. 초의선사는 추사를 따뜻하게 맞아 주며 앞길이 무사하길 바라는 심정으로 상상화 〈제주 화북 진도〉를 그려 건네준다.

추사는 마음이 힘들때면 제주 유배지에서 초의에게 "요즘 입을 벌리면 먹고 눈을 감으면 잡니다."라고 마음을 전하며 울분을 삭였다. 그럴때면 초의는 대둔산의 능이버섯과 장류, 자신이 직접 법제한 '초의차'를 보내 그의 마음을 안정케 했다. 추사는 "보내 주신 차는 병든 위를 말끔히 낫게 해 주니 감동이 뼈에 사무치게 간절합니다."라며 감사의 마음을 전했다.

차가 떨어질 때면 대항사 사중에서 만든 작은 덩이차 30~40편을 구해 달라고 부탁하기도 했던 추사는 초의가 보내 준 차와 편지를 기다리는 게 이상적이 보내 준 책과 함께 유배지에서의 유일한 낙이었다. 기나긴 유배지에서 이상적과 초의는 추사에게 숨통이나 다름없었다. 그는 그 감사의 마음을 답하고자 "차향 가득한 그윽한 방"이라는 일로향실(一爐香室) 글을 써서 보내 주게 되고 이 글은 후에 초의선사의 당호(집 이름)가 되었다.

추사와 초의선사를 이어 주던 제자 중에는 가교 역할을 한 허련도 있다. 진도에서 태어나 그림 그리기를 좋아한 그를 추사는 문인 화풍을 발전시킨 소동파 대치와 견줄 만하다고 해서 소치라고 불렀다. 당시 추사는 초의의 초묵필법으로 그린 관음 진영에 감격했던 때였다. 소치는 초의로부터 불교의 그림, 특히 초묵법을 전수받았다. 〈세한도〉 역시 초묵법으로 그린 추사는 초의에게 초묵법은 전하기 쉽지 않은 오묘한 진리가 담겨 있다고 말했는데 이 오묘한 진리를 소치가 배운 것이다. 소치는 이상적과 같이 평생 추사와 초의 심부름꾼으로 서로를 이어주는 일을 하게 된다. 모두 추사에게 등을 돌릴 때 소치는 이상적과 마찬가지로 평생토록 스승에 대한 의리를 잃어버리지 않았다.

추사는 유배지에서 풀려나 지금 서울의 금호동 쪽에 머무르면서 초의가 보내 준 차를 마시면서 지냈다. 그러나 그의 고난은 질겼다. 진종 조례론의 발설자로 지목되어 다시 유배를 떠난 것이다. 그리고 1년 후 과천의 초당에 들어간 이후에야 추사는 안정을 찾게 된다. 그의 말처럼 추사는 과연 차의 힘으로 생명을 연장했다. 초의가 보내 준 차 향에 눈이 뜨인

다던 추사였다. 언제나 초의와 그가 보내 준 차 향을 몸과 마음에 품던 추사는 초의에게서 연락이 뜸하면 '초의는 나를 잊었는가?'라고 물으며 연을 놓지 않고 70살이 넘도록 벗이 되었다. 오랫동안 상실의 삶을 살다 간 추사. 하지만 그의 곁을 함께했던 동지 이상적, 초의선사, 허련이 있었기에 그는 상실만큼이나 위로받으며 살았다. 그의 곁에 남아 있던 '세한도 사람들' 때문이다. 이럴 때면 언제나 함석헌 선생의 한마디가 떠오른다. "그대여 그대는 이런 사람을 가졌는가!"

다산 정약용 : 사제 간 내리사랑
정조인(正祖人)에서 초당인(草堂人)으로

　추사 김정희가 9년간 탱자나무 가시나무에 홀로 갇혀 선비의 인격을 〈세한도〉라는 그림 하나에 표현했다면 이에 두 배 되는 유배 생활 동안 수많은 제자들과 함께 무려 500권에 달하는 책을 펴낸 사람이 있다. 다산 정약용이다. 추사가 유배지에서 도의 삶을 살았다면 다산 정약용은 유배지에서 학문의 문을 열어젖혔다. 다산 정약용의 흔적을 따라가다 보면 경이로울 정도로 삶이 촘촘하다. 한순간도 인생을 허투루 보내지 않았던 그였기에 200년이 지난 지금까지도 사람들은 조선의 대표적인 선비 정약용의 말에 귀를 기울인다. 그의 삶을 되돌아보면 정조의 사람, 정조인(正祖人)에서 초당 학파를 이룬, 초당인(草堂人)으로 살아간 흔적을 만나게 된다.

▌정조인(正祖人) 다산

　다산이 정조 왕을 만나게 된 때는 22살 때였다. 세자책봉 축하 때 열린 특별과거시험에서 초시에 합격한 다산은 성적은 좋지 않았으나 성균관에서 공부할 자격을 얻게 됐다. 이때 그의 표현대로 풍운아 정조를 만나게 된다. 다산은 공부에 있어 끈질기도록 부지런한 사람이었다. 그가 보지 못한 책이 없을 정도였다. 정조는 그런 다산이 좋았다. 그래서 성균관에서 계속 우수한 성적을 내는 다산을 재상감이라고 여기며 눈여겨 두었다.

"이렇게 해서야 급제는 하겠느냐?" 번번이 대과에서 합격하지 못한 다산을 두고 했던 정조의 말이다. 정조는 다산의 인물됨을 알아보고 그가 속히 조정안으로 들어오길 바랐다. 그의 뜻대로 다산은 다음 해 전시에 급제했고 정조는 그를 가까이하며 학문의 정을 나눴다. 늘 다산이 필요한 책이나 붓이나 종이를 주던 정조는 하루는 더 이상 줄 게 없다면서 술이라도 마시라고 건넸다고 한다. 그에게 밤이면 글을 읽게 하고는 부채로 장단치며 좋아했으니 다산을 향한 정조의 마음이 어떠했는지를 알 수 있다.

처음에는 28세 규장각 초계문신으로서 정조와 함께 국사를 의논하던 다산은 이후 국사 예문간 검열에 사간원 정언, 사헌부 지평에 이르기까지 모든 영역에서 역할을 발휘하게 된다. "이처럼 실다운 인재는 드물다고 할 만하다." 다산을 사랑하는 정조만큼이나 다산도 왕 정조에 대한 마음이 지극했다. 그리고 다산은 정조의 마음 한구석에 늘 아버지 사도세자가 있다는 것을 잘 알았다. 언젠가 다산은 사도세자에 대한 이야기를 듣게 되는데 온양온천에서 있었던 일이었다. 군대가 백성의 수박을 망쳤다는 말에 사도세자가 전부 값을 치르고는 남은 수박을 병사들에게 주어먹게 했다는 것이다. 다산은 그곳에 단을 쌓아 홰나무 한 그루를 심게 하고는 방치된 그곳을 정돈했다. 그리고 정조에게 받은 "영괴대(靈槐臺)"라는 글이 새긴 비석을 세웠다. 이는 정조의 마음을 잘 알았던 다산의 정성이었고 정조는 다산덕에 아버지 덕을 세우며 위로를 받았다. 또한 아버지 사도세자 묘소에 참배하러 가는 정조를 위해 한강에 배다리를 만들기도 했는데 수학적 계산과 원리에 능했던 다산만이 할 수 있는 일이었다. 이 역시 정조를 향한 다산의 마음이 담긴 역사였다.

정조는 사도세자가 회갑이 되던 1795년, 수원에 화성을 건설하기로 하고 다산을 불렀다. 그러자 다산은 성을 쌓는 모든 필요한 일과 기중기, 조선식 도르래, 무거운 돌을 운반하는 우형거에 이르기까지 모든 사항을 정리해 정조에게 보고하고 인건비를 지급하는 방법까지 치밀하게 적어 올리니 정조는 기쁠 수밖에 없었다. 다산으로 인해 수원화성은 10년에 할 일을 2년 9개월 만에 완공하게 됐고 비용도 4만 냥이나 절감되었다.

이후 홍문관 수찬에 임명되어 암행어사로 나가 백성의 현실을 왕에게 전하던 다산은 그러나 천주교와 관련된 비난으로 황해도 곡산 부사 목민관으로 좌천된다. "이제 막 자라나는 싹은 꺾지 않는 법이니 어이 굳이 이렇게까지 해야만 하겠소?" 서학 문제로 파직하기를 청하는 신하들을 꾸짖은 정조였다. 다산은 목민관으로 임명되면서 백성을 위한 목민이 무엇인지를 체감하며 후에 《목민심서》를 썼다. 백성들은 다산으로 인해 마음이 시원했다. 정조 역시 과연 다산이라는 생각에 다시 그를 불러 형조참의에 임명했다. "글 잘하는 선비가 뜻밖에 형사 재판까지 잘 알고 있으니 너를 부른다." 다산은 모든 분야에서 왕과 나라를 위해 일하던 정조 말대로 재상감이었다.

그러나 사도세자를 죽이는데 찬성했던 노론 벽파는 천주교와 연관된 문제를 들어 정조 주변의 남인들을 공격하는 데 열심이었고 그 중심에는 언제나 다산이 있었다. 그도 그럴 것이 창덕궁에 꽃이 피어 연회를 열면 누가 봐도 정조와 다산은 부자 관계 같았기 때문이다. 함께 꽃구경에, 낚시에, 활쏘기에, 술자리에 누가 봐도 시기할 만한 두 사람이었다. 정조는 왕으로서 줄 수 있는 모든 걸 다산에게 주고 싶었다. 그만큼 다산과 그의 글을 사랑했다. 그러나 다산은 주변 시선을 무시할 수 없었다. 결국 궁을 떠나 고향에 내려가 학문에 집중하기를 청하고는 정조 곁을 떠나게 된다.

그러던 1800년 어느 날 다산에게 하늘이 무너지는 소식이 들려왔다. 정조 왕이 세상을 떠났다는 것이다. "내가 어찌 너를 버리겠느냐? 오랫동안 서로 보지 못했다. 책을 엮을 일이 있으니 월말에 들어와 경연에 나오라." 이 편지를 받은 지 보름도 안 되었다. 그는 홍화문으로 달려가 실성한 사람처럼 울었다. 다산은 이후 이날만 생각하면 눈물이 나는 걸 멈출 수 없었다. 18년 동안 정조가 주는 사랑을 받아 누리며 학자로서 또 신하로서 마음껏 자유를 누렸던 다산이었다. 그러나 정조의 죽음은 다산의 긴 유배 생활을 예고했다. 정조를 이은 11살 순조는 수렴청정하는 정순 대비 김 씨가 천주교도들을 죽이라는 법령을 내리면서 다산에게 짙은 먹구름이 찾아왔기 때문이다. 그리고 마침 정약용의 형 정약종이 사람을 시켜 천주교 관련한 물품과 서찰을 옮기다 적발되면서 그 불씨는 타오르게 됐다. 시시때때로 남인 시아파들을 처리하려던 노론은 이때를 놓치지 않았다. 즉시 정약용은 이가환, 이승훈과 함께 체포되고 이 중 이가환과 권철신은 곤장을 맞다 죽고 베드로 이승훈, 아우구스티노 정약종, 토마스 최필공 등은 서소문 밖 형장에서 참수형을 당했다.

정약용과 형 정약전은 이후 황사형 편지사건(조선의 천주교를 위해 청나라나 서양 군대를 요청한)이 겹쳐 정약전은 흑산도로 정약용은 강진으로 유배 가게 됐다. 사실 정약용은 죄가 드러나지도 않았고 민심도 그의 편이어서 풀려날 수 있었지만 암행어사 시절, 다산에게 비행이 적발됐던 우의정 서용보가 결사적으로 반대한 바람에 그는 유죄판결을 받아 유배를 떠나게 됐다. 모두가 정조가 없는 현실이었다. 그렇게 유배지로 떠나게 된 다산은 후에 그곳에서 제자들을 세우고 가르치고 책을 써 내려가는데 이는 그의 마음에 늘 숨 쉬던 사람, 정조가 있었기 때문이다.

▎초당인(草堂人) 다산

유배지로 도착한 강진. 당시 죄인이 왔다는 말에 누구 하나 다산을 받아 주지 않았다. 결국 들어간 집은 주막집이었고 유일하게 자신을 불쌍히 여겨 준 주막집 노파로 인해 그는 그 집에 겨우 머무를 수 있었다. 하지만 사람들은 그가 머무는 주막을 죄인의 집이라고 해서 문을 부수거나 담장을 허물기 일쑤였다. 더구나 때를 맞춰 늘 남인을 벼르던 이안묵 현감이 부임한 바람에 다산은 1년 가까이 고소는 고소대로 당하고 문밖을 나서질 못했다. 다행히 현감이 떠나고 유배 생활도 차차 적응되자 동네 사람들이 자녀를 데리고 다산을 찾아오기 시작했다. 그래도 조선 최고의 학자 아닌가. 혹시 자신들의 자녀를 가르쳐 주면 안 되겠냐고 물으러 온 것이다. 다산은 밥벌이라도 해야겠다 싶어 아이들을 받아들였다.

다산은 자신이 머물던 방의 이름을 사의제(四宜齋)라고 했다. 사의제(四宜齋)란 맑은 생각, 엄숙한 용모, 과묵한 말, 신중한 몸가짐을 뜻했다. 그리고 이곳 사의제에서 여섯 명의 아이들 손병조, 황상과 그의 형제 황경, 황지초, 이학래라는 아명으로 더 많이 불렸던 이청, 그리고 김재정이 당대 최고의 학자와 마주해 앉았다. 다산은 그들을 위해 서당을 열었다. 그러나 그저 돈 몇 푼 별려는 심정으로 그들을 돌보지는 않았다. 오히려 그들의 눈빛 하나하나를 바라보며 그들의 인성이 학문으로 가도록 다산은 자신의 모든 지혜를 모아 가르치기 시작했다. 당대 최고의 학자를 만난 아이들은 그야말로 행운이었다. 다산은 으레 암송 위주의 천자문보다는 글의 뜻을 질서 있게 정리한 2천자문 "아학편"으로 아이들을 가르치기 시작했다. 《사서삼경》과 《제자백가》를 핵심만 간추려서 가르치는가 하면 모든 걸 초서 즉, 배끼어 쓰기를 하게 하면서 다시 자기 생각을 메모하며 공부하게 했다. 글자 속에 깃든 뜻과 정신의 구멍이 열리는 깨우침이 있도록 한 것이다.

다산은 또한 제자들의 성향에 따라 공부의 길을 달리 하고 매일 일과를 주어 기초를 다지게 했다. 무엇보다 초서를 강조하면서 시를 쓰게 하고는 서로 주고받은 후에 평을 달아 주었다. 또 평을 하다 보니 아이들의 성향이 드러났다. 그래서 어떤 이는 시를 짓게 하고 어떤 이는 학술을 하게 했다. 이런 다산의 노력 때문인지 제자들은 스스로 공부하는 데 전심을 다했다. 그런 제자들에게 다산은 집요했다. "뜻을 차분히 가라앉히고 공부에 몰두하되 공부를 못 이루면 살아 돌아오지 않겠다는 심정으로 해야 한다." 그렇게 4년 동안 집중 교육을 시키던 다산은 잠시 제자 이학래 집을 거쳐 먼 친척 윤종하를 보러 방문한 다산서옥에 눌러앉게 됐다. 사의제와 제자의 집에서 7년. 이제 나중에 다산초당이 된 이곳에서 11년의 세월을 보내게 된 것이다.

초당으로 거처를 옮겨 가자 다산 외가 쪽 윤씨 집안 자제들이 제자 되기를 청하고 다산을 찾아왔다. 그런데 처음 사의제에서 만났던 아이들보다 더 한심했던 모양이다. "모두 쇠미한 기운뿐이니… 이 노릇을 어찌한답니까." 그러나 다산이 누군가? 그는 다시 강학을 시작했고 다산 초당 위에 위치한 백련사 승려들로 하여금 내려와 부엌일과 빨래 일을 맡게 했다. 이들은 이후 다산 학술집단의 멤버가 된다. 그리고 이 멤버들을 통해 다산은 500권 가까운 책들을 내게 되는데 마치 정조와 있었을 때와 같이 유배 생활을 보낸 것이다.

"너희가 있어 내가 견뎠다. 그 시간을 어떻게 잊으리." 그냥 헤어질 수 없었던 다산의 제자들은 다산계를 만들었다. 다산은 거기에 손병조, 황상, 황경, 황지초, 이학래, 김재정 등 사의제 제자 6명의 명단을 같이 넣었다. 자신이 가장 어려웠을 때 함께했던 제자들이기 때문이다. 집으로 돌아갈 때 제자들은 함께 따라갔다. 그리고 제자 이학래만 남고 돌아온다. 이학래는 아직 다산의 책들을 정리해야 했기 때문이다. 그가 정리했던 책 중에는 정약전의 《자산어보》도 있었다. 이제 다산도 복귀했으니 제자들은 다산의 덕을 보며 과거도 급제하고 입신양명 할 수 있을 거라고 생각했다. 하지만 다산의 마음은 달랐다. 그는 늘상 마음에서 사숙하던 또 한 명의 스승, 실학자의 대부 같은 성호 이익과 같이 자신은 물론이고 제자들도 성호 이익을 따라 살기 바랐다.

다산이 마음에 품었던 한 사람, 성호 이익은 남인이 다 파직되고 유배 후 사약 받아 죽은 이하진의 아들이었다. 이후에 형 이잠이 문제에 휩싸여 고문당해 죽은 걸 보고서 이제 더 이상 사대부로서 벼슬은 할 수 없다는 걸 깨달은 이익은 모든 걸 내려놓고 안산에 정착해 36년간 학문에만 전념했다. 그래서인지 그는 그 기간 동안 문학, 성리학, 예학, 경학, 경세

학, 자연과학 등 모든 분야를 연구하는 실학의 기반을 다졌다. 학문은 반드시 삶에서 실용되어야 한다던 성호 이익이었다. 이것이 다산의 마음을 사게 했다. 다산은 16살에 성호 이익의 유고를 읽은 후부터 그가 했던 방식대로 질문하고 답을 얻으며 사숙했다. 나중에 청에서 온 신부 주진모의 일로 인해 충청도 찰방으로 좌천됐을 때, 다산은 성호의 증손 목재 이삼환과 함께 성호 학파 학풍을 일으키기도 했다. 그는 이때 성호와 주자학을 거쳐 공맹의 본질적인 유학으로 요순의 사회를 실현하고자 맹세했다고 한다. 그러나 안타깝게도 그런 다산의 인물됨을 알아본 사람은 정조가 마지막이었다. 학문으로 만난 성호 이익과 다산 정약용, 부자와 같던 군신 정조대왕과 다산 정약용. 이 만남이 없었다면 그나마 조선의 마지막은 너무 비루했을 것이다. 그는 실로 조선의 마지막 피는 꽃이었던 셈이다.

다산은 제자들이 성호 이익과 같이 배움을 이어 가는 인물이 되기를 원했다. 그러나 어찌 된 영문인지 강진의 제자들은 과거시험을 두고 청탁 편지를 이어 갔고 다산은 이것이 불편했다. 그래서인지 강진에 소식을 보내 자신의 땅에서 난 것들을 보내라고 하면 제자들은 정작 자신들은 관심도 없으면서 심부름만 시킨다며 불평했다. 결국 강진에서 함께 지냈던 다산계는 아쉽게도 모두 흩어지고 죽은 사람을 제외하고는 마지막 황상만 남게 됐다. 지금의 경기도 남양주 여유당(與猶堂) 집으로 돌아온 다산은 그간 펼쳐 낸 책들을 정리해《여유당전서》를 편찬했다. 여유당(與猶堂)은 노자의 글을 따서 늘 조심히 살자고 지은 이름이었다. 이어 마지막 자신의 자서전적 기록인 자찬 묘지명을 끝낸 다산은 제자 중 황상을 마지막으로 보고 세상을 떠난다. 다산의 죽음을 두고 부인의 외가 쪽 먼 친척이었던 홍길주가 말했다. "수만 권의 서고가 무너졌구나."

유배지에 와서 제자들을 교육했던 다산을 따라가다 보면 익숙한 장면들을 마주하게 된다. 왕이지만 스승이었던 정조와 다산의 모습이다. 때로는 다그치고 때로는 따뜻했으며 때로는 다정다감했던 정조와 다산의 모습이 이곳 강진에서 그대로 펼쳐진 것이다. 다산이 누구인가? 나라의 모든 일에 재능이 뛰어나서 곳곳에서 일했던 정조의 재상이었다. 게다가 배다리와 수원화성을 짧은 시간에 짓게 한 학자 다산이었다. 보통 학자들은 사람 개개인 성장에 관심 두지 않았지만 다산은 달랐다. 그는 사의제와 초당에서 만난 제자들의 삶에 개입해, 그들을 학문의 길로 인도하며 자신이 가진 모든 지혜를 다 동원했다. 왜 그랬을까? 제자들을 바라보는 그의 마음에는 정조가 있었기 때문이다. 정조의 내리사랑이 펼쳐진 현장, 강진에서 다산은 18년 동안 자신의 제자들을 키워 냈다. 다산에게 여러 명의 제자가 있었지만, 끝까지 다산의 길을 간 사람은 황상 한 사람이었다. 그리고 사람들은 그를 통해 다산을 만났다.

▌또 다른 초당인(草堂人) 황상

하루는 제자 중 주막집 소년 하나가 다산을 찾아와 이렇게 물었다. "선생님 저에게는 병이 있습니다. 저는 둔하고 앞뒤가 꽉 막혀서 답답하고 머리가 나쁜데 공부를 할 수 있을까요?" 그러자 다산이 이렇게 말했다. "배우는 사람에게 보통 세 가지 문제가 있단다. 민첩하게 금세 외우나 대충하며, 글재주가 좋지만 자기 재주를 이기지 못하고 늘 들떠 날리는 게 문제고, 깨달음이 재빠르나 대충해서 오래가지 못하는 거다. 넌 이 세 가지가 없으니 공부는 너 같은 사람이 하는거다. 막힌 것은 어떻게 뚫릴까? 길은 하나다. 부지런함이다. 마음을 확고히 다잡고서 또 부지런해야 한다." 이때 다산이 글을 하나 써서 그에게 주는데 "삼근계(三勤戒)"라는 글이었다. 이는 부지런하고 부지런하고 또 부지런하면 큰 학문을 이룰 수 있다는 말이다. 후에 다산의 사람으로 성장한 황상은 이 글을 평생 붙들고 살았다.

다산은 황상이 문학을 공부하는 게 맞다고 생각하며 교육했다. 그리고 과연 황상은 다산의 가르침대로 평생 육유의 시를 초서했다고 한다. 황상이 장가간 이후 공부에 게을리할 때면 편지를 보내서 "너를 보니 점점 태만해지고 있으니… 이렇게 하면 어리석은 인간이 된 뒤라야 그칠 것이다… 참으로 걱정스럽다. 내가 너를 아꼈으므로 마음속으로 슬퍼하고 탄식한 것이 오래다." 스승의 꾸짖음은 이내 그를 정신 차리게 했다. 공부는 밥 먹듯이 해야 하고 숨 쉬듯이 해야 하며 습관처럼 해야 한다는 다산의 가르침을 황상은 한마디도 놓치지 않고 죽을 때까지 그대로 따랐다.

불같이 화내다가도 황상의 시를 보면 여기 와서 제자 중에 너를 얻은 것이 정말 다행이라며 기뻐했던 다산이었다. 한번은 다산이 맏아들 학연이 왔을 때 황상을 소개하며 둘이 시 짓기 시합을 하게 한 적이 있었다. 이때 학연은 황상의 시에 놀랐던 모양이다. 그리고는 황상과 평생 형제 같은 친구가 된다. 학연이 말하기를 아버지 곁에 여러 사람이 왔다 가고 어떤 이는 창을 들고 방으로 들어와 헐뜯어 욕하고 배신한 사람이 있었지만 유독 황상만은 처음부터 끝까지 법도를 넘지 않고 태도에 차이가 없다고 했다. 다산의 형 정약전은 황상의 글을 보고 "월출산 아래 이런 문장이 나다니!" 하고 칭찬하기도 했다. 또한 경박하고 안일한 태도가 조금도 없으니 부디 스스로를 감추고 스스로를 무겁게 하여 대인군자가 될 것을 바란다고 할 만큼 황상은 성장해 갔다. 황상은 다산의 사랑을 듬뿍 받은 아들 같은 제자가 되었다. 황상이 아들을 낳자 다산은 "네 아들이 내 손자와 뭐가 다르겠느냐?"며 이름을 지어 주기도 했다.

황상은 다산이 초당으로 거처를 옮겨 간 뒤에도 개인적으로 찾아가 공부를 이어 갔다. 그러다 다산이 유배지에서 풀려나 귀향한 후에는 동생에게 집과 전포를 다 넘겨주고 백적산에 은거하기 시작했다. 그는 다른 제자들과 달리 입신양명보다 그저 백적산에서 농사 짓고 초서와 독서하며 살았다. 황상이 다산의 아들 학연과 교류하던 중, 그의 글이 추사 김정희의 손에 들어간 적이 있었는데 제주 유배 간 추사가 그랬다고 한다. "이것은 한 수만 봐도 다산에게 배운 사람이다." 반면 항상 다산 곁에 있으면서 여유당 전집을 묶는 데 가장 큰 도움이 됐던 이학래는 황상과 달랐다. 그는 출세욕이 커서 스스로 큰 사람이 되려다 보니 다산과는 다른 사람이 되었다. 그는 추사 같은 사람이 되려고 서체까지 따라 했지만 아이러니하게 추사가 칭송한 사람은 황상이었다. 결국 나이 70에 과거에 좌절한 이학래는 우물에 뛰어들어 자살하고 말았다. 추사의 제자 이상적은 "하개의 나이가 칠십인데 또 낙방해서 시로 위로한다."고 시를 쓰기도 했다.

하루는 집으로 돌아간 다산에게서 편지가 왔다. "서로 헤어진 지도 10년이 지났구나 네 편지를 기다리지만… 내가 아침저녁으로 아프다…." 황상은 자신이 죽거든 강진에서 한 번의 곡만 하라는 편지를 받은 지 8년 만에 스승 집을 찾았다. 다시 18년 만에 만난 다산과 황상. 두 사람은 말없이 울었다고 한다. 그리고 다산은 떠나가는 황상에게 꾸러미와 함께 힘겹게 쓴 글을 건네주는데 "황자중에게 준다. 규장전운 한 권, 중국 붓 한 자루, 중국 먹 한 개, 부채 한 자루, 연배 한 개, 여비 돈 두 냥."이라는 글이었다. 이를 두고 다산의 아들 학연은 말했다. "그간 접었던 공부를 다시 하고 더우면 부채를 부치고, 힘들면 담배도 하나 피우고, 쉬지 말고 열심히 공부하라는 뜻이라네." 주신 선물 손에 들고 고향으로 돌아가는 길에 황상은 스승 다산이 죽었다는 소식을 듣게 된다. 무너지는 마음 붙들고 슬피 울며 황상은 스승과 작별했다. 그리고는 상복을 갖춰 입고 낙향하게 된다.

다산이 죽은 지 15년이 지났을 때였다. 제주도로 유배 갔다 돌아온 추사 김정희에게 글이 왔다. "제주도에 있을 때 시 한 수를 보았는데 묻지도 않고 다산의 제자인 줄 알았습니다." 그렇지 않아도 황상은 추사를 만나고 싶은 마음이 간절했다. 결국 추사를 만나게 된 황상. 이 역사적인 만남에서 추사가 먼저 말을 건넸다. "자 남녘의 시인이 내 집에 첫걸음을 했으니 시부터 한 수 구경하세." 그렇게 황상은 추사와 인연을 맺어 갔고 모든 사람은 그런 황상을 만나고 싶어 했다. 사람들은 황상을 통해서 다산을 만날 수 있었고 황상의 글에는 다산이 살아 있었다. 황상은 이제 또 다른 다산이 된 것이다.

마지막까지 황상은 스승을 따라 살고 싶었다. 그 옛날 스승이 가르쳐 준 이상적 주거를 기억하면서 해묵은 소원이었던 일속 산방을 일궈 낸 것이다. 그리고는 방에 틀어박혀 오직 책을 배끼어 쓰고 읽는 일에 게을리하지 않았다. 사람들이 이를 놀리면 그랬다. "우리 선생님은 복숭아뼈가 세 번이나 구멍 났는데 나에게 삼근계를 주시며 부지런하라고 하셨습니다. 그러니 어떻게 그 가르침을 잊겠습니까." 그 가르침 속 일속산방은 추사의 제자 허련의 그림에 남아 있다. 자신은 둔하고 막혀 있으며 답답하다고 했던 황상이었다. 그러나 그는 스승의 가르침을 따르며 자신에게 보내 준 편지들을 묶어 《다산여황상서간첩》을 내고는 스승을 따라 살았다. 그렇게 스승과 제자의 아름다운 결을 남겨 주며 시대의 아름다운 역사를 써 내려간 정조와 다산과 황상. 지금 이 시대에도 그리운 만남이다.

수운 최제우, 해월 최시형 : 우리 모두는 한울이오

　다산 정약용은 《목민심서》에서 조선이 가진 병통을 송나라 매지의 글을 빌려 말하고 있다. 첫째, 세금을 필요 이상으로 재촉하고 함부러 거둬들여서 백성이 가진 것을 긁어다가 위에 바치는 조세의 병통. 둘째는 무서운 법조문을 함부로 둘러대어 잘잘못을 가리지도 못하는 형옥의 병통, 셋째는 술에 빠져 나랏일을 게을리하는 음식의 병통. 그리고 넷째는 백성의 수고를 침해해서 자기 재물을 늘리는 재물의 병통. 마지막 다섯째는 늘상 여색에 빠져 사는 음란의 병통이었다. 여기에 하나만 있어도 백성들은 원망하고 신이 노한다는데 《목민심서》가 나온 지 100년 뒤 조선은 모든 병통으로 가득 차 있었다.

　나라의 기운이 기울어지면 모든 고통은 오롯이 백성의 몫이 된다. 동학이 일어날 당시 백성들은 모든 병통을 짊어지고 있었고 죽어야만 고통에서 벗어날 수 있었다. 더 이상 갈데없는 고통의 끝자락에 살아가던 조선 말기 민중이었다. 이때 '사람이 곧 한울'이라는 동학의 가르침은 민중들에게 말 그대로 유일한 희망이었다. 동학의 핵심은 '한울님'(하늘님)에 있다. 그리고 이는 시천주(侍天主) 사인여천(事人如天)이라는 사상을 만들었다.

시천주(侍天主)란, 한울님이 저세상 너머에 있는 게 아니라 바로 우리 몸 안에 있다는 것이고 사인여천(事人如天)은 우리 모든 사람 안에 이 한울님이 계셔서 나도 한울이요 그대도 한울이니 모든 사람을 하늘처럼 여기고 섬기자는 것이다. 이렇게 한울을 따라 우리 안에 한울님을 모시고 살다 보면 세상은 '다시 개벽'을 이루니 동학을 따르는 자에게 새로운 세상이 찾아온다는 것이다. 부패된 신분사회 조선의 끝자락에서 이보다 더 기쁜 소식이 있었을까. 그렇게 민중은 희망을 따라 몰려들었고 이것이 혁명이 되어 백성은 그간 억눌렸던 분통을 터트렸다. 여기에는 민중 혁명을 일으킨 수운 최제우와 그의 제자 해월 최시형이 있다.

▌수운 최제우

동학을 처음 전한 사람은 수운 최제우였다. 수운은 신라 말기의 선비 최치원의 25대손이지만 몰락한 선비로 이름만 양반이었다. 학문이 높은 아버지 덕에 공부는 했지만, 어머니가 사별했다가 다시 재혼한 분이라는 이유로 당시 법에 따라 과거시험을 볼 수 없었다. 게다가 6살 때 어머니를 잃더니 17살, 아버지가 돌아가시면서 이젠 가정을 책임져야만 했다. 생계형 보부상으로 나설 수밖에 없던 수운의 삶은 말 그대로 무거웠고 앞날은 어두웠다.

그러던 어느 날, 울산 여시바윗골에서 신비한 체험을 하고 수련 도중에 시천주(侍天主)의 사상을 갖게 되는데 이것은 당시 민중의 등불이 되었다. 시천주(侍天主)의 시(侍)는 '모심'이다. 그리고 모셔져 있는 존재와 그분을 섬기는 실천의 의미를 담고 있다. 더구나 천(天)은 하늘이고 주(主)는 존칭해서 부모와 같이 섬기는 것을 말하니 시천주(侍天主)란 내 안에 이미 한울님이 계신줄 알아서 그 한울님을 부모와 같이 섬기자는 것이다. 한마디로 한울님의 마음과 나의 마음이 서로 통하는 것이 시천주(侍天主)다. 수운은 이를 실천하며 몸종 중 하나는 수양딸로 삼았고 또 다른 몸종은 며느리로 삼아 마음속의 한울님의 뜻을 따랐다.

아이러니하게도 수운의 조상이었던 고운 최치원도 비슷한 말을 한 적이 있다. "사람들이 모두 하늘이 하늘인 줄을 알면서도 자기 자신이 한울인 줄은 알지 못한다." 수운의 깨달음에는 그 배경이 있음을 알게 해 주는 대목이다. 그의 조상 고운의 영향 때문이었을까? 그는 자신 역시 물과 구름이 천지 생명의 근원이라고 해서 자신의 호를 수운(水雲)이라 했고 어리석은 세상을 건진다는 의미에서 이름은 구할 제(濟), 어리석을 우(愚), 제우(濟愚)라 했다.

수운은 시천주(侍天主)의 수도를 위해 수심정기(守心正氣)를 얘기했다. 하늘로부터 받은 본마음을 회복하고 그 마음을 지키면서 몸의 기운을 조화롭게 바로잡아야 한다는 것이다. 내 안에 있는 하늘님을 발견하고 그 하늘님의 이치와 덕을 따르겠다는 굳은 마음을 가지면 천도의 진리를 깨닫는 성인에 이르게 되니 모든 백성이 이 의식을 가지면 그 세상은 반드시 '다시 개벽'이 찾아올 것이라고 했다. 당시 망해 가는 조선 밑바닥 인생들에게 '다시 개벽'이란 말은 희망의 소리였다. 수운은 자신의 깨달음을 한글로 적어 노래로 전했다. 믿음에 대해서는 믿을 신(信)은 사람 인(人)과 말씀 언(言)으로 되어 있으니 내 안의 하늘님의 말을 잘 듣고 옳고 그름을 가려 생각하며 잘 붙들어야 한다고 했다.

이런 그의 가르침은 당시 유생들로부터 거친 공격을 받았다. 양반이든 상놈이든 종놈이든 누구에게나 한울님은 차별 없이 임했다는 시천주(侍天主) 평등사상을 성리학의 조선이 받아들일 수 없었기 때문이다. 결국 동학을 전한 지 4년 만에 조정의 선전관 정운구에 의해 수운은 체포되고 만다. 유교의 가르침과 법도를 어지럽히고 백성과 나라와 조정을 현혹하고 문란하게 했다는 혹세무민(惑世誣民) 죄목으로 41세 수운은 참형을 당했다.

▌해월 최시형

수운은 자기 죽음을 예감했던지 수제자였던 최경상을 2대 교주로 세우고 그에게 해월이라는 호를 내려주었다. 수운과 해월은 서로 연계성을 지니고 있었다. 수운(水雲)의 수(水)와 해월의 해(海)는 물이라는 의미에서 서로 통하고 운(雲)과 월(月)은 하늘을 의미하기에 서로 연계성을 가졌다. 결국 수운은 또 다른 자신을 남겨 주고 세상을 떠난 셈이다. 그가 죽은 뒤 동학 2대 교주가 된 해월은 이름을 최경상에서 최시형으로 바꾸었다. 시(時)를 집어넣은 건, 인간이 태어나 무형이 유형의 생명으로 바뀌면서 이 시(時)로부터 한울님을 모시게 되었으니 우주적 차원의 시간에 참여했다 하여 시(時) 자를 넣은 것이다. 수운을 만나기 전까지 해월은 누구도 쳐다보지 않았을 밑바닥 민중이었다. 머슴으로 살다가 화전민으로 극빈자의 삶을 살던 그였다. 그러다 수운을 만난 해월은 새로운 세상을 꿈꾸게 되는데 바로 '다시 개벽'의 세상이었다.

먼저 해월은 수운을 통해 우주적 질서를 내 안에서 회복하고 우주 운행의 법칙에 주체적으로 참여하는 한울 사람으로서 살자고 했다. 이에 따라 제사도 벽을 보고 하는 게 아닌, 한울님이 계신 나 자신을 향해 절하는 향아설위(向我設位)를 주장하고 제사도 청수 한 그릇이면 족하다고 했다. 이런 내면의 수행이 수운이 말한 '다시 개벽'으로 이어지는 길이라고 믿었다. 동학이 말하는 '다시 개벽'은 마음과 사회의 개벽, 천리와 인사가 함께하는 '우주의 개벽'을 이루는 일이었다.

해월은 수운이 말한 시천주(侍天主)의 모심을 모든 생명이 우주적인 조화를 이루는 것으로 확대해 세상의 모든 사람을 하늘처럼 섬겨야 하는 사인여천(事人如天)사상으로 발전시켜 나갔다. 시천주(侍天主)는 인간이 기본적으로 한울님을 모시고 있다는 것을 깨닫는 것이라면 해월은 더 나아가 그 모든 사람을 하늘처럼 여기는 사인여천(事人如天)의 평등사상을 주장한 것이다. 이를 위해 내 안에 모시고 있는 한울님의 마음과 내가 일치되도록 탐욕을 버리고 내 몸에 모신 한울님의 뜻을 부모님 뜻처럼 잘 받들어 모셔야 한다는 양천주(養天主)를 설파했다.

동학 사상이 영향을 끼칠 수 있었던 것은 수운이 주장한 세 가지 뜻에 있었다. 바로 보국안민(輔國安民), 포덕천하(布德天下), 광제창생(廣濟蒼生)이다. 모두가 인간을 평등하게 존중히 여기며 온 세상에 덕을 펼쳐서 나라와 백성들을 편안하게 하고 힘겨운 백성들은 구제하자는 것이다. 그리고 실제로 동학 공동체는 그렇게 살았다. 그래서 해월은 집에 사람이 올 때도 사람이 왔다고 하지 말고 한울님이 강림하셨다고 말하라(도가인래 물인래언 천주강림위언, 道家人來 勿人來言 天主降臨爲言)고 했다.

사람 안에 한울님이 계시니 신분을 뛰어넘어 모든 이들을 한울님처럼 존중히 대하자는 것이다. 이는 당시 조선 사회를 요동치게 했다. 나중에 해월은 자연의 생명을 소중히 여기는 경천(敬天), 경인(敬人), 경물(敬物), 삼경설(三敬說)까지 나아가면서 도를 모든 삶으로 확장시켜 갔다. 공동체를 위해서도 말과 행동을 한결같이 할 것을 가르치며 마음과 한울님이 서로 어긋나지 않도록 늘 서로 일치를 이룰 것을 강조했다. 민중이 이런 정신을 가지는 것이야말로 '다시 개벽'을 이룰 수 있는 길이라고 믿었다. 이처럼 해월은 수운에 이른 탄탄한 정신적 가르침을 기반으로 동학을 크게 성장시켰다.

해월은 또한 수운의 가르침을 담은 경전을 간행하는 데도 힘을 썼다. 도의 연원을 밝히는 《도원기서》를 비롯해 《동경대전》, 《용담유사》를 통해 동학을 정립해 나갔다. 동학은 교세가 점차 성장하기 시작했고 전국적으로 조직력을 갖추면서 동학 공동체는 이제 제법 모습을 갖추게 됐다. 물론 여기에는 공동체를 이끄는 해월의 역할이 컸다. 이쯤 되자 동학 교도들은 이전에 수운을 이단시하며 차별했던 일을 다시 되돌리고 싶어 했다. 즉, 교조신원운동을 벌이기로 결의한 것이다.

먼저는 수운 선생의 억울한 죽음을 신원함과 동시에 동학을 온 세상에 알리며 그간 받은 부당한 탄압에서 벗어나게 해 주길 요청했다. 충청관아에서 시작해 전라도를 거쳐 광화문 앞에서도 상소를 올린 동학교도들은 이제 보은 장내리에서 대대적 규모의 신원운동을 벌여 나갔다. 특히 보국안민(輔國安民)을 더욱 주장했는데 백성을 살피는 것을 넘어 부패한 관료를 물리치고 바른 정치로 백성들 삶에 안식을 주자고 한 것이다. 그러나 정부 입장에서 이들은 폭도들이었다.

게다가 동학에 문제가 생겼는데 해월의 말을 빌리자면 "새로 입도한

급진적인 사람들이 먼저 수도를 통해 자기 수양을 하지 않고 개혁만을 앞세우고" 있었기 때문이다. 전봉준의 등장이 그랬다. 시운이 무르익기만을 기다리던 해월과 달리 현실적으로 움직여야 하는 투쟁 방식을 선택한 전봉준이었다. 서로 결이 다른 운동의 인식이 있었다. 실제로 해월은 마음에서 혈기를 내면 한울님의 마음을 상하게 할 것이라고 마음과 한울님이 서로 합해야만 진경에 이를 수 있다고 했다. 그렇지 않으면 서로 어긋나 시천주가 될 수 없다고 했다. 교활한 거짓과 꾸미는 말과 현란한 말로써 상대를 어지럽히는 것은 한울님을 속이는 일이니 늘 자신을 뒤돌아보며 참회하며 낮은 자리에 있자고 했다. 하지만 해월은 이미 사람들의 마음을 산 전봉준의 운동을 시운으로 받아들일 수밖에 없었다.

결국 해월은 함께 투쟁에 나서게 되고 결과는 그의 우려대로 더 큰 문제를 불러왔다. 전주성을 탈환하려고 정부에서 달려온 홍계훈이 큰 어려움을 겪게 되자 조정은 청나라 군대를 부르고 이에 자동으로 일본군이 끼어들면서 오히려 강국에 나라를 내준 결과를 낳았기 때문이다. 동학은 전주화약을 보내 정부를 달래 보려 했지만, 일본의 야욕으로 해월은 조선과 일본의 연합군에 큰 피해를 보게 됐다. 30만 명이 넘는 희생이 따랐고 해월은 지명수배자가 되었다. 해월은 이전에 수운이 그랬던 것처럼 큰 위기를 느끼며 모든 동학교도를 해산하고는 손병희를 불러 자신의 후계자로 삼았다. 그를 의암(義菴)이라 불렀는데 그의 절의(節義)가 천하에 미칠 자가 없다는 의미로 옳을 의자를 붙인 의암이라 지은 것이다. 결국 원주 송골에서 체포된 해월 최시형은 지금의 종로3가 지하철역 입구 도로변에서 교수형을 당하며 삶을 마감하게 된다.

사람을 한울님처럼 존중히 대하고 백성들은 할 수 있는 대로 구제하여 평안케 하며 덕을 펼쳐 '다시 개벽'이 오는 세상이 되게 하자던 동학혁명은 그렇게 조선의 마지막 불씨가 되었고 이는 3·1운동으로 이어졌다. 모든 사람을 한울님으로 보던 시각. 그래서 모든 사람을 평등하게 대하고자 했던 마음, 강도 만난 자들의 이웃이 되어 준 동학의 가르침은 무너진 조선을 살아가는 백성에게 분명한, 희망이었다.

무위당 장일순 : 좁쌀 하나의 거목(巨木)

여기 고난의 시대에 꽃처럼 활짝 피다간 인생이 있다. 그가 떠난 후에도 삶의 잔향은 진했다. 원주 사람 장일순, 그는 일제 강점기였던 1928년에 태어나 역사적 질고를 온몸으로 맞으며 스스로 괴롭게 살던 사람이다. 그는 글을 통해 수운 최제우와 해월 최시형을 운명처럼 만나 인생길을 정했으며 그 두 사람을 평생 마음으로 사숙하며 살았다. 그리고는 원주라는 도시 공동체에서 도산이 꿈꾸던 이상촌을 실현해 갔다. 원주의 성자라고도 불리던 장일순. 독재 정권이 늘 감시하며 발목을 붙들었던 그는 어떤 사람이었을까.

원주초등학교와 고등학교를 설립하는 데 토지를 기증할 정도로 교육에 관심 많던 할아버지에게 영향을 받으며 자라났다. 후에 장일순이 교육에 뜻을 둔 것도 할아버지 영향이 컸다. 배재고등학교를 나와 지금의 서울대학교 공과대학에 들어간 장일순은 17살, 해방을 맞이한다. 이후 미군 장교가 총장을 한다는 소식에 항의하며 제적되었다가 1947년에 복적되면서 다시 미학과로 입학했다. 철학적인 배움에 대한 갈망 때문이다. 그러나 나라에 6·25 전쟁이 터지고 이후 거제도 미군 포로수용소에서 통역병으로 참전하면서 그는 전쟁의 참혹함을 경험했다.

그는 수운과 해월의 정신을 마음에 품고 있었던지라 이 상황에 부닥친 민족적 현실이 가슴 아팠다. 더구나 전쟁이 끝난 후 민족이 겪어야 할 후 유증은 더 심각해 보였다. 원주는 어느 지역 못지않게 희생자가 많았던 곳인 만큼 더 피해가 컸다. 장일순은 생각했다. '지금 우리에게 필요한 것은 배움이다.' 그래서 '배움이 곧 힘'이라는 도산의 의식이 담긴 평양 대성학교 이름을 빌려 자신도 대성학교를 세웠다. 교훈은 도산이 외쳤던 인격자를 본받아 '참되자'로 정했다. 그러나 도산의 학교가 일제에 의해 그 정신을 잇기 어려웠던 것처럼, 이승만 정권 밑에서 장일순이 세운 대성학교 역시 마찬가지였다.

그는 학교를 넘어 나라를 생각하며 나라 제도를 바꾸는 데 힘을 두기로 결심한다. 죽산 조봉암 선생의 진보당을 통해 나라 세우는 일에 헌신했던 장일순은 그러나 이념에 사로잡힌 정치 현실을 넘기에는 역부족이었다. 더구나 그가 애썼던 노력에도 불구하고 5·16쿠데타가 일어나면서 오히려 사상범이 되어 재판에 넘겨지게 되었다. 소련과 북한 괴뢰 집단 활동을 적극적으로 찬양함과 동시에 반미사상을 고취하고 반국가단체 활동에 동조했다는 이유였다. 바람과 달리 감옥에 갇히게 된 장일순. 그러나 뜻을 가진 사람에게 위기란 미래를 향한 준비 시간이기 마련이다. 감옥에 있었던 시간은 자신에게 무료 국립대학생 시절이었다고 소개한 장일순은 그 속에서 정말 열심히 책을 읽으며 다음을 준비했다.

3년 복역 후 양심수 석방으로 풀려난 장일순은 다시 교육의 현장으로 돌아왔다. 그러나 군사 정권은 그가 어떻게든 활동하는 것을 원하지 않았다. 모든 것을 할 수 없다고 여기게 된 그는 '모든 인간이 한울'이라는 사상을 펼치지 못할 바에는 모든 사물 역시 한울이라는 뜻을 펼치기로 작정한다. 이 말인즉 농사꾼으로 전향하기로 결심한 것이다. 포도 농사를 하며 땅의 흙과 함께 삶을 살게 된 장일순은 자연 속에서 사유의 즐거움을 누렸다. 어쩌면 그것이 해월 최시형이 말한 대로 자신이 살아야 할 삶의 시간이라고 여겼는지도 모르겠다.

그렇게 한울이 된 땅을 돌보며 가꾸며 살아가던 어느 날, 그를 다시 세상 밖으로 끄집어낸 사람이 등장하는데 바로 천주교 신부인 지학순 주교였다. 당시 장일순 집은 할아버지가 천주교로 개종한 이후, 가족들 모두 천주교 신자였다. 장일순도 요한이라는 세례명을 받아 평생 집 앞에 있는 성당에서 미사 드리는 것을 기쁨으로 여겼다. 그런데 어느 날, 원주로 온 지학순 주교가 자신과 뜻을 함께할 동지를 찾는 중에 장일순을 소개받은 것이다.

당시 천주교는 100년 만에 열린 제2차 바티칸공의회를 통해 중요한 전환점을 맞이하고 있었다. 기존에 교회가 가지고 있던 세상에 대한 방어적 태도와 게토(ghetto)화된 고전주의에서 벗어나 현대성을 갖춰야 한다는 목소리가 나올 때였다. 이제 세상으로 들어가 그들을 지배하기보다 섬기며, 이원론적 시각으로 경멸하기보다 오히려 기쁨과 희망을 전하자고 했다. 이를 위해 같은 성령을 선물로 받은 평신도의 중요성을 강조했다. 한국 천주교는 지역과 사회가 직면한 문제에 적극적으로 참여하라는 공의회 지침에 따라 적은 인구 원주에 교구를 세우고는 40대 젊은 지학순 신부를 원주 교구장으로 임명했다.

원주로 간 지학순 주교는 원주가 가진 경제적 문제를 풀기 위해 신용협동조합을 생각했다. 이를 위해 함께 일할 평신도를 찾던 중에 지학순 주교는 장일순을 소개받은 것이다. 이때부터 두 사람은 평생 동지가 되었다. 세상을 보는 눈, 사람을 대하는 마음이 서로 통했기 때문이다. 두 사람은 먼저 원주에 신협협동조합을 세우고는 농민들, 광부들과 지역 주민들이 함께 공생하는 길을 만들어 갔다. 땅과 인간과 자연이 모두 다 함께 잘 살아 보자고 해서 '한살림운동'을 벌였다. 또 지역에 재난이 일어나면 재해대책 사업위원회를 만들어 실제로 지역이 회복되도록 발 벗고 나섰다. 그렇게 지학순 주교와 장일순의 만남은 원주를 살리는 동력이 되었다. 세상 속으로 들어간 종교정신과 동학사상을 품은 장일순과의 만남이 이뤄 낸 결과였다.

장일순은 언제나 동학의 '시천주 사인여천(侍天主 事人如天)'을 주장했다. 하늘님을 모시며 사람을 하늘처럼 여기고 천지 만물을 섬기는 정신이야말로 인류를 구원할 수 있는 길이라고 믿은 것이다. 매일 새벽 미사를 빠뜨리지 않고 드렸다는 장일순에게 있어 한울님은 분명, 하나님이었다. 하나님이 우리 안에 계심을 믿었고 그 하나님으로 난 모든 사람에게서 하나님을 보았으며 자연 속에서 하나님의 손길을 느끼던 장일순이었다. 동학정신을 따라 실천한 한살림운동은 그렇게 함께 더불어 살자는 운동이 되었다.

이후 나이가 들면서 노자사상을 받아들인 장일순은 사람들에게 부드럽게 힘을 빼는 삶을 살자고 가르쳤다. 이때 장일순이 자주 했던 말이 있었다. 돼지는 살찌면 도살당하기 때문에 조심하라는 '저파비(猪怕肥)'와 세상에 허명이 나는 것을 두려워하라는 '인파출명(人怕出名)'이라는 말이었다. 인생을 겸손하게, 욕심 없이 살자는 가르침이다.

늘 소탈하고 웃음꽃을 잃지 않았던 사람. '빙그레 벙그레'를 외치던 도산과 동학과 노자의 흔적이 엿보이던 장일순. 일본제국이 도산을 두려워한 것처럼, 역대 군사 정권 역시 장일순을 두려워했다. 지금은 카페가 되어 있지만, 그가 집에서 골목으로 걸어 나와 성당을 건너갈 때면 반드시 그곳에 있는 파출소를 들러야만 할 정도로 그는 평생 감시의 대상이었다. 순전히 장일순을 위해 세운 파출소였기 때문이다. 그의 삶은 그가 가진 세 가지 아호(雅號)를 통해 엿볼 수 있다.

첫째는 청강(淸江)의 호를 사용했다. 군사 정권을 맞이한 세상은 둔탁했지만, 자신은 맑고 푸른 강을 보며 살고 싶다고 해서 지은 아호였다. 청강 장일순이 말했다. "자네가 그렇게 옳은 말을 하다 보면, 누군가 자네를 칼로 찌를지도 몰라. 그럴 때 어떻게 하겠어? 그땐 말이지 칼을 빼서 자네 옷으로 칼에 묻은 피를 깨끗이 닦은 다음 그 칼을 그 사람에게 공손하게 돌려줘. 그리고 나를 찌르느라고 얼마나 힘들었냐고 고생했냐고 그 사람에게 따뜻하게 말해 주라고. 거기까지 가야 돼." 칼을 빼낸 상대를 공손하게 대하자는 마음은 그가 가진 정신의 매력이었다.

두 번째 호는 박정희가 죽은 뒤에 쓴 호, 무위당(無爲堂)이었다. 장일순은 무위(無爲)에 대해 이렇게 말했다. "배고프다고 하면 그 사람이 날 도운적도 없고 또 그 사람이 날 죽일 놈이라 했다고 하더라도 배가 고픈데 밥 좀 줄 수 있을까 했을 적에 밥을 줄 수 있어야 한다 그 말이에요. 또 헐벗어서 벌벌 떨고 있으면 그 사람의 등이 따시게끔 옷을 입혀 주는 것이 무위다 그 말이에요. 저놈은 옷 줘 봤자 뒤로 또 배반할 테니까 옷을 줄 수 없다고 하면 그것은 무위가 아니에요. 유위(有爲)지. 우리가 얼핏 생각할 때 건들거리고 노는 것을 생각할지 모르지만 그런 것이 아니라 계산하지 않는 참마음 그런 것이 무위지요." 공맹자를 외치던 유학이 이

같은 정신을 가졌더라면 조선은 그렇게 힘없이 일본에 나라를 내주지 않았을 것이다.

　마지막 호는 일속자(一粟子)였다. 장일순은 이 아호를 가장 즐겨 쓰며 좋아했다고 한다. 일속자는 좁쌀 한 알이란 뜻이다. 누군가 왜 그런 호를 쓰냐고 물으니 그랬다고 한다. 자신도 인간인지라 누군가 부추키면 어깨가 으쓱한다는 거다. 그러니 '나는 세상에서 가장 하잘것없는 좁쌀 하나다'라고 생각하며 마음을 추스른다고 했다. 어느 누가 세상에서 좁쌀 하나처럼 살고 싶어 할까. 그러나 그는 그랬다. 그렇게 자신을 낮추며 세상을 섬기고 싶어 했던 장일순이었다.

　　"민중은 삶을 원하지 이론을 원하지 않아요. 우선 자신이, 잘못 살아온 것에 대해 반성하는 고백의 시대가 되어야 합니다. 넘어진 얘기, 부끄러운 얘기를 하자는 겁니다. 실수하고 또 욕심부린 얘기 그래서 감추고 싶은 얘기를 고백하며 가자는 거지요. 지금은 삶이 뭐냐 생명이 뭐냐하는 것을 헤아려야 하는 시기입니다. 뭘 더 갖고 꾸며야 되느냐에 몰두하는 시대는 이미 절정을 넘어섰어요."

　　 -《나는 미처 몰랐네 그대가 나였다는 것을》중에서, 시골생활 출판사

　청강(淸江), 무위당(無爲堂), 일속자(一粟子)의 삶을 살다 간 장일순. 그의 삶은 시대에 남긴 정신의 잔향(殘香)이 되었다.

권정생 : 민들레꽃이 된 강아지 똥

죽는 순간까지 칠십 평생을 아이의 순수함 따라 살았던 사람이 있다. 권정생 선생이다. 권정생은 《강아지 똥》으로 유명한 동화작가다. 《강아지 똥》은 모든 사람에게 놀림받는 똥이지만 비가 내리고 자신이 으스러지면서 민들레꽃을 피우게 된다는, 희생이 낳은 숭고한 사랑 이야기가 담겨 있다. 짧은 동화책이 주는 기나긴 여운은 나도 모르게 이 세상에서 소외된 강아지 똥을 보게 하고 민들레꽃이 되어 나를 찾아오신 예수를 보게 한다.

권정생이라는 사람을 알고 싶었다. 그러던 어느 날 권정생을 인터뷰했던 인연으로 써 내려간 김택근의 《강아지 똥 별》이라는 책을 보게 됐다. 읽는 내내 가슴이 먹먹해지면서 지하철에서 울음이 쏟아지는 걸 겨우 참았다. 이는 슬픈 울음도, 그렇다고 고통스러운 눈물도 아니었다. 내가 미처 경험하지 못했던 아니, 결코 알 수 없었던 삶의 밑바닥, 그 처절했던 '강아지 똥' 현장을 보았기 때문이다. 그는 어떻게 이런 삶을 살 수 있었을까. 아니, 어떻게 그 기나긴 고통의 시간을 버티며 살았을까. 언젠가 권정생의 집을 찾아간 적이 있다. 너무도 초라해 금새라도 무너질 것만 같던 조그마한 집이었다. 텅 빈 공간으로 남은 안방에 앉아 덩그러니 서 있는 그분의 사진을 보고 있자니 그렇게 부끄러울 수 없었다. 그동안 욕심 따라 살아온 어른이 맑은 아이 앞에 서 있는 느낌이라고나 할까. 미안했다. 그리고 고마웠다. 이런 삶이 있었다는 게 감사했다.

권정생이 자기 삶을 써 내려간 산문집 《빌뱅이 언덕》에서 그는 자기 삶의 첫 구절을 이렇게 적었다. "어릴 때 우리 집은 어둡고 음산했다." 작가 이충렬의 《아름다운 사람 권정생》에서도 권정생을 소개하는 첫 구절은 이랬다. "아무것도 없었다. 집도 없고, 돈도 없고, 친구도 없고, 배운 것도 없었다. 고향조차 없었다." 이 말대로 권정생은 일제 강점기 때 도쿄 변두리 시부야 다 쓰러져 가는 셋집에서 태어났다. 늘 노름에 빠진 아버지로 인해 살림은 어려웠고 일본의 패망을 알리는 폭탄이 집 쪽에도 떨어진 바람에 모든 걸 다 잃고 말았다.

해방이 찾아오자 희망을 품으며 고국으로 돌아왔지만, 조국이 해 줄 수 있는 건 아무것도 없었다. 말이 안 통하는 빈민자에서 말이 통하는 극빈자로 돌아왔을 뿐이다. 그래도 어머니는 자식을 학교 보내겠다고 열심히 일해 돈을 모았지만 전쟁으로 인한 화폐개혁은 어머니의 손에 쥔 돈의 가치를 한순간에 휴지 조각으로 만들어 버렸다. 그리고 나무 팔아서 산 암탉 다섯 마리로 병아리 100마리를 낳아 보자던 꿈은 전염병으로 한 마리만 남긴 채 사라지고 말았다.

결국 권정생도 어린 나이지만 일을 해야만 했다. 처음에는 동네 고구마 가게에서 또 부산 이모네 미싱 가게에서 일하며 홀로서기를 했다. 그러나 안타깝게도 그에게 돌아온 건 폐결핵과 늑막염이었다. 어머니 손에 이끌려 고향집에 돌아온 권정생. 그렇게 힘들고 아픈 어린 시절을 보내서 그런지 교회에 걸린 십자가 예수를 보면서 그런 생각이 들었다고 한다.

'왜 저렇게 피를 흘리며 나무에 달려 있게 되었을까?' 꼭 자신과 비슷한 처지에 있는 것 같은 예수는 왠지 자신을 잘 이해해 줄 것 같은 마음이 들었다. 그래서인지 몸에 고통이 밀려와 참을 수 없으면 권정생은 일직 교회의 십자가로 달려갔다. 그리고는 아픔에 부르짖는 십자가 예수 앞에서 자신도 울었다. 그렇게 6년 정도 몸이 회복되면서 교회 교사로도 섬기고 조금씩 나아질 무렵, 절망의 소식이 들려왔다. 저수지 공장에서 일하다 다친 어머니가 갑자기 죽었다는 것이다. 엄마는 그에게 유일한 희망이었다. 그런 엄마를 떠나보내고 나니 권정생의 몸은 더 깊은 고통으로 내몰렸고 하루하루 간신히 몸을 버티며 살았다.

그에게 찾아온 슬픔은 여기에서 끝나지 않았다. 하루는 아버지가 자신을 불러 "내가 아버지로서 할 말은 아니지만, 우리 집안의 대를 잇기 위해서 동생을 결혼시켜야겠다."고 말씀하신 거다. 아픈 자신에게 집을 나가 있으라는 말이었다. 한 1년쯤 나갔다 오라는 말을 들으면서 순간, 너무도 염치없이 살아 있다는 사실에 서글펐다. 하지만 아버지를 이해하며 새벽에 조용히 집을 나섰다. 처음엔 기도원에 들어갔다가 돈이 떨어져 나온 뒤로는 대구, 김천, 상주, 점촌, 문경을 떠돌며 거지 생활을 했다.

그냥 죽어 버릴까 하는 생각이 수없이 들었다. 하지만 그가 늘 기도했다는 십자가 예수님이 보내 준 사람 때문인지 길거리에서 만난 이웃들로 인해 그는 죽을 수 없었다. 매일 아침이면 깡통에 밥을 눌러 주시던 점촌식당 아주머니, 물을 떠다 먹여 주시던 할머니, 공짜로 배를 태워 주시던 할아버지 같은 분들이 그의 이웃이 되어 그를 살게 한 것이다. 그렇게 3

개월을 떠돌던 권정생은 어느덧 갈림길 앞에 서게 됐다.

그래도 결국 갈 곳은 집밖에 없었다. 그는 자신도 모르게 집으로 발걸음을 향하고는 밤중에 도착했다. 집에는 아버지가 그동안 가슴앓이를 했는지 누워 있었다. 아들을 보고는 잘 돌아왔다던 아버지는 그러나 얼마를 살지 못하고 떠나고 말았다. 부모를 잃은 권정생은 의사로부터 결핵 때문에 앞으로 한 2년 정도 살 수 있을 거라는 이야기를 듣게 된다. 그러나 권정생은 이렇게 죽을 순 없었다.

그는 자신이 겪었던 두 나라, 두 번의 전쟁을 통해 겪은 인생과 부산에서 함께 문학을 꿈꾸던 친구의 이야기, 그리고 3개월 거지 생활을 하며 만났던 아름다운 사람들, 이 모두를 다 이야기로 불러들여 글로 옷을 입히고는 사람들에게 알리고 싶었다. 우리가 이랬었노라고. 그리고 이렇게 살기를 원했었노라고 말이다. 그래도 부산에 있을 때 이모 밑에서 일하면서 제법 책을 읽고 글을 써 보던 권정생이었다. 또 청소년 월간잡지 〈학원〉에 응모해서 입선작으로 선정되기도 했던 그였다.

그는 이제 마음먹고 글을 쓰기로 했다. 처음에는 신춘문에 모집 광고를 보고 글을 보냈지만 쉬운 일은 아니었다. 당장 먹고살 일이 어려웠기 때문이다. 그러다 마침 권정생이 다니던 일직교회에서 사찰 집사 제안이 들어왔다. 그가 할 일이란 교회 문단속도 단속이지만 새벽 예배 때마다 종을 치는 일이었다. 그는 이 제안을 받아들여 교회 문간방으로 들어가 오랫동안 그곳에서 지내게 되었다. 새벽마다 종을 칠 때면 그는 자신이 만났던 사람들, 알고 있는 모든 이들의 이름을 불러 가며 기도했다고 한다. 또 교회에 오는 아이들에게는 동화를 읽어 주고 인형극을 만들어 보여 주는 걸 즐거워했다. 그에게 인생은 늘 하루하루였다. 그랬기에 그는 자신에게 주어진 인생 한 날 한 날을 소중히 살았다. 그러다 권정생은 놓친 글을 다시 쓰기로 하고 신춘문예에 응모했다. 역시 쉽지 않은 도전이었다. 그러다 어느 날 기독교 아동문학상 현상 모집을 보고 문득 자신이 써 놓은 시가 생각이 났다.

"이 강아지 똥은
지렁이만도 못하고
똥강아지만도 못하고
그런데 보니까
봄이 돼서 보니까
강아지 똥 속에서
민들레꽃이 피는구나"

그는 이 시를 이야기로 풀어 적고 싶었다. 그리고 어떻게든 강아지 똥이 민들레꽃이 되어 피는 이 순간을 표현하고 싶었다. 힘든 몸을 이끌고 온 동네를 다니며 소달구지, 흙밭, 흙덩어리, 참새들, 아침 햇살과 함께 50일간, 보리쌀 두 되를 하루에 세 번씩 나눠 먹으며 이야기를 써 내려갔다. "우리는 단 한 편의 진주알 그것도 큼직한 것을 발견했다." 드디어 당선된 《강아지 똥》에 대한 심사평이었다. 《강아지 똥》은 나중에 작가 정승각 씨가 그린 그림으로 다시 탄생하는데 그도 역시 4개월간 강아지를 쫓아다니며 또 점토로 강아지 똥을 만들면서 고민했다고 한다. 그러다 마치 권정생이 그린 것 같은 그림이 탄생하게 되는데 지금 우리가 보는 《강아지 똥》 작품이 그렇다.

《강아지 똥》으로 인해 드디어 원고 청탁이 들어오면서 이제는 작가로서 살게 된 권정생. 그는 늘 가난한 자들의 이야기를 쓰고 싶었다. 천대받은 앉은뱅이 아주머니 꿈을 그린 《눈이 내리는 여름》, 성탄절 어려운 이웃들에게 사랑을 나누는 《눈 꽃송이》 그리고 6·25 전쟁과 베트남 전쟁으로 인한 아이들의 아픔을 그린 《아기 양의 그림자 딸랑이》 등이 그로하여금 세상의 모든 약자를 대변하는 사람이 되게 했다. 그런데 《아기 양의 그림자 딸랑이》에 이어 신춘문예에 당선된 《무명 저고리와 엄마》의 글을 읽어 보던 한 사람이 어느 날 권정생을 찾아오게 되는데 그가 바로 이오덕 선생이다.

전교조를 처음 시작했다는 이오덕 선생은 언제나 세 가지를 주장했다고 한다. 첫째, 하나님은 역사의 주재자다. 둘째, 교육의 주인공은 어린아이다. 그리고 셋째, 교육이란 학교와 교사와 부모님 이렇게 삼위일체여야 한다. 언젠가 그분이 궁금해서 그분의 책 《이오덕 일기》를 읽게 됐다. 그리고 순간, '아! 내가 진짜 교육자를 만났구나!'라는 느낌이 들었다. 그렇게 아이들에게 정직하고 진솔하게 글을 쓰도록 교육했던 선생이 권정생의 글을 본 순간 사랑의 마음이 들었던 모양이다.

신문에 난 주소 따라 권정생을 찾아간 이오덕은 그로부터 30년간 인생의 동반자가 되었다. 권정생 작품에 감동한 이오덕은 그 힘겨운 삶의 현장을 보고 어떻게든 도움이 되고 싶었다. 그리고 자신이 도울 수 있는 길은 권정생이 쓴 글을 가져다 출판사에서 책이 만들어지도록 노력하는 일이라고 여겼다. 그렇게 출판사를 여러 번 찾아가 일일이 인사 나누고 부탁하고 또 확인하면서 나온 것이 동화집 《강아지 똥》이었다.

"거지가 글을 썼습니다… 무식한 사람이 썼기 때문에 서툴고 흠집투성이 글입니다. 어린이들에게 지나치게 어려운 동화일지 모릅니다. 나 역시 더러운 생각을 가진 어른이기 때문입니다. 먼 길 찾아오신 이오덕 선생님께서 쓰레기처럼 버려질 뻔한 원고들을 간추려 책을 만들어 주시기 위해 애를 써 주셨습니다. 너무도 불쌍하게 사시다가 돌아가신 어머님께 맨 먼저, 이 책을 드립니다."

권정생은 이 책으로 아동문학가협회 제1회 한국 아동문학상 수상자로 선정된다. 이후 창비와 비평사의 필자가 되면서 《몽실언니》와 같은 작품을 남기게 된 권정생은 이렇게 이오덕 선생의 큰 도움을 받게 되었다. 어쩌면 권정생을 만났기에 이오덕 선생도 끝까지 어린아이처럼 살 수 있지 않았을까. 이제 세상에 드러난 권정생을 하루는 〈동아일보〉 기자들이 찾아와 그 삶을 인터뷰하게 됐다. 제목이 〈문화의 빛을 찾아 - 가난, 병고 속의 순수동화작가 권정생 씨〉였다. 이 기사를 계기로 여러 잡지사의 인터뷰가 밀려들어 왔다. 나중에는 MBC가 찾아와 그의 글 《몽실언니》를 드라마로 제작해 큰 인기를 얻으면서 권정생이라는 사람의 가치는 한껏 높아지게 되었다. 이제 유명세를 탄 그였지만 그를 찾아간 사람들은 늘 놀라워했다. 인기와 상관없이 그는 언제나 시골 아이, 그대로였기 때문이다. 어느 것 하나 사치스러운 게 없었고 그는 자연과 아이들과 함께 살고픈 그저 어린아이일 뿐이었다.

2005년, 자신의 동반자와 같은 동지 이오덕이 세상을 떠나자 권정생은 자신도 삶을 마감할 때가 왔다는 걸 느꼈다. 그때 그는 "내가 쓴 모든 책은 어린아이들이 사서 읽은 것이니 여기에서 나오는 인세를 어린아이에게 돌려주는 게 마땅하다."라고 말하며 가난한 아이들과 북한의 굶주린 아이들을 위해 써 달라는 유언을 남겼다. 그리고 어느 날 70세 어린아이 권정생은 세상을 떠났다.

2년밖에 못 산다던 인생을 30년 넘게 살았고 이오덕이라는 둘도 없는 인생 동지를 만나 작가로도 꽃을 피워 본 인생이니 그의 삶은 축복이었다. 하지만 오랜 고난 때문에 그는 하나님을 참 많이도 오해했다. 그에게 있어 하나님은 힘의 하나님. 무서운 악마로 변한 하나님. 예수를 보내 그나마 참회했던 하나님. 가난한 자들에게는 침묵하시는 하나님이었다. 그나마 아버지 없이 사생아로 태어난 예수가 하나님의 뜻을 다시 살리는 역할을 했다고 생각했다. 교회도 참 많이 오해하기를 그는 교회에서 만난 사람들이 무섭다고 했다. 그들이 웃는 게 진짜 웃는 건지, 친절한 게 진심인지, 다정한 인사마저 거짓된 것 같아서였다. 그도 그럴 것이 한 번씩 엉뚱한 부흥사들이 와서는 예수 믿으면 무조건 건강 축복, 물질 축복, 가정 축복, 장수 축복, 만사형통한다는 말에 정작 자신은 아무것도 없었기 때문이다. 오히려 평생 아픔을 달고 살았던 그였다. 하지만 십자가 예수에 대한 생각은 달랐다.

한번은 《김 목사님께》라는 산문집에서 이렇게 말했다. "저는 잃어버린 진짜 하나님을 찾고 싶습니다. 진짜 예수를 믿고 싶습니다." 그리고는 목회자에게 말한다.

"목사는 모든 권위에서 벗어나는 것입니다. … 말씀은 알몸으로 전해야 합니다. … 성공하는 목사가 아닌, 외치다가 죽는 실패

하는 목사가 되십시오. … 진실로 하느님을 사랑하십시오. 그리
고 이웃을 사랑하십시오. … (주님은) 진짜 사랑이 어떤 것인가
입으로만 설교하지 않고 몸으로 행동으로 가르쳤습니다. 약자에
겐 한없이 약했고, 강자에겐 불 같은 정신으로 항거했고, 그래서
그는 바보가 되었고 부자나 권력층 무리들에겐 미움을 받았습니
다. … 모든 것에 버림받은 인간, 그분이 우리의 주님입니다."

– 권정생 산문집《빌뱅이 언덕》중에서, 창비

그의 글을 읽는 내내 어린아이 권정생이 나를 바라보며 말하는 것 같
았다. "목사님, 내 말 알겠지요?" 그를 통해 강아지 똥 같던 내 인생에도
민들레꽃이 되었음을 알게 되었다. 권정생의 삶이 전해 준 축복이다.

"심령이 가난한 자는 복이 있나니 천국이 그들의 것임이라"

– 마태복음 5장 5절

헨리 데이빗 소로우 : 소유에서 자유하다

"돈(소유)이 많을수록 덕은 적다. 돈(소유)이 없었더라면 덕에 대한 대답을 찾기 위해 고심해야 할 많은 문제를 돈(소유)은 유보해 준다. 수단이란 것이 늘어갈수록 삶의 기회들은 줄어든다."

– 《시민의 불복종》에서

그는 자신이 가진 소유로 자신의 존재를 말하고 싶지 않았다. 소유를 통해 존재를 이해하려는 사람들에게는 세 가지 신앙이 있다고 에리히 프롬은 말한다. 자연을 통한 무제한적인 생산, 그로 인해 절대적인 자유를 누릴 수 있고 무한한 행복을 추구할 수 있다는 것이다. 그러나 많은 것을 소유할수록 그만큼이 나의 존재라는 의식은 우리로 더욱 초라한 인간이 되게 한다. 내가 가진 능력, 내가 가진 소유만큼 '행복한 사람'이라는 생각은 평생 자신의 존재를 증명하고자 채워지지 않는 소유의 삶을 살게 하기 때문이다. 하지만 우리의 존재는 소유와 상관없이 만족할 수 있어야 한다. 그것이 진정한 자유이기 때문이다.

그런 자유를 자연 속에서 있는 그대로를 충분히 누리며 사랑하며 그

속에서 소요유(逍遙遊)를 즐기던 사람이 있다. 자연의 파괴는 인간성의 파괴로 이어진다고 믿었던 그는 "모든 것을 있는 그대로 두라. 그리고 그들과 함께 즐기라!"고 말한다. 자연 본연의 아름다움 속에서 평생을 여행하듯 살다 간 《월든》의 저자 헨리 데이빗 소로우다. 요즘 방송에서 《월든》을 흉내 낸다며 시골에 감성적인 인테리어를 꾸미는 것을 보는데 헨리 데이빗 소로우가 보면 까무라칠 일이다. 그는 자연이 주는 존재 그대로를 누리던 사람이었고 뭘 바꾸려는 순간 그건 노예라고 생각했기 때문이다. 그가 얼마나 아름다움의 원형질을 추구했던지 인도의 간디는 그를 만나 인생길을 정했다.

그의 사상을 이해하기 위해서는 그의 가족사를 먼저 살펴볼 필요가 있다. 고조할아버지는 프랑스에서 도망친 위그노교도인이었다. 지금도 프랑스는 카톨릭 국가라고 해도 과언이 아닐 만큼 그 영향이 크지만 1685년이었다. 헨리 가족은 목숨 걸고 프랑스를 탈출해 아일랜드를 거쳐 미국으로 건너갔고 헨리 아버지 '장 소로우'는 당시 카리스마 넘치는 자유주의사상을 가진 '신시아'라는 여인과 결혼해 가정을 이뤘다. 이런 가정에서 태어난 헨리였기에 그는 겉으로는 조용한 듯 보여도 자유를 외치는 사상가로 자라났다. 그가 외치던 말이 있다. "정신세계에서 노예 생활을 하는 우리를 해방시킬 인물은 어디에 있는가?"

헨리가 모든 시대를 뛰어넘는 지성인이 될 수 있었던 건 그의 인생에 영향을 준 네 명의 사람 때문이었는데 첫째는 그의 어머니 신시아다. 신시아는 자신이 낳은 자식 중 첫째 헬렌과 둘째 존 소로우, 셋째 데이빗 소로우 중에 한 명은 반드시 하버드 대학에 보내고 싶어 했다. 그리고 조용한 성격이면서 공부하는 걸 좋아했던 헨리를 보냈다. 그렇게 어머니 덕분에 하버드 대학에 들어간 그는 그곳에서 여러 언어를 습득하며 지식의 영역을 넓혀 갔다. 라틴어, 독일어, 이탈리아어, 그리스어, 프랑스어는 물론 원주민 언어까지 공부할 수 있었던 건 어머니가 그의 인생에 준 선물이었다.

그는 특히 원주민에 대해 관심이 많았는데 이는 그가 콩코드 강가에서 자란 배경 때문이다. 하루는 강가에서 인디언 유물을 찾던 중에 돌맹이 하나를 발견하면서 이전에 살았던 타히타완과 그의 부족, 원주민들의 삶에 대해 깊은 관심을 두게 되었다. 이전에 영국인들이 이곳 콩고드 지역을 빼앗은 역사는 잔인했다. 땅은 소유하는 게 아니라 모두 다 같이 사용하는 것이라 여기던 인디언들에게 먼저 '소유'의 개념을 심어 준 것이다. 그리고는 땅에 경계를 짓고 그들을 배려하는 척하고는 땅을 빼앗아 버렸다. 헨리는 평생 이 일을 마음에 두고 빚진 심정으로 원주민 문제에 관심을 가졌다.

콩코드 지역의 이름이 된 그의 대표작 《월든》은 여러 의미로 전해졌다. 영국인들이 삼림지대라는 월드(weald)라는 단어와 숲이라는 포레스트(forest)를 떠올려 "월든"이라는 이름을 붙였다고도 하고 (헨리는 이것을 사람이라고도 봤다.) 인디언들이 주술 의식을 올리면서 신을 모독하는데 갑자기 산이 흔들려 가라앉을 때 '월든'이라는 노파만 도망쳤다고 해서 "월든"이 됐다고도 했다. 헨리는 이 콩코드 강가에서 일어난 원주민에게 관심을 가지면서 그들의 언어를 공부하고 자연을 깊이 연구했다. 그리고 자연을 자원으로 여기지 않고 있는 그대로의 아름다움을 누릴 수 있었던 인디언들에게서 삶의 지혜를 배웠다. 모두 어머니가 그에게 준 기회 때문이었다.

그의 사상을 형성하게 해 준 또 한 명의 스승이 있다. 하버드대학교의 에드워드 티럴 채닝 교수다. 그는 폭넓은 독서를 통해 주어진 주제를 독창성 있게 글을 쓰도록 학생들을 괴롭혔던 선생이었다. 채닝 교수가 좀처럼 점수를 잘 주지 않는 덕에 헨리는 고전을 기반으로 글 쓰는 훈련을 제대로 할 수 있었다. 그리고 이것은 평생 그의 지적 자산이 되었다. 세 번째 스승은 하버드대학교에서 잠시 휴학했을 때 돈을 벌 목적으로 교직 자리에서 만난 유니테리안교회 오레스테스 브라운슨 목사다. 나중에 헨리가 '가장 좋은 정부는 가장 적게 다스리는 정부'라는 견해를 냈는데 이는 브라운슨 목사의 '가장 좋은 정부란 전혀 다스리지 않는 정부'라는 말에서 비롯되었다. 헨리는 자유로운 의식을 가진 브라운슨 목사를 만나면서 폐쇄적이고 권위적인 하버드 대학교의 틀을 스스로 깨고 나올 수 있었다. 이는 그가 졸업 때쯤 했던 말을 보면 알 수 있다.

"지혜는 교육의 결과이며 교육은 인간의 내면에 있는 것이 아니라 타자와 접촉하며 발현하거나 발달하는 것으로, 인공보다는 자연의 손에 맡길 때 더 안전하다. 야만인도 현명할 수 있고 실제로 종종 현명하다."

"상업은 도덕적 자유를 파괴한다. 하지만 자유가 우선이다. 상업이 자유를 낳는 것이 아니라 자유가 상업을 낳기 때문이다. 상업은 우리를 물질적 재화에 결박하고 자유 대신 우리를 노예처럼 구속하고 짐승처럼 바꿔 놓는다. 인간으로 남으려면 이 물질의 욕망을 벗어 버리고 이상향을 향해 나아가야 한다."

네 번째 헨리의 인생에 절대적인 영향력을 끼친 사람은 당시 초월주의 자로 알려진 랄프 월도 에머슨이다. 만약 에머슨이 없었다면 헨리도 없었을 정도로 그의 영향은 매우 컸다. 헨리에게 작가의 길을 열어 준 사람이기도 한 에머슨의 도움은 절대적이었다. 그는 헨리에 대해 때로는 혹독하게 비평하면서 그가 더 깊은 사유의 글을 쓰도록 도와주었다. 그가 헨리에게 했던 두 가지 권면이 있다. 이 권면은 후에 헨리로 하여금《월든》이라는 대작을 낳게 했는데 에머슨의 책《인간수양》에 나온 내용이다. 첫째, 홀로 책상 앞에 앉아라. 당신이 거주하기 위해 갖춰야 할 설비 중에 당신만의 방이 있으면 충분하다. 둘째, 일기를 써라. 당신의 생각에 진실이 찾아오는 순간에 경의를 표하고 그 생각을 기록하라. 헨리는 그의 권면대로 고독의 순간으로 들어가 자기 생각을 글로 써 보고 싶었다. 그리고 자연에 자신을 맡겨 그 신비로움이 흘러가는 대로 살아 보고 싶었다. 그 마음을 따라 월든 숲에 조그마한 오두막집을 짓고 살게 된 헨리는 역사에《월든》이라는 책을 남겼다.

월든의 오두막집은 사람들과 완전히 동떨어진 외딴곳이 아니었다. 자연과 더불어 살고 싶었던 그는 외부와 고립된 고독을 원한 건 아니었기 때문이다. 더구나 오두막집은 누구나 오고 가며 들를 수 있는, 사람들의 주거지와 멀지 않은 곳에 있었다. 매주 토요일 오후에는 헨리 가족들이 찾아오고 일요일은 헨리가 어머니 집을 찾아가서 가족들과 지내기도 했다. 이처럼 헨리가 고독을 누리며 즐길 수 있었던 것은 언제나 그를 지지했던 가족들이 있었기에 가능했다. 월든에서의 삶은 즉시 많은 사람에게 알려지면서 호기심의 대상이 되었다. 그가 최대한 적게 소유하며 자연이 주는 행복을 있는 그대로 누리고 있었기 때문이다. 그렇게 메사추세츠

콩코드 마을 근처 월든 호숫가에서, 에머슨의 호의로 2년 2개월 동안 삶을 즐기게 된 헨리는 그곳에서 《콩코드강과 메리맥강에서 보낸 일주일》이란 책을 쓰고 《월든》의 서문을 완성하게 된다.

헨리는 《월든》에서 최소의 비용과 적은 노동력으로도 우리는 충분히 자유로울 수 있다는 것을 보여 주었다. 자발적인 빈곤이 오히려 우리로 진정한 부를 누릴 수 있게 해 준다는 걸 알게 해 준 것이다. 그는 말했다. 사람들은 탐욕으로 토지를 소유로 삼으려는 것 때문에 자연의 경관은 불구가 되고 농사일은 품위를 잃었으며 농부는 누구보다 비천한 삶을 살고 있다고 말이다. 다들 그저 흙의 노예가 될 뿐이라는 거다.

"인간은 자기가 쓰는 도구의 도구가 돼 버렸다. 문명인이 누구
인가? 보다 경험이 많고 보다 현명해진 야만인일 따름이다."

그는 오히려 노예로 전락한 문명인의 빈곤을 역설했다. 헨리는 인간이 욕심을 버리고 간소한 삶을 살 수는 없는 것을 두고 매우 안타까워했다. 사람들은 차나 커피, 버터나 우유, 육류를 먹기 위해 노동하고 또 필요한 영양을 채우려고 그것을 먹는 악순환 속에 살아간다고 했다. 사람들이 아침과 밤이 주는 아름다움을 놓치는 것은 오히려 커피나 차 때문이라는 것이다.

영화 〈월터의 상상은 현실이 된다〉에서 오랫동안 눈표범 사진을 찍으려던 작가가 막상 표범을 보는 순간, 사진 찍기를 주저하자 월터가 물었다. "왜 지금 찍지 않나요?" 그러자 침묵하던 작가가 고백하듯 말했다. "어떤 때는… 찍지 않아요. 아름다운 순간을 보면… 난 개인적으론 카메

라로 방해하고 싶지 않아요. 그저 그 순간 속에 머물고 싶은 거예요… 저기에 그리고 여기에서….” 《월든》에서 헨리의 삶이 그랬다. 콩코드강의 월든호수, 화이트호수, 구우스호수, 플린트호수를 다니면서 그곳을 어떠한 덧칠도 하지 않으며 있는 그대로의 모습을 즐기려고 애썼다. 그곳에서 들리는 아침과 밤의 소리와 함께 자연의 흔적들을 관찰하며 함께 머물렀다. 독서를 통해 정신세계는 늘 이곳저곳을 돌아다녔고 또 글 속에 담긴 세상을 자신의 작은 오두막집 안으로 끌고 들어와 즐겼다.

그의 오두막집에는 세 개의 의자가 있었다. 하나는 고독을 위해, 또 하나는 우정을 위해 그리고 세 번째는 방문자를 위한 의자였다. 그렇게 고독한, 그러나 절대 외롭지 않은, 사람과 자연과의 만남에서 풍요를 누리던 헨리는 대부분의 시간을 홀로 지내는 것이 좋다고 했다. 고독보다 더 친하기 쉬운 벗을 발견하기 어려웠기 때문이다. 인간이 꼭 남의 살갗에 닿아 본다고 가치를 아는 것도 아니니 가장 친밀한 교제를 즐기고 싶다면 침묵과 떨어져 있음이 필요하다고 했다. 이렇게 깊은 고독의 즐거움을 누리던 헨리의 월든 생활은 그러나 아쉽게도 2년 2개월 만에 막을 내리게 된다. 월도 에머슨이 유럽에 가 있는 동안 자기집과 아이들을 봐 달라는 부탁을 거절할 수 없었기 때문이다. 헨리의 잠재력을 끌어내 그의 창의성을 한껏 끌어 올리던 에머슨이었지만, 헨리의 이 순간을 벗어나게 한 것도 그였다. 후대에는 너무도 아쉬운 순간이다.

45년의 짧은 생애를 살다 간 헨리 데이빗 소로우가 남겨 준 유산은 소유가 아닌 철저히 존재로서의 삶이었다. 지금도 그를 만나는 사람들은 자신들의 소유에 대한 욕심을 슬그머니 내려놓게 된다. 그래서 그가 쓴 《월든》은 언제나 사람들의 마음에 산소를 공급하는 역할을 하고 있다.

욕심에서 자유로운 존재로서의 삶이 무엇인지 알려 준 그의 삶은 모든 이들에게 배움이 될 만한 인생길이다.

소유로 자신의 존재를 말하지 않고 자유로운 삶을 추구했던 헨리 데이비드 소로우. 그가 마지막에 남긴 말처럼《월든》은 모든 사람들에게 아름다운 여행의 시간이 되고 있다.

25

칭기즈 칸 : 노마드정신의 사람

"성을 쌓고 사는 자는 반드시 망할 것이며 끊임없이 이동하는
자만이 살아남을 것이다."

돌궐제국 군사 지도자였던 아시테 톤유쿠크 비석에 쓰인 글귀다. 노마
디즘, 유목민의 정신을 이처럼 잘 표현한 글이 있을까. 유목민이 주는 매
력은 정착민들의 삶과 비교할 때 비로소 발견하게 된다. 유목민은 이동
하며 살던 사람이기에 장소보다 시간 중심적으로 살아간다. 그러니 소유
에 집착할 필요 없고 삶은 간소하다. 언제나 기동성 있게 길을 오가며 정
보를 수집하기에 사람들과 소통해야 생존할 수 있다. 움직이는 유목민들
의 생각은 그래서 창의적이다. 반면에 정착민들은 건물을 짓고 문을 달
아 경계선을 정하고는 그 안에 자신의 소유를 쌓아 둔다. 그러니 담을 쌓
은 게토에서 누군가는 자연스레 권력을 갖게 되고 관계는 배타적이 된
다. 환경이 주는 영향이 그만큼 크다는 얘기다.

성경에서도 하나님은 이스라엘을 유목민의 현장으로 부르셨다. 믿음
의 조상 아브라함부터 예수님까지 모두 유목민의 삶을 살았다. 아브라함

은 본토 친척 아비 집을 떠나 머나먼 여정을 떠남으로써 민족을 이룰 것 이란 언약의 문을 열어젖혔고, 모세는 이집트에서 벗어나 약속의 땅으로 가는 광야 40년 길에서 그 언약을 성취해 갔다. 그리고 여호수아와 목동 다윗은 그 언약을 완성했다. 모두 유목민의 현장에서 일어난 일이다. 머리 둘 곳 없던 예수님은 그 유목민의 삶에서 인류의 구원을 완성하셨다. 성경 어느 인물 중에 유목민의 삶을 떠나 하나님의 뜻을 이룬 사람은 없었다. 모두 하나같이 유목민의 정신으로 길을 갔기에 세상은 그들을 감당할 수 없었다.

이처럼 역사에서 언제나 문명을 시작하거나 세워 나간 사람들은 모두 하나같이 정착민들이 아니었다. 그곳에 있던 유목민정신을 소유한 노마드가 갇힌 문명을 열어젖혔고 새로운 도시들을 세워 갔다. 마게도냐에서 출몰한 한 젊은 알렉산더가 그랬으며 로마를 이룩한 시저(로마황제 호칭)들이 그랬다. 그리고 알렉산더보다 두 배가 넘는 777만 평방 킬로미터를 정복한 유목민, 칭기즈 칸과 그의 군대가 그랬다. 그들은 누구보다 철저히 유목민정신을 가진 노마드정신의 무리였다. 유목민의 정신을 가진 칭기즈 칸의 군대는 놀라웠다.

몽골에게 침략 받은 우리에게 칭기즈 칸은 잔인한 군대로 남아 있지만 사실 그의 군대는 최고의 지략을 가진 엘리트 군대였다. 유목민정신을 가진 칭기즈 칸 군대는 누구든 지휘관이 될 수 있는 구조였다. 이제 막 들어온 병사라도 심지어 그가 노비 출신이라도 전쟁에 뛰어난 시각을 가지면 바로 장교가 될 수 있었다. 하지만 임무를 제대로 수행하지 못하는 지휘관은 바로 면직되고 누구에게나 그 자리는 열려 있었다. 군대 군율은 지위 고하를 불문하고 모두 똑같이 적용되었고 음식은 지휘관이라고 해서 혼자 독차지하거나 특별히 먹을 수 없었다. 병사들도 똑같은 음식을 요구할 수 있었기 때문이다. 전쟁에서 탈취한 모든 노획물은 철저히 그 것을 먼저 차지한 병사들의 몫이었다. 그리고 씨족이나 부족에서 쫓겨난 사람이라 할지라도 칭기즈 칸의 군대가 되겠다고 나서기만 하면 펠트와 말을 내주었다.

충성을 맹세하는 사람에게는 언제나 관대했으며 전쟁에서 죽게 되면 그의 자식들에게도 후하게 대해 주었다. 그렇게 그들이 충성을 맹세했던 칭기즈 칸은 이 세상에서 가장 막강한 힘을 가진 사람이었지만 반대로 그의 생활은 늘 소박하고 단순했다. 사람들 앞에서 거들먹거리거나 사치 하는 법이 없었다. 심지어 누군가 자신을 신처럼 대하면 하지 말라고 엄 히 명령하기도 했다. 그런 대우가 싫었기 때문이다. 그는 어떠한 궁정 의 식도 행하지 않았으며 누구든 만나고 교류할 수 있도록 문을 열어 두었 다. 그러니 그와 함께했던 충성스러운 20만 명에 달하는 기마병의 군대 는 그와 함께 못 갈 데가 없었고 못 할 일이 없었다. 칭기즈 칸이 가진 철 저한 유목민의 정신, 노마디즘의 힘 때문이다.

사실 유목민이라고 해서 모두 이 노마디즘의 힘을 발휘한 게 아니다. 칭기즈 칸이기에 가능했다. 몽골이라는 나라는 칭기즈 칸 이전 11세기 말에 잠시 등장했다가 사라졌던 나라다. 몽골 역사에서 칭기즈 칸 5대 조상이었던 하이두라는 형제들이 잘라이르 부족과의 싸움에서 죽게 되 자 그 잘라이트를 물리치면서 몽골의 기초를 닦게 된다. 이후 하이두라 의 손자 하불칸이 몽골인을 지배하게 되는데 그의 힘에 놀랐던 이가 있 었다. 당시 중국을 지배했던 퉁구스족 계통의 여진족 금나라 황제 회종 이다. 그는 하불칸을 달래려고 즉위식에 초대하지만, 회종의 수염을 잡는 바람에 몽골과 오랫동안 전쟁을 벌이게 됐다. 그러나 결국 몽골군에 패한 금나라는 27개의 성을 넘겨 주면서 화평을 맺고 이것은 금나라로선 마음 아픈 사건이 되었다. 하불칸에 이어 이복형제 암바하이가 칸으로 선출되자 금나라는 당시 적대 관계였던 타타르의 도움을 받아 암바하이 칸을 목판에 못 박아 복수한다. 암바하이는 죽으면서 자기 죽음을 잊지 말라는 유언을 남겼다. 그리고 하불칸의 아들 후툴라가 칸이 되어 복수하지만, 역으로 타타르에게 급습당하면서 몽골국은 그만 몰락하고 말았다. 이때부터 타타르는 두고두고 몽골 사람과 원수가 되었다.

몰락한 몽골은 부족들끼리 서로 떨어져 늘 분열과 다툼 속에 살았다. 오히려 도둑질과 폭력을 자랑스럽게 여기면서 도덕적으로 타락한 사람들이 되었다고 하니 어떻게 보면 몽골의 회복은 불가능해 보였다. 그렇게 아무도 몽골이 일어설 것이라고 예상조차 하지 못할 때, 놀랍게도 그들 가운데 인물이 한 명 등장하는데 바로 유목민정신으로 새로운 몽골을 세운 테무진이다. 테무진이 노마디즘의 정신을 갖게 된 데에는 그의 광야 같은 인생이 크게 한몫했다.

테무진이 8살 되었을 때, 아버지 이쉬게이는 테이 세첸의 딸 뵈르테와 아들을 결혼시키려고 했다. 그러던 와중에 문제가 생겼다. 집에 돌아오가던 중, 길에서 만난 타타르 사람들과 식사하다 그만 독이 든 음식을 먹고 죽고 만 것이다. 이제 테무진 개인과도 타타르족과의 악연은 시작됐다. 그런데 무슨 이유에서인지 모든 친족이 그의 집을 보호하지 않고 떠나 버리면서 테무진의 가족은 버림받게 된다. 당시 유목민들이 부족에서 버림받았다는 것은 죽음으로 내던져졌다는 말과 같았다. 그렇게 모두에게 버림받게 된 테무진은 떠돌이 생활을 하면서 때로는 포로로 잡히기도

하고 또 도주하는 것이 일상이 돼 버린, 위기의 삶을 살게 된다. 그러나 다행히도 그런 그를 일으켜 준 친구가 있었는데 그와 의형제를 맺게 된 자무카다.

자무카는 테무진과 달리 성격이 급하고 정치적인 감각이 뛰어난 사람이었다. 나중에 자무카가 여러 족속을 이끄는 지도자로 성장했을 때 테무진은 그로부터 보호를 받아 살았다. 몽골에서 평생 친구와 평생 동지를 '안다'라고 불렀다. 자무카는 테무진을 자신의 '안다'로 여기며 그를 보호해 주었다. 테무진으로서는 그처럼 든든한 사람이 없었을 것이다. 테무진에게도 그가 아끼는 여러 '안다'가 있었다. 하루는 집 안에서 도둑맞은 말을 찾으러 가던 중에 보오르추의 도움을 받은 적이 있다. 이때 테무진이 말하기를 "내가 말을 찾은 것은 당신 도움 때문이었으니 자, 이 말을 나누자. 얼마를 갖기를 원하는가?" 그러자 보오르추가 말했다. "나는 좋은 친구인 자네가 곤경에 빠져 있길래 좋은 친구를 도우면 어떨까 해서 도운 것뿐인데, 내가 나의 몫이라고 가져가야 되겠는가? 내가 얼마나 도움이 되었겠나? 나는 갖지 않겠네!" 그의 말에 감동한 테무진은 보오르추를 평생 자신의 '안다'로 삼았다. 보오르추 역시 테무진을 '안다'로서 사랑했는데 이런 일화가 전해진다. 테무진이 케레이트족과의 싸움에 패하고는 눈보라 치는 벌판에서 밤을 지새울 때였다. 영하 20도에 가까운 몽골의 추위 속에 보오르추는 자신의 담요를 테무진에게 덮어 주면서 밤새도록 옆에서 지켜 주었는데 이는 테무진이 자신의 안다였기 때문이다.

보오르추 외에도 테무진에게는 여러 명의 '안다'가 있었다. 고려 출신으로 대몽골제국 총사령관이었으며 금나라를 정복한 후 권 황제라는 칭호를 받게 된 모칼리와 칭기즈 칸의 칼과 같은 존재 칠라운, 칭기즈 칸의 요리사로 전쟁 중에 그를 절대 빈속이 되지 않도록 챙겼던 보로콜이 있었다. 그는 늘 방패를 들고 칭기즈 칸을 호위하다 결국 그를 피신시키고는 목숨을 잃은 '안다'였다. 전차부대를 지휘하며 유럽 정벌을 나가 공을 세운 수베에테이, 젤매 고아, 코빌라이가 있었으며 칭기즈 칸에게 잊을 수 없는 한 사람, 제배가 있었다. 제배는 원래 적군이었다가 포로로 잡혀 죽게 되었는데 이때 칭기즈 칸에게 이렇게 청했다고 한다. "지금 저를 죽이시면 한 움큼의 흙만 적시지만 저를 용서하시고 받아 주시면 제 몸에서 흘러나오는 피는 전 세계의 대지를 적실 것입니다." 과연 그의 말대로 그는 술탄 무하마드가 있는 곳까지 달려가 그의 목을 베는 사람이 된다. 테무진이 그를 자신의 '안다'로 삼아 준 결과였다. 테무진은 그의 인생길에 함께할 수 있는 사람이라면 누구든 그의 '안다'로 여겼다. 그가 어느 출신인지 어디에서 왔고 무엇을 하다 왔는지는 중요하지 않았다. 누구든 자신을 찾아오는 사람들은 자기 가족으로 받아들인 것이다.

이렇게 점점 가족 공동체를 이루게 된 테무진은 이 공동체가 의지할 만한 대상이 필요해졌다. 그래서 그는 보오르추, 활의 명사수인 동생 캬사르, 도끼 솜씨가 좋은 동생 벨귀테이와 함께 당시 케레이트족의 군주인 토오릴을 찾아간다. 그가 토오릴을 찾아간 것은 일전에 토오릴이 숙부로부터 공격당할 때 아버지 예수게이가 도와준 적이 있었기 때문이다. 그로 인해 당시 토오릴은 강자가 되어 있었다. 테무진은 토오릴을 찾아가 당신은 아버지와 의형제를 맺은 사람이니 당신은 나의 아버지나 다름없다고 하자 그는 테무진을 아들처럼 받아 주었다. 이후 토오릴과의 만남이 테무진에게 큰 힘이 되는 사건이 생기게 된다. 테무진의 아내 뵈르테가 납치당한 일에 토오릴이 나선 것이다.

사실 테무진이 아내를 납치당하게 된 것은, 그의 아버지 예수게이가 아내 희엘권을 강탈한 것에 앙심을 품은 메르키트족의 복수 때문이었다. 그들은 테무진의 아내 뵈르테를 납치해서는 원래 테무진의 어머니 희엘권과 결혼하기로 했던 첼레뒤의 동생과 결혼시키며 복수한 것이다. 그러나 메르키트족이 놓쳤던 게 있었다. 이제는 옛날의 테무진이 아니라는 점이다. 그에게는 '안다'들과 강자 토오릴이 있었기 때문이다. 토오릴은 자무카를 선두로 해 메르키트족을 단숨에 무너뜨리고는 테무진의 아내 뵈르테를 찾아온다. 당시 뵈르테는 이미 적장의 아이를 임신한 상태였다. 하지만 테무진에게는 아내 역시 둘도 없는 자기 사람 '안다'였다. 그는 아내의 아이는 내 아이라며 적장의 아이를 자신의 아이라고 선포했다. 그리고 평생 그를 사랑했다.

 뵈르테를 찾아오는 데 함께 싸워 준 자무카와 시간을 보낸 테무진은 어느덧 가족을 책임지는 사람으로서 더 이상 자무카의 사람들과 함께 있기 어렵다는 걸 알았다. 그렇게 테무진이 길을 떠나기로 작심하는데 문제가 생겼다. 적지 않은 사람들이 테무진을 따라갔기 때문이다. 거기에는 자무카의 사람들도 있었다. 더더구나 부족이나 씨족사회에서 이탈하거나 버림받은 사람들이 테무진에게 모여들기 시작했다. 이는 누구든지 자신 품에 들어온 이들은 모두 자신의 사람으로 대우하며 차별하지 않았기 때문이다. 점점 사람들에게 둘러싸이게 된 테무진. 그는 사람들의 눈에 더 이상 평범한 사람이 아니었다. 모두에게 그는 칸으로 비친 것이다. 그리고 결국 여러 부족에 의해 칸으로 추대된 테무진은 무력이 아닌, 사람을 품은 그의 인격으로 칭기즈 칸이 된다.

 하지만 이를 불편하게 바라본 사람이 있었다. 바로 정치적인 야망이 컸던 그의 친구이자 이제는 라이벌이 된 자무카다. 그는 유목민이었지만 노마드정신은 없었다. 사람들을 자신의 소유로 삼았고 권력과 힘으로 소유를 거느리던 그는 철저한 정착민의 사람이었다. 결국 말을 훔치고 달아난 자무카의 사람, 타이차르를 죽인 일로 전쟁을 일으키게 되는데 첫 번째 대결에서 테무진은 자무카에게 패한다. 이때 승리에 취한 자무카가 실수를 저지르게 되는데 포로 70명을 가마솥에 넣고는 족장 머리를 잘라 말꼬리에 매단 것이다. 이는 사람들로 하여금 칭기즈 칸 쪽으로 돌아서게 하는 계기가 되었다. 군대를 재정비한 칭기즈 칸은 당시 불어난 사람들과 함께 아버지의 원수 타타르를 공격하면서 힘을 기르고는 다시 한번 자무카와 맞붙게 됐다. 당시 자무카는 11개 부족과 연합해 테무진을 공격해 들어오는데 이번엔 테무진 뒤에 토오릴이 있었다. 토오릴의 지원을 받아 금나라와 틈이 갈라진 타타르를 무력화한 칭기즈 칸은 다시 토오릴의 도움으로 자무카와의 전투에서 승리를 거두게 된다. 내친김에 덤벼들던 케레이트족 옹 칸과 전체 부족과의 싸움에서 승리를 거둔 칭기즈 칸은 또다시 나이만족과 연합해 공격해 들어오는 자무카를 물리치면서 명실공히 모든 몽골 부족의 칸이 됐다.

이때 테무진은 자신이 싸워서 이긴 부족들을 전멸시키지 않고 원하는 이들은 모두 자기 가족으로 받아들였다. 하나의 몽골을 재창조해 낸 칭기즈 칸은 이번엔 금나라에 조공을 거부하며 전쟁을 벌여 황제 호칭을 박탈시키고는 후에 세워질 원나라의 기초를 닦았다. 이같이 분열과 범죄의 족속이었던 몽골이 하나의 가족으로 설 수 있었던 것은 누구도 차별하지 않았던, 누구하고도 '안다'로서 벽을 쌓지 않고 수평적인 관계를 맺어 가족이 되어 준 테무진 때문이었다. 몽골을 하나로 통일한 테무진은 질서에 대해 엄격했다. 그는 공동체 질서를 위해 법률을 강화했는데 도적과 강간과 간음은 사형이었다. 도둑질도 서로 간의 갈등 원인을 제공해 준다고 해서 역시 사형이었다. 고의로 거짓말을 하는 사람도 처벌받도록 했고 일정량 이상의 술을 마시는 것은 절대 금했다. 이처럼 유목민의 정신으로 관계를 맺은 그의 성품과 강력한 질서를 내세운 대법령집으로 인해 칭기즈 칸의 나라는 그 지경을 한없이 넓혀 갈 수 있었다.

칭기즈 칸이 술탄과의 싸움에서 완전한 승리를 누리면서 중동 지역까지 그 발을 넓힐 때였다. 사실 칭기즈 칸은 서로 싸우기보다 서로를 인정하며 상호 보호무역 하기를 원했다. 이는 칭기즈 칸의 유목민 정신 때문이었지만 이를 술탄이 알 리 없었다. 칭기즈 칸의 제안을 자신에 대한 도전으로 받아들인 술탄은 무역상인들을 죽이면서 칭기즈 칸의 군대와 전쟁을 벌이게 된다. 그 결과, 당시 유럽 기독교 국가를 두려움에 떨게 했던 막강한 권력자 술탄은 칭기즈 칸의 군대에 의해 무너지고 말았다.

오랜 세월 긴장과 전쟁으로 생존해 오던 칭기즈 칸도 이제 서서히 육체의 힘을 잃어 가고 있을 때 그는 또 한 명의 중요한 만남을 갖게 되는데 도교 교단의 장로 장춘진인이었다. 노마드 칭기즈 칸과 도교인 장춘진인의 만남은 물고기가 물을 만난 격이었다. 그는 노년에 그와의 만남에서 고해성사하듯 쉼을 얻었다. 위대한 칭기즈 칸이 마지막으로 의지했던 '안다' 같은 존재였던 것이다. 이제 칭기즈 칸은 옛날 자신을 포로로 잡아 괴롭히던 금나라 출신 탕구족의 반란을 굴복시키는 것을 마지막으로 모든 전쟁을 마무리한다. 후계자로는 군사적인 능력을 갖춘 톨루이보다 사람들에게 너그러웠던 오고타이를 선택했다. 그리고는 동방의 거인 칭기즈 칸은 말에서 내려와 잠들었다.

평생을 노마드 정신으로 살다 간 칭기즈 칸. 인간은 어디든 정착하면 틀을 세워 권위를 가지고 소유에 집착하려 들지만, 칭기즈 칸은 평생 그 길을 거부했다. 소유보다 삶의 동지인 '안다'의 존재를 중요하게 여겼고 안주하기보다 이동하는 삶을 살았으며 권위적이기보다 열린 마음으로 창의적이었고 씨족문화보다는 서로 교류하는 소통의 문화를 중요시했다. 그랬기에 그는 모든 것을 뛰어넘는 칸이 될 수 있었다. 우리가 그의 노마드 삶에서 길을 배워야 하는 이유다.

인물별 추천 도서

1. 도산 안창호 : 인격이 힘입니다!

안창호 《나의 사랑하는 젊은이들에게》 지성문화사, 1987

이광수 《도산 안창호》 하서출판사, 2006

장리욱 《도산의 인격과 생애》 흥사단 출판사, 2010

주요한 《인격혁명》 대성문화사, 1967

주요한 《안도산전집》 신구문화사, 1963

도산안창호선생기념사업회 《도산 전집 1권~14권》 중앙M&B, 2000

박제순 《애기애타》 홍성사, 2020

윤병욱 《도산의 향기, 백년이 지나도 그대로》 기파랑, 2012

이태복 《도산 안창호 평전》 동녘, 2006

안병욱 외 《안창호 평전》 청포도, 2004

존차(문형렬 옮김) 《버드나무 그늘 아래》 문학세계사, 2003

김경옥 《지조를 지킨 지도자들 도산 안창호》 월인, 2011

김흥호 《길을 찾는 사람들》 솔 출판사, 1999

이만열 《역사에 살아 있는 그리스도인》 한국기독교역사연구소, 2007

오병학 《사명으로 하나님께 영광을 돌린 사람, 안창호》 규장, 2012

이승종 《선비 크리스천》 쿰란 출판사, 2008

이승종 《어깨동무 뜻나눔》 어사원, 2016

2. 남강 이승훈 : 아름다운 결의 사람

김기석 《남강 이승훈》 한국학술정보, 2005

김경호 《지조를 지킨 지도자들 남강 이승훈》 월인, 2011

엄두섭 《좁은 길로 간 믿음의 사람들》 소망출판사, 1994

이만열 《역사에 살아 있는 그리스도인》 한국기독교역사연구소, 2007

조현 《한국의 기독교 영성가들, 울림》 한겨레출판사, 2013

이승종 《선비 크리스천》 쿰란 출판사, 2008

3. 구당 유길준 : 미래를 남기고 간 선각자

유길준 (허경진 옮김) 《서유견문록》, 서해문집, 2004

유동길 《유길준전》, 일조각, 1990

안용환 《유길준, 개화사상과 민족주의》 청미디어, 2010

윤병희 《유길준 연구》 국학자료원, 1998

김봉렬 《유길준 개화사상의 연구》 경남대학교출판부, 1998

최덕수 엮음 《유길준의 지일인》 고려대학교출판문화원, 2018

허성일 《유길준의 사상과 시문학》 한국문화사, 2005

박제가 (박정주 옮김) 《북학의》 서해문집, 2003

안승일 《김옥균과 젊은 그들의 모험》 연암서가, 2012

4. 태허 유상규 : 도산의 아들이 된 제자

유웅섭, 유송민, 유영삼 《태허 유상규》 더북스, 2011

이광수 《도산 안창호》 하서출판사, 2006

김영식 《그와 나 사이를 걷다》 호메로스, 2018

정종배 《망우리공원 인물열전》 지노, 2021

이승종 《어깨동무 뜻나눔》 어사원, 2016

5. 규암 김약연과 정재면 : 삶이 유언인 사람들

서대숙 《간도 민족독립운동의 지도자 김약연》 역사공간, 2008

서굉일, 김재홍 《규암 김약연 선생》 고려글방, 1997

서굉일 《일제하 북간도 기독교 민족운동사》 한신대학교출판부, 2008

주성화 외 《독립운동의 성지 간도를 가다》 산과 글, 2014

박민영 《이상설 평전》 신서원, 2020

조현 《한국의 기독교 영성가들, 울림》 한겨레출판, 2014

이승종 《글로벌 퍼스펙티브》 쿰란 출판사, 2009

6. 윤동주 : 쉽게 살 수 없던 시인

윤동주(홍장학 엮음) 《윤동주 전집》 문학과 지성사, 2004

송우혜 《윤동주 평전》 서정시학, 2016

권영민 《윤동주 연구》 문학사상사, 1995

김응교 《시로 만나는 윤동주, 처럼》 문학동네, 2016

권오만 《윤동주 시 깊이 읽기》 소명출판, 2009

마광수 《윤동주 연구》 철학과 현실사, 2005

오우라 마스오 《윤동주와 한국 근대문학》 소명출판, 2016

다고 기치로(이은정 옮김) 《생명의 시인 윤동주》 한울, 2018

박민 《청년문사 송몽규》

이승종 《선비 크리스천》 쿰란 출판사, 2008

7. 외솔 최현배 : 한글로 외친 독립혁명

최현배《조선민족갱생의 도》정음사, 1974

최현배, 성낙수(풀이)《알기 쉽게 풀이한 조선 민족 갱생의 도》(재)외솔회, 2020

김상웅《외솔 최현배 평전》채륜, 2018

박영신《외솔과 한결의 사상》연세대학교 출판부, 2002

장원동《외솔 최현배의 교육사상》상조사, 2007

세종대왕기념사업회《최현배 선생 저서 머리말》세종대왕기념사업회 편집부, 2014

외솔회《나라사랑》1980년 35집 외솔선생 10주기 추모 특집호

8. 호암 문일평 : 정신이 희망입니다

문일평《예술의 성직》열화당, 2001

문일평《꽃밭 속의 생각》태학사, 2005

문일평《수필선집》지식을 만드는지식, 2017

박성순《조선심을 주창한 민족사학자 문일평》한국독립운동사연구소, 2014

9. 위당 정인보 : 자기 '얼'이 있어야 삽니다

정인보《조선사연구 상》우리역사연구재단, 2018

정인보《양명학연론》아카넷, 2020

김삼웅《위당 정인보 평전》채륜, 2016

정인보외《한글로 쓴 사랑, 정인보와 어머니》한울, 2018

김홍호《양명학 공부 1, 2, 3》솔 출판사, 1999

김홍호《길을 찾는 사람들》솔 출판사, 1999

10. 단재 신채호 : 나(我)와 너(非我)의 역사

신채호《조선 상고사》역사의 아침, 2014

신채호 《독사신론》 부크크, 2018

임중빈 《단재 신채호 일대기》 범우사, 1987

박정심 《단재 신채호 조선의 아, 비아와 마주서다》 도서출판 문사철, 2019

이호룡 《신채호 다시 읽기》 돌베개, 2013

11. 백범 김구 : 마음 좋은 사람 되리라

김구 《백범일지》 나남, 2002

김구 《나의 소원(외)》 범우사, 2009

백범김구선생기념사업회 《백범의 길 상,하》 아르테, 2019

이승종 《어깨동무 뜻나눔》 어사원, 2016

12. 월남 이상재 : 배우고 믿고 낙심하지 마시오

전택부 《이상재 평전》 범우사, 1985

천광노 《민족의 스승 월남 이상재 1권~5권》 한국학술정보㈜, 2012

이승종 《글로벌 퍼스펙티브》 쿰란 출판사, 2009

이승종 《선비 크리스천》 쿰란 출판사, 2008

13. 김교신 : 신앙이 정신이 되다

김교신(노치준, 민혜숙 옮김) 《조와》 동문선, 2001

김교신 《성서조선 영인본 1권~7권》 성서조선사, 1982

김교신 《믿음의 유산, 김교신》 홍성사, 2008

김교신선생기념사업회 《김교신, 한국 사회의 길을 걷다》 홍성사, 2016

서정민 《겨레사랑 성서사랑 김교신 선생》 말씀과 만남, 2002

김정환 《김교신, 그 삶과 믿음과 소망》 한국신학연구소, 2016

김행선 《김교신과 우치무라 간조의 사상과 재평가》 선인, 2019

양현혜 《윤치호와 김교신》 한울 아카데미, 1994

조현 《한국의 기독교 영성가들, 울림》 한겨레출판사, 2013

이승종 《선비 크리스천》 쿰란 출판사, 2008

14. 우치무라 간조 : 종이 위에 교회를 세우다

미우라 히로시(오수미 옮김) 《우치무라 간조의 삶과 사상》 예영 커뮤니케이션, 2000

우치무라 간조(최운걸 옮김) 《소감》 설우사, 1974

우치무라 간조 《우치무라 간조 전집 1권~10권》 크리스찬 서적, 2000

우치무라 간조(김유곤 옮김) 《구안록》 크리스찬 서적, 2006

우치무라 간조(안진희 옮김) 《일일일생》 홍성사 2004

우치무라 간조(양혜원 옮김) 《회심기》 홍성사, 2013

15. 바보새 함석헌 : 생각하는 백성이라야 삽니다

함석헌 《뜻으로 본 한국역사》 한길사, 2003

함석헌 《생각하는 백성이라야 산다》 한길사, 1985

함석헌기념사업회 《함석헌 사상을 찾아서》 삼인, 2001

함석헌전집편집위원회 《함석헌선집 1권~3권》 한길사, 2016

이치석 《씨알 함석헌 평전》 시대의 창, 2005

박재순 《함석헌 씨알사상》 제정구기념사업회, 2013

김대식 《함석헌의 평화론》 모시는 사람들, 2018

씨알사상연구소 《생각하는 백성이라야 산다》 나녹, 2010

함석헌 《씨알의 소리 영인본 1권~15권》 서우, 1985

전호근 《한국 철학사》 메멘토, 2018

이승종 《선비 크리스천》 쿰란 출판사, 2008

16. 다석 유영모 : 영원한 저녁의 사람

다석학회 《다석강의》 현암사, 2006

박영호 《다석 유영모 상, 중, 하》 두레 발행, 2001

박영호 《다석 유영모 어록》 두레 발행, 2002

박영호 《깨달음 공부》 교양인, 2014

박영호 《다석 중용강의》 교양인, 2012

박영호 《유영모의 사상과 함께 읽는 장자》 두레 발행, 1999

박영호 《다석 유영모》 두레 발행, 2009

정양모 《나는 다석을 이렇게 본다》 두레 발행, 2010

김흥호, 이정배 《동양사상과 신학》 솔 출판사, 2002

김흥호 《제소리》 솔 출판사, 2001

김흥호 《길을 찾는 사람들》 솔 출판사, 1999

박재순 《다석 유영모의 철학과 사상》 한울 아카데미, 2013

박재순 《다석 유영모》 홍성사, 2017

김흡영 《가온 찍기》 동연, 2013

이상국 《저녁의 참사람》 메디치미디어, 2021

톨스토이(이동진 옮김) 《톨스토이 복음서》 해누리, 2020

전호근 《한국 철학사》 메멘토, 2018

17. 매죽헌 성삼문 : 우리 선비의 삶 (1)

유영박 《사육신》 동방도서, 1996

성삼문(최영성 옮김) 《역주 매죽헌문집》 심산, 2002

황헌식 《신지조론》 사람과사람, 1998

조지훈 《지조론》 나남, 1996

금장태 《한국의 선비와 선비정신》 서울대학교출판문화원, 2000

김쌍주 《조선시대 7인의 선비정신》 동원문화사, 2003

18. 고산 윤선도 : 우리 선비의 삶 (2)

윤선도 《고산유고》 소명출판, 2004

고미숙 《윤선도 평전》 한겨레출판, 2013

윤승현 《고산 윤선도 연구》 홍익재, 1999

정운채 《윤선도》 건국대학교 출판부, 1995

고승주 《노을빛 치마에 쓴 시》 책과나무, 2020

안대회 《선비답게 산다는 것》 푸른역사, 2010

금장태 《한국의 선비와 선비정신》 서울대학교출판문화원, 2000

19. 추사 김정희 : 세한도 사람들

유홍준 《추사 김정희》 창비, 2018

박동춘 《추사와 초의》 이른아침, 2014

한승원 《초의》 김영사, 2003

김봉호 《초의선사와 완당 김정희》 우리 출판사, 1990

박철상 《세한도》 문학동네, 2010

이성현 《추사코드》 들녘, 2016

조정육 《조선의 글씨를 천하에 세운 김정희》 아이세움, 2007

등총린(박희영 옮김) 《추사 김정희 또 다른 얼굴》 아카데미하우스, 1994

국립박물관문화재단 《세한도》 국립중앙박물관, 2021

이상적(정홍수 옮김) 《북경편지》 사람들, 2017

정옥자 《우리선비》 현암사, 2002

이승종 《어깨동무 뜻나눔》 어사원, 2016

20. 다산 정약용 : 사제 간 내리사랑
- 정조인(正祖人)에서 초당인(草堂人)으로

금장태 《다산 정약용》 살림, 2005

정민 《파란 1권, 2권》 천년의 상상, 2019

정민 《삶을 바꾼 만남》 문학동네, 2011

정민 《다산의 재발견》 휴머니스트, 2011

정민 《지식경영법》 김영사, 2006

정민 《다산의 제자교육법》 휴머니스트, 2017

박석무 《다산 정약용 평전》 민음사, 2014

박석무 《다산 정약용 유배지에서 만나다》 한길사, 2003

송재소 《다산시선》 창비, 2013

조윤제 《다산의 마지막 습관》 청림출판, 2020

조윤제 《다산의 마지막 공부》 청림출판, 2018

이덕일 《정약용과 그의 형제들 1권, 2권》 김영사, 2004

이한우 《정조, 조선의 혼이 지다》 해냄, 2007

정옥자 《우리선비》 현암사, 2002

김흥호 《길을 찾는 사람들》 솔 출판사, 1999

이승종 《어깨동무 뜻나눔》 어사원, 2016

21. 수운 최제우, 해월 최시형 : 우리 모두는 한울이오

김삼웅 《수운 최제우 평전》 두레 출판사, 2020

김용휘 《최제우의 철학》 이화여자대학교출판부, 2012

윤석산 《해월 최시형의 삶과 사상》 모시는 사람들, 2014

이규성 《최시형의 철학》 이화여자대학교출판부, 2011

동학학회편저 《해월 최시형의 사상과 갑진개화운동》 모시는 사람들, 2003

성주현 《동학과 동학농민혁명》 도서출판 서인, 2019

전호근 《한국 철학사》 메멘토, 2018

22. 무위당 장일순 : 좁쌀 하나의 거목(巨木)

김상웅 《장일순 평전》 두레 출판사, 2019

최성현 《좁쌀 한알》 도솔 출판사, 2004

김의록 엮음 《무위당 장일순 잠언집》 도솔 출판사, 2010

무위당사람들 엮음 《대장부》 사단법인 무위당사람들, 2021

전호근 《한국 철학사》 메멘토, 2018

23. 권정생 : 민들레꽃이 된 강아지 똥

권정생 《강아지똥》 길벗어린이, 1996

권정생 《내가 살던 고향은》 웅진주니어, 1996

권정생 《빌뱅이 언덕》 창비, 2012

권정생 《몽실언니》 창비, 1990

권정생 《하느님의 눈물》 산하, 2007

권정생 《초가집이 있던 마을》 분도 출판사, 1997

권정생 《깜둥바가지 아줌마》 우리교육, 1999

이오덕, 권정생 《선생님 요즘 어떠하십니까》 양철북, 2015

이오덕 《이오덕 일기세트 1권~5권》 양철북, 2013

이주영 《이오덕 삶과 교육사상》 나라말, 2006

김택근 《강아지 똥 별》 추수밭, 2013

이충렬 《아름다운 사람 권정생》 산처럼, 2018

한경희 《권정생》 민속원, 2018

홍인표 《강아지 똥으로 그린 하나님 나라》 세움북스, 2021

조 현 《한국의 기독교 영성가들, 울림》 한겨레출판사, 2013

이승종 《어깨동무 뜻나눔》 어사원, 2016

24. 헨리 데이빗 소로우 : 소유에서 자유하다

헨리 데이비드 소로우(한기찬 옮김) 《월든》 소담출판사, 2002

헨리 데이비드 소로우(강승영 옮김) 《시민의 불복종》 은행나무, 2016

헨리 데이비드 소로우(김경원 옮김) 《고독의 발견》 에이지이십일, 2019

헨리 데이비드 소로우(류시화 옮김) 《구도자에게 보낸 편지》 오래된 미래, 2010

로라 대소 월스 (김한영 옮김) 《헨리 데이비드 소로》 돌베개, 2020

막시밀리앙 드 루아(글), A. 단(그림)(임명주 옮김) 《헨리 데이비드 소로》 작은 길, 2014

랄프 왈도 에머슨 (서동석 옮김) 《자연》 은행나무, 2019

이승종 《선비 크리스천》 쿰란 출판사, 2008

25. 칭기즈 칸 : 노마드정신의 사람

김종래 《CEO 칭기즈 칸, 유목민에게 배우는 21세기 경영전략》 삼성경제연구소, 2003

김종래 《칭기즈 칸》 꿈엔들, 2005

라츠데프스키(김호동 옮김) 《칭기즈 칸》 지식산업사, 2017

위안텅페이(강은혜 옮김) 《테무친 그리고 칭기즈 칸》 재승출판, 2015

서정록 《코즈모폴리턴 칭기즈 칸》 학고재, 2021

잭 웨더포드(이종인 옮김) 《칭기즈 칸, 신 앞에 평등한 제국을 꿈꾸다》 책과 함께, 2017

이승종 《목양심서》 쿰란 출판사, 2004